编辑委员会

主　任：李友梅

副主任：张文宏

编委会成员：忻　平　　董丽敏　　张海东

刘玉照　　朱　承　　聂永有

殷　凤　　袁　浩　　张勇安

本书是上海大学"都市社会发展与智慧城市建设"
内涵建设项目子课题的研究成果之一

都市社会发展系列

城市社会转型与幸福感变迁

（1978~2010）

上海大学"城市社会转型与幸福感变迁"课题组　著

URBAN SOCIETY

TRANSFORMATION AND

HAPPINESS CHANGE

(1978-2010)

社会科学文献出版社
SOCIAL SCIENCES ACADEMIC PRESS (CHINA)

目 录 Contents

前　言 / 001

第一编　幸福观念的理论溯源 / 001

导论：幸福的朝向 / 003
 一　幸福的个体性维度 / 003
 二　幸福的社会性维度 / 006
 三　幸福的历史性维度 / 008

第一章　西方哲学视域中的幸福 / 011
 一　享受快乐的幸福 / 011
 二　追求至善的幸福 / 018
 三　直面痛苦的幸福 / 025

第二章　中国古典哲学视域中的幸福 / 033
 一　"箪食瓢饮"的幸福 / 034
 二　"道法自然"的幸福 / 037
 三　"长生久视"的幸福 / 040
 四　"证成涅槃"的幸福 / 042

第三章　中国近代以来幸福的社会之维 / 045
 一　幸福的"乌托邦" / 045

二 "求乐免苦"与追寻富强 / 047
三 科学与民主的幸福许诺 / 050
四 城市化进程中的"幸福生活" / 053

第二编 城市里有没有我们的幸福？
——"乡下人进城"的幸福感变迁及其文学表达 / 057

导论：现代化·"乡下人"·幸福感
——考察的意义与概念的界定 / 059
一 反思现代化：考察"乡下人进城"幸福感的意义 / 059
二 定义"乡下人"："乡下人进城"的几种方式 / 060
三 分析幸福感：我们对幸福/幸福感的使用 / 062

第一章 春风作伴好进城
——对路遥笔下五种"进城""乡下人"幸福感的考察 / 065
一 "具有公职身份的乡下人" / 066
二 "身份暧昧的乡下人" / 068
三 "混进城市的乡下人" / 079
四 "进城打工的乡下人" / 080
五 "进城买卖的乡下人" / 083

第二章 "乡下人进城"，一种宗教，或者一个魔咒
——近二十年文学创作中"乡下人进城"现象的幸福感考察 / 085
一 到城里寻找幸福："进城"成为"乡下人"的一种宗教 / 085
二 幸福远非想象中的那样美好："进城"成为"乡下人"的一个魔咒 / 089
三 我在哪里错过了你？——影响"乡下人进城"幸福感的因素 / 102

目录

第三章　同一个世界，同一个梦想
　　——我们如何实现共同幸福？/ 108
　一　取消专门针对"乡下人"的歧视性社会制度 / 109
　二　投入更大的精力进一步加强农村经济建设 / 112
　三　投入更大精力振兴农村教育、提高乡村文明 / 114

第三编　宗教信仰与幸福感：都市佛教信仰的回潮 / 119

导论：中国历史脉络中的宗教观与幸福观 / 121

第一章　信仰的挑战与幸福感的重塑：新时期的中国佛教 / 126
　一　新时期佛教的革新与困境 / 126
　二　为己祈福：隐藏的信仰 / 128

第二章　蛰伏的信仰与幸福感的迷途（1978~1999） / 131
　一　坚冰的融化：宗教政策与佛教的复苏 / 131
　二　科学主义与特异功能："气功热"背后的信仰误区 / 136

第三章　消费主义的焦虑与寻找幸福：佛教信仰的悖论
　　（2000~2010）/ 143
　一　白领梦的幻灭：中产阶层的佛教信仰 / 143
　二　权力与财富的焦虑：社会精英群体与佛教信仰 / 150

第四章　结论 / 157

第四编　当代居家生活/文化对幸福的引领与影响 / 163

导论：目的理性笼罩下的幸福感 / 165
　一　今天我们为什么关注幸福感？/ 165
　二　幸福感与价值观危机 / 166
　三　幸福感与个人主义和消费主义 / 170

四　幸福感与空间 / 172
　　五　现代中国历史脉络中的幸福观 / 174

第一章　居家生活成为幸福的源泉
　　　　——20世纪80年代对幸福生活的想象 / 181
　　一　20世纪60年代幸福观讨论 / 181
　　二　20世纪80年代现代幸福生活图景 / 183
　　三　幸福感与家庭生活空间 / 188
　　四　作为历史遗产的工人新村的启示 / 191

第二章　住房改革与居家生活 / 195
　　一　家庭和住房制度改革 / 195
　　二　住房商品化与作为新的经济增长点的建筑业 / 198
　　三　"蜗居"：房改想要的后果？/ 206

第三章　被建构的"家"和幸福感 / 210
　　一　被重新分配的居住空间 / 210
　　二　被建构的"家"/ 217
　　三　难以作结的结语：幸福在哪里？/ 225

第五编　实证主义视野下的都市幸福感研究 / 229

导论：经验世界里的幸福感 / 231

第一章　主观幸福感的国际经验研究综述 / 233
　　一　主观幸福感的界定 / 233
　　二　经济学与心理学研究中的主观幸福感 / 235
　　三　社会学视野下的主观幸福感 / 241

第二章　中国人的主观幸福感（1990～2007）/ 248
　　一　主观幸福感的基本情况 / 248
　　二　生活满意度及其影响因素：以 2007 年为例 / 254

第三章　2010 年上海居民的幸福感 / 262
　　一　经济与社会保障的满意度 / 262
　　二　健康与安全的满意度 / 266
　　三　公共服务与休闲生活满意度 / 274
　　四　居住与环境满意度 / 278
　　五　总体满意度 / 285

参考文献 / 289

后　记 / 307

前　言

本书试图在中国城市社会转型的背景下，结合社会史、思想史、文学史和当下中国社会的现实，考察中国人的幸福感问题。

全书共分五编，第一编从哲学理论和哲学史角度探讨了幸福观念；第二编从反映当代中国社会现实的文学作品入手，结合1978年以来中国社会变迁的历史事实，探讨了城市化进程中农民对于幸福生活的感受；第三编则以现时代上海的都市佛教为例，考察了现代社会部分人群如何追求宗教意义上的幸福，并且反思了都市社会群体的幸福感危机问题；第四编从都市文化角度探讨了城市居家生活文化中市民幸福感受的变迁；第五编从社会实证的角度，结合调查数据的分析，着重考察了20世纪90年代以来中国人的主观幸福感问题，同时还通过调研数据，重点分析了2010年上海居民的幸福感及其主要指标。

全书在哲学、文学、史学、文化以及社会学等多学科视野下，对幸福感问题做了多维度的考察，期望既能从思想史的角度勾勒出幸福观念的理论面貌，又能结合近代以来尤其是改革开放以来城市社会转型的现实来反映中国民众对于幸福的感受。各编内容虽各有侧重，研究方法也不尽相同，但基本的关怀是一致的，那就是对当代中国社会生活的深切关怀，并且在这一关怀下，从理论、历史、文化和社会现实各方面探讨中国人的幸福生活。

下面，我们将结合各编的侧重点，简要介绍全书的主要内容。

第一编从理论角度考察幸福观念的多重维度，着重介绍中西方思想史上关于幸福的主要理论观点，为全书的写作提供思想史的背景。另外，在第一编里，我们还结合中国近代以来的社会变革，考察了社会变革与民众幸福之间的关联。

从理论上来说，幸福是自我对整体生活的持续性满足的主观经验和心理体验，因而具有个体性。同时，这种个人的经验和体验因为与人的具体生存境遇相联系，故而幸福又具有社会共通性和社会道德属性。在对幸福的理解上，既能形成一定的社会共识，也与社会历史传统形成的道德密切相关。而不管从社会的维度看还是从个人的维度看，构成幸福的条件和幸福的体验都会随着时间而不断变化。因而，无论对社会还是对个人来说，幸福感都是一种历史的、具体的经验和体验。

由于对幸福的理解有着多重的维度，因而在思想史上，哲学家们对幸福观念的探讨及形成的认识也是景象万千。

在西方思想史上，古代的人们倾向于以快乐来衡量幸福。不过，他们并不像更为晚近时代的人们那样，把快乐理解为一种纯粹肉体上的享乐与放荡。在他们看来，快乐尽管是从感觉开始的，但不是平庸的，更不是粗鄙的，而是可以在德性的角度上得到检讨的。这可以被称作享受快乐的幸福。就道德哲学而言，最好的生活也就是至善的生活，或者说是有德性的生活。不过，既然行动决定着包括幸福与否在内的一切，那么，对如何行动的检讨就成了追求最好生活的前提。对此，许多道德哲学家坚信，最能胜任这一任务的就是人的理性。这可以被称作追求至善的幸福。在近代西方思想史上，上帝已死的宣告意味着一种无可挽回的断裂，人们不得不去直面那些更加真实的痛苦。他们的痛苦就像西绪福斯的劳作一样，无法得到救赎或解脱。那么，西绪福斯是不幸的还是幸福的？此外，人们还必须考虑永恒和瞬间对于幸福的意味。这可以被称作直面痛苦的幸福。

在中国思想史上，传统的儒家、道家、道教、佛教对于什么是幸福，也提出了各有侧重的理解。儒家推崇精神上的愉悦，所推崇的"箪食瓢饮"的幸福既是理性主义的幸福观，也是一种道德主义的幸福观。而且，儒家所推崇的理性之乐与人伦之乐不同于感官之乐，因为它更多地关联到一个人的生活态度、价值观念与存在意义，总在实质的层面上指向一个人对于道德与幸福的关系的理解。在道家看来，为了幸福，努力改善自身现实境遇的积极进取的态度是不足取的，因为它不仅不能令人走向幸福，反而会使人因逐于外物而逐渐迷失原有的自然本性。对于道家而言，只有"自然"才是万物之宗与万物之本，它是一种没有任何外力加于其上的本然状态。这种自然状态的现实体现，从个人层面而言，便是追求一种无拘无束、返璞归真的精神境界；从社会层面而言，便是达到一种无为而治的小国寡民的状态。因此，法自然成为道家所推崇的方式。唯有以自然为宗、效法自然，个人幸福与集体幸福（社会幸福）才可能得以实现。而从道家思想中脱胎而出的道教则强调通过修道获得长生久视从而获得幸福，其中有很多与科学以及现代社会不能契合的地方，但道教所说的幸福既包括肉体快乐，也包括精神快乐，是身体健康、精神愉悦和德行至善的融合。道教将快乐视为人在生命道路上的精神状态，认为幸福是人在生命成长过程中通过努力感受到人生理想的实现而获得的一种满足感。对于佛教而言，世俗中看似幸福的人生其实只不过是一种虚妄的幻象。因为它不仅不能使人的心灵获得解放，让人的灵魂摆脱外界的纷纷扰扰，反而会束缚人的精神，从而成为人们获得幸福的羁绊。而佛教推崇的涅槃境界是一种"出世间福"，这种幸福不仅具有时间上的永恒性，而且具有完全的自主性。它不仅不依赖于任何外界的人和物，也不会有生灭，更不会像"世间福"那样常有"世间苦"掺杂其中，而是完全自作主宰，超越时空，极其纯粹。

中国近代以来，社会变革主宰了民众对于美好幸福生活的追求和探索，民众幸福与社会变迁息息相关。近代以来，就试图实现社会幸福的思想和社会运动而言，出现了诸如太平天国式的乌托邦构造、康有为的大同理想，清末思想家"为利欲正名"以及对独立富强的期盼，新文化运动时期思想家用科学、民主等思想意识改造国民与生活的努力，当代中国正在经历的以城市化改造民众生活方式的变革，等等。以上几种典型思想或社会运动分别代表着通过乌托邦的想象、国家独立富强的期许、思想意识的改造、生活方式的转变来实现美好的社会生活。从上述几种具有一定代表性的思想或运动来看，近代中国民众对幸福生活追逐的历程，逐渐从幻想、理念走向具体的民生，意味着近代以来为实现美好生活而进行的社会变革从激情、喧嚣走向理性、平实。

第二编讨论的是"乡下人进城"的幸福感问题。严格意义上说，"乡下人进城"并非中国改革开放以来的新鲜事物，但"乡下人进城"作为重要的社会现象和文化研究，却是在 20 世纪 80 年代开始突显的。本编采用了比农民、农民工等概念更为宽泛的"乡下人"概念,"进城"不仅仅是一种行为空间的转移,更包含由于社会制度、法律身份、经济生活、文化生活等各方面的改变而产生的情感体验。因幸福既具有主观性又具有客观性,既具有个体性又具有社会性,我们对"乡下人进城"的幸福感考察,要兼顾这些特性。我们既关注了文学作品中人物的主观幸福,即他们的幸福感,也对影响他们幸福的客观生活环境进行了分析:以个体幸福为讨论的起点,通过总结个体幸福及其影响因素,探讨如何在社会层面最终实现城乡之间的共同幸福。

20世纪80年代文学书写中,路遥的《人生》和《平凡的世界》具有典范性意义。在路遥的笔下,主要有五类"乡下人进城"模式("具有公职身份的乡下人""身份暧昧的乡下人""混进城市的乡下人""进城打工的乡下人"和"进城买卖的乡下人")。对于"乡下人进城"的不同模式及"乡下人"在这一模式中感受到的幸福,路遥表现出明显不同的道德价值判断。进入20世纪90年代之后,"乡下人进城"成为当代文学的重要创作潮流,对"乡下人进城"的幸福感问题的探讨也更加深入、更为复杂。在众多的农民工题材文学、打工文学及底层文学中,"进城"对"乡下人"来说几乎已经成了一种宗教:"进城"不再是一种选择,而是成了生命中的必然;不"进城","乡下人"就无法生存。"乡下人进城"还有诸多的代际特征:生活所迫是第一代农民工"进城"的首要原因,这种"进城"充满了被动色彩,很多时候是无奈之举,甚至有些悲壮;而寻找别样的人生则是第二代农民工"进城"的重要原因,这种"进城"更具有主动色彩;改变命运则是从农村进入城市的知识分子的一种精神追求。同时,我们十分遗憾地发现,"进城"后"乡下人"的幸福感并没有随之增长,甚至可以说,在"进城""乡下人"幸福感的天空上,蓝天白云的景观逐渐成了一种幻象,阴云密布却更像是逐渐逼近的现实。"城里不是家"成为第一代农民工"进城"后的生存写照;"乐不思蜀"却无法成为第二代农民工"进城"之后的生命状态;挣扎于城乡之间则成为从农村进入城市的知识分子的精神表征。

那么,究竟是哪些原因制约并影响了"乡下人进城"的幸福感呢?影响第一代、第二代农民工幸福感的共同因素主要有:经济地位、文化水平的低下,工作生活环境的恶劣,制度性歧视,资本的剥削和文化隔阂与观念歧视。影响第二代农民工幸福感的因素主要有教育缺失与不良诱惑、融入的欲望与社会的阻碍,这些都使得他们无法融入城市。影响从农村进入城市的知识分子的幸福感的主要因素有经济压力、文化冲突以及"启蒙"与"浪漫"的消失。因此,为了实现"乡下人""城里人"的共同幸福,必须纠正对城市化的片面理解,进一步加快农村现代化的步伐,进一步加快社会主义新农村建设,真正落实城乡一体化战略。具体而言,要取消专门针对"乡下人"的歧视性社会制度,投入更大精力进一步加强农村经济建设,投入更大精力振兴农村教育以提高乡村文明。

第三编重点分析了上海的都市佛教对于城市社会转型背景下都市人群幸福感的影响。幸福感涉及物质、社会以及宗教三个层面。在物质层面,是指我们一般所认知的个人乃至家庭的衣食丰足、财物富饶,这也符合一般幸福感的最基本认识。在社会层面,则是指较大范围的社会共同体,乃至国家、民族对于当下生活以及未来希望的普遍满足感,如世俗性的祈福以及人际的和睦温情,均代表了某种共同体意义上的幸福感。这种幸福感落实于社会共同体的"共通感觉",但不一定完全建立在物质丰饶的基础之上,传统中国乡村社会的少欲知足生活,也体现了某种共同体意义上的幸福感。至于宗教层面,则从根本上超出了现世的目标,从人的终极意义角度来阐述生命的幸福问题,即生命如何得到解脱,如何获得终极的幸福。

值得注意的是,上述三个层面的幸福感并不是截然分开的,而是相互交错、相互杂糅的,甚至彼此之间常常难以区别。因为世俗性与神圣性在个体身上经常以一种非常复杂的形式表现出来,不能清晰地区别开来,因此上述三个层面只是某种"理想类型"的区分,并不是说在具体的个人身上,这种幸福感会明显表现为三个层面。

正因此,本编在考察上海都市佛教与幸福感的关系时,除了揭示出宗教的超越性对于个体的某种生命提升作用之外,也想揭示出宗教信仰在满足个体的幸福方面所掺杂的世俗性。也正因此,宗教在提供个人生命幸福感方面,常常也混杂了物质、社会的层面,使得宗教本身在提供终极幸福感方面的特点常常被弱化,甚至被扭曲。

具体而言,上海的都市佛教在"文化大革命"后经历了恢复、酝酿期以及快速的复兴期。1978~1999年,佛教在社会上的地位与影响力十分微弱,社会对宗教的需求并没有显现出来，此时信教者大体上还是以传统的皈依居士，以及以祈福为目的的一般信众为主。但在进入21世纪之后，上海的佛教信仰出现了重要的社会结构及心理结构的变化，一方面是白领中产阶层的信仰人群迅速扩大，另一方面则是拥有较多社会资源的社会精英群体也开始接纳佛教信仰。这背后其实反映出当代都市人群心理上的种种危机。经济的发展让人们享受到前所未有的物质丰裕感，在幸福感方面却产生新的危机，即对社会及个人生活的安全感、稳定感的不确定，以及因都市生活的冷漠化与疏离感等原因，造成非常急迫的心理焦虑感。正是这样的普遍心理背景才使得佛教等宗教信仰如此之快地进入社会生活之中，并得到普遍的接纳，恰恰是这样带有强烈目的性的信仰实践，使得上海的都市佛教信仰呈现某种消费主义与世俗化的特征。

第四编认为，对幸福感的普遍关注并不是空穴来风，也不是一个可以简单地将其视为普遍性的社会问题，或哲学、心理学问题。"幸福指数"是一个可笑的概念，如果幸福是一个可以用经济学甚至数学模式进行量化的纯粹经济学对象，那么，人类社会只要一种"科学"就可以解决所有的问题。更重要的是，人类社会的福祉就可以依照化学或物理实验那样，事先调配好各种成分的比例，很快兑现，而不会在经历了数千年的历史之后，人类仍然关心着它，仍然感觉到幸福其实距离我们还很遥远。用"幸福指数"对幸福进行研究，是这个时代西方科学主义和唯经济主义最集中的反映。

幸福感与一个时代和社会的价值观相关。在相当程度上说，对幸福感的关注是纯粹价值理性被目的理性完全取代之后，在个人主义、功利主义的逻辑下必然凸显出来的社会现象。因此，幸福就必然与家庭生活紧密关联在一起，与家庭生活空间构成相互界定、彼此规定的复杂关系。但这只是幸福感的一个维度，即使这一维度目前在整个社会的主流意识形态中占据绝对统治地位。就当下中国的幸福感讨论而言，在相当程度上是撇开了近现代中国的历史脉络展开的，也可以说是一种被全球化的资本主义经济体系和制度垄断的阐释。在近现代中国的历史叙述中，毫无疑问，关于幸福的讨论总是与民族解放事业和全体人民的福祉紧紧相扣的。在这个意义上，近现代乃至当代中国早期的社会主义实践中的幸福观理应成为我们当下的思想资源和精神源泉。也就是说，在一般意义上，对幸福的追求当然具有普遍性，但在不同的政治理想中，这种追求却有着迥然的差异。近现代的中国，因其后发现代化的特征而必然地卷入城市化、现代化的过程之中。但20世纪50~60年代新中国城市建设的社会主义实践中的工人新村却提供了一个区别于20世纪80年代之后直至今天的幸福图景，而20世纪80年代在开启新启蒙的同时，也再次开启抑或被卷入西方现代性框架中的现代生活进程。问题是，这一过程或者说对现代幸福生活想象的模式与此前的历史和当下的现实究竟构成怎样的关系，却需要重新审视。而在这其中，爱情至上、核心家庭的广泛普及成为幸福感的根本源泉，居家生活逐渐取代原有价值系统中的幸福观，而日益占据主导地位，乃至成为占支配性地位的意识形态。

在这一意识形态的构建中，住房改革对生活世界的想象和限制，以及在住房改革催动下迅速而畸形发展起来的房地产业，其生产模式、经营模式、市场模式等与整个社会的文化生产共同生产、再生产了一个问题重重的新的城市生活空间。正是这一被市场平等建构起来的生活世界压抑了真正的平等诉求和尊严向往，原本阔大的幸福感被压缩在狭小的居家生活中。

第五编从主观幸福感角度讨论现实的幸福感问题。主观幸福感（Subjective Well-Being，SWB）虽然已是众多学科研究的重要范畴，但学界并没有就其本质形成统一的界定，其含义在不同学科各不相同。在国际上，来自不同国家和不同学科的学者对主观幸福感所给出的定义也存在较大的差异，进而也从不同的角度建立了多种多样的模型来进行具体的经验研究。

本编通过对各国现有研究的综合分析，总结出影响主观幸福感的四大因素。第一，经济收入虽然不是影响主观幸福感的决定性因素，但一个国家的富强与否却与国民的总体幸福感水平紧密联系在一起。心理学的研究发现，人格、环境适应能力、奋斗目标对个体的幸福感有实质性影响。同时，主观幸福感也是社会环境的反映。尽管人口因素似乎仅仅解释了小部分主观幸福感差异，但人口因素调节着许多重要的影响因素，因此不可忽略。第二，社会阶级与人们的感受彼此联系，尽管二者的关系强度并不高，但社会阶级也是主观幸福感的一个潜在预测指标。第三，社会失范随急剧的社会变迁而蔓延，引起消极情感，进而降低了人们的主观幸福感。第四，社会信任反映了社会或社区中个体间的联系。研究发现，个体信任和组织信任与主观幸福感之间都存在正面关联。

另外，通过对中国四次调查数据的实证分析，我们发现：国民的平均主观幸福感水平1990年最高，从1995年到2007年没有发生明显的变化；男性和女性的主观幸福感水平不存在明显的差异；健康是影响主观幸福感的决定性因素，而年龄与幸福感之间呈现"U"形的关系。通过比较，我们还发现：在人们生活的基本需要得到满足的情况下，绝对收入的提高对提高人们的生活满意度没有明显的影响，而相对收入，不论是对于个体或家庭发展而言的相对收入，还是个体或家庭在社会比较中所体验到的收入的相对剥夺感，都对人们的生活满意度有更强的解释能力。人们的关注也更多地由对客观收入的关注转向对主观社会因素的体验，这将我们引向了对生活质量的关注。

最后，本编从经济与社会保障、健康与安全、公共服务与休闲、居住与环境、总体评价五个方面对上海居民的幸福感进行了讨论。这五个方面的实证结果表明，上海居民的幸福感在城乡之间、不同收入群体之间都存在明显的差别，需要相关部门和研究者结合实际情况，制定相应的政策来提高人们的主观幸福感水平。

本书从不同角度围绕幸福感做了多学科的考察，力图呈现中国城市社会转型背景下中国人的幸福感变迁。由于是首次尝试多学科的交叉合作，本书的写作还存在许多不尽如人意的地方，尤其是在体例的逻辑性上，但我们希望通过本书诸位作者的努力，引起学界对这一话题的关注和深入研究，为转型期中国社会的民众过上更美好、更幸福的生活提供更多的智慧。

第一编
幸福观念的理论溯源

（朱 承 张艳芬 郭春牛）

导论：幸福的朝向

上海大学哲学系／朱　承

人总是要有一个美好的愿望才能生活下去，幸福大概是各种美好愿望中最大、最广为人接受的一个。每个人都追求幸福，对幸福的理解却因人而异、莫衷一是。尽管如此，人类追求幸福的脚步却从未因对幸福的理解充满纷争而停息过。

古往今来，无数思想家对幸福观念展开过无穷的讨论，这使得幸福观念在其自身延展的过程中呈现多重面向和万千姿态。对于幸福问题的普遍关注无疑也体现出世人对于幸福无限渴求的共同倾向，这也更加从一个层面确证与凸显了幸福问题的历久弥新。因而，对于幸福这一重要论题的探讨与考察，在任何时候都显得尤为必要。无论何时，幸福问题始终与人的存在共同在世。只要人存在于世，对于幸福的追寻与叩问便一刻也不会终止。然而不幸的是，在人类对于幸福的理解所产生的观念园地上，百花齐放，杂草丛生。尽管不同的人对于幸福的理解千差万别，对于幸福的追求也表现出各种不同的形式，但就渴求与追寻幸福这一目的而言，人们则表现出了相当一致的趋向。诚如康德所言："获得幸福必然是每个有理性但却有限的存在者的要求，因而也是他的欲求能力的一个不可避免的规定根据。"（康德，2003：29）可以说，追寻幸福是任何一个有理性的人的自然倾向，也是社会发展的基本动力。

一　幸福的个体性维度

康德在《实践理性批判》中曾对"幸福"有一个简短的概括："一个有

理性的存在者对于不断伴随着他的整个存在的那种生命快意的意识,就是幸福。"(康德,2003:26)对于现实的个体而言,幸福属于主观意识的范畴,它主要意味着一种个体的主观体验和感受。从个体的主观体验角度而言,幸福与否往往意味着存在主体对于自己所处的生活状态满意与否。这种对于自己所拥有的生活是否满意的主观体验便构成了一般意义上的幸福感。不过,这种满意并不是一时一地的暂时性满足,更确切地讲,幸福感乃是人们对于整体生活的一种持续的、整体性满足。

人们对于幸福观念种类繁多的理解,在很大程度上也是由于幸福常常与个体的主观体验密不可分。当某人说"我感到很幸福"时,此处的"幸福"不仅体现了言说者对于其所拥有的生活的主观感受和体验,也道出了此言说者对于当下生活的认知与评价。只有当生活状况满足个体的需求和期望时,个体才会对其做出积极的判断与评价。不过,由于不同个体期望、需要的层面各不相同,而且其认知能力与评价标准也存在差异,因而,对于相同的事物,不同个体极有可能得出相当不同的评价结果。即便是同一个体面对同一事物,由于事物的发展流变,评价结果也会大相径庭,我们熟知的"塞翁失马"的故事正说明了这一点。当丢了马的时候,一般看来肯定是祸事,但老人说可能是好事,果然,此马归来时引来大批胡人的骏马;大批胡人的骏马来投,应该是好事,但老人说可能是坏事,后来老人的儿子因贪骑胡人的骏马把腿摔断,腿摔断又变成了一般意义上的坏事;但因为此子因腿断而免于兵役因而保全了性命,坏事又变成好事(《淮南子·人间训》)。不难看出,这种个体对于生活状况幸福与否的判断与评价在很大程度上又内在地关联着个体的认知水平、价值观念、人生取向、生活态度、性格气质等因素,还和所处的社会环境和事物的发展密切相关。凡此种种,都在一定程度上制约和调整着个体的生活目标。当这种在诸种因素制约与调整下的既定生活目标已然达成,个体便会体验到幸福感,反之,则会缺乏幸福感。

个体的幸福感在很大程度上是个体相当内在的主观感受,然而这种发自于内的情感往往通过一种较为可见的形式形之于外,这种外在的形式就是快乐或者愉悦。在一定意义上,幸福就意味着满足之后的快乐。不可否认,幸福与否的外在表现形式往往通过人之快乐与否作为信号而呈现,缺少"乐"的人生是谈不上幸福或与幸福甚少关涉的,日常话语中的"以苦为乐"也包含了对"苦"的一种转化式体验。然而，幸福与快乐却并非因此而完全等同，更确切地讲，幸福往往包含快乐且通过快乐来呈现存在于主体的主观感受和体验。

因而，从个体性维度对幸福的探讨，自然离不开对个体主观之"乐"的考察。"乐"是一种典型的个人感受，中国传统思想中常常有感性之乐与理性之乐的划分。前者常常首先或更重要的是与人的各种感官相联系，耳目之官的愉悦乃是感性之乐的典型写照。这种以追求感官之乐为目的的幸福观在西方被称为"快乐论"。由于这种感性之乐常常与欲望、本能相联系，因而，无论是儒家还是道家，虽不排斥最为基本的感性欲望，却竭力主张对其应当加以必要的节制。孔子在讨论《诗经》时说道："《关雎》，乐而不淫，哀而不伤。"（《论语·八佾》）老子也曾言："五色令人目盲，五音令人耳聋，五味令人口爽，驰骋田猎令人心发狂，难得之货令人行妨。"（《老子·第十二章》）荀子则以一种更为明确的方式表达了早期儒家对于感性之欲的基本态度："欲虽不可尽，可以近尽也。欲虽不可去，求可节也。所欲虽不可尽，求者犹近尽；欲虽不可去，所求不得，虑者欲节求也。道者，进则近尽，退则节求，天下莫之若也。"（《荀子·正名》）也就是说，感性的欲望应当纳入理性节制的轨道中，从而使得感性之乐能在一个适当的程度上对人的总体幸福感有所增进，而不至于使人溺于感性之乐而不能自拔，从而成为欲望的奴隶。

与感性之乐相对应的是理性之乐，二者之中，传统儒家尤为推崇后者。因为在儒家看来，理性之乐不仅超越了感性欲求的快乐，更加超越了一己之私利的计较，是在理智追求过程中所体验到的精神层面的满足与愉悦。这种理性之乐用孔子称赞颜回的话来讲便是："贤哉，回也！一箪食，一瓢饮，在陋巷，人不堪其忧，回也不改其乐。"（《论语·雍也》）在这里，在同样的物质条件面前，颜回表现的情绪是"乐"，而众人表现的情绪则是"忧"，这并不是说物质条件对于人的刺激不一样，而是颜回有更为深沉的精神和理性追求，贫乏的物质生活并不会改变他从深沉的理性追求中体会到的快乐。当然，对于大多数人而言，快乐与否或许更多地与身外之物、身处之境相联系。当主体对于外物的需要和欲求得到满足时，主体便会有快乐和幸福之感，反之则会怨天尤人而倍感不幸。儒家在对外物的态度上，表现得相对超脱，幸福的物质成本不会过高。在儒家看来，"乐"应当更多地与主体的精神生活相关涉，"君子谋道不谋食……君子忧道不忧贫"（《论语·卫灵公》）。即便物质生活状况不尽如人意，主体仍然可以在追求理性的过程中自得其乐，这也就是宋明儒家孜孜以求的"孔颜之乐"。而且，这种理智的愉悦似已超越一般意义上的快乐，进而跃升到更高的层次——幸福。

二 幸福的社会性维度

在一定程度上，虽然个体对于自己生活幸福与否的体验和感受由于较具主观性而缺乏实在性的客观标准，然而，就其最普遍、最宽泛的层面而言，幸福感在人与人之间依然有共通之处，这就涉及幸福感的社会性维度或者说社会性幸福。

幸福感的社会性维度往往包含两个层面。一个层面是对于幸福观念理解的共通性。虽然由于个体主观的差异，对于幸福的体验往往各有差异，但人们对于幸福与否的判断也仍然具有相当程度的一致性，"饮食男女，人之大欲存焉；死亡贫苦，人之大恶存焉"（《礼记·礼运》）。"求乐避苦"在一定意义上对所有人来说，是具有重叠意义的某种共识。人们往往认为幸福的内涵从积极的方面说包含着快乐，从消极的方面而言则意味着没有痛苦，因而，身体的无痛苦和灵魂的无纷扰常常被人理解为"幸福"的状态。在这一点上，"幸福"可以从个人的私人体验里超拔出来从而成为某种共同的感受。

另一个层面是，幸福不仅仅只关乎个人的主观体验，它还总是与个体的生存境遇息息相关。由于境遇是由人与他人的共在生成的，因此生存境遇总是具有社会性。换言之，幸福常常涉及个体所处的客观境况，总是和个体所赖以生存的周遭的一切密切相关。"幸福并不仅仅限于主体的感受，它总是在实质的层面涉及实际的生活境遇。"（杨国荣，2011：275）因而，对于理智的个体而言，幸福感是个体对具体的、客观的生活存在的一种感受，而不仅仅是完全陷入主观的妄想。关于此点，鲁迅笔下的阿Q是一个比较好的例证。如果我们仅仅因为阿Q在受人欺侮时仍然妄想自己是幸福的、胜利的，就据此判定他是幸福的、胜利的，那么，阿Q的精神胜利法无疑便成了一种值得赞颂的而不是应当批判的人格。事实上，阿Q的精神胜利法恰恰是不幸的人对自己丧失幸福的一种自我欺骗与自我安慰。另外，当人们处于由各种天灾人祸所造成的满目疮痍、饿殍遍野的客观境况之时，即使是自己能幸免于这种灾难，人类天生的恻隐之心与悲天悯人的情怀使得绝少有人在周遭社会处在悲惨境况时有幸福之感。此处显而易见的是，人们对于生存境遇的理解具有共通性，生存境遇总是和人的共在，即社会属性联系在一起。因而，由共通的生存境遇所产生的对于人生的感受在一定意义上也具有历史性、具体性和社会性。

从这个意义上来讲，幸福与否还逻辑地关联着人的社会性问题。这种社会性主要通过各种形式的主体间性来体现，它既可以是个体与其家庭成员之间的关系，也可以是个体与其他社会成员的关系，"人生即在世、入世，逃避社会、远离世人是不可能的"（海德格尔，1987：354）。当一个人感到幸福之时，通常与其存在一定社会关系的人员，尤其是与其关系亲密的人也会有某种幸福之感。反之，一个人的不幸也会在很大程度上造成其周围人的幸福感的缺失。可见，个体的幸福与否常常并不只是遗世独立的单纯个人感受，它总是在实质层面上涉及和影响社会中的其他个体的幸福感，同时也被其他个体的幸福感影响。或者说，个体的幸福总与社会性幸福联系在一起。这一点，我们可以称之为幸福的弥散性，这也是幸福感的社会性的重要表现。

需要特别指出的是，幸福感的社会性维度决定了幸福与道德密切关联。从伦理学角度看，幸福作为人生的最终目的，乃是至善。亚里士多德曾指出，有一些事物，我们是因他物之故而选择它们，如财富、地位等。然而，幸福却不同，"我们永远只是因为它本身而从不因其它物而选择它。而荣誉、快乐、努斯和每种德性，我们固然因它们自身故而选择它们，但是我们也为幸福之故而选择它们。然而，却没有一个人是为着这些事物或其他别的什么而追求幸福"（亚里士多德，2003：18）。从幸福自身即目的这个意义上讲，幸福是完善的和自足的。亚里士多德不仅将幸福作为人的目的，而且还指出了幸福的实现形式，"幸福生活似乎就是合德性的生活"（亚里士多德，2003：28）。康德也说过："幸福虽然使占有它的人感到快适，但却并不单独就是绝对善的，而是任何时候都以道德的合乎法则的行为作为前提条件的。"（康德，2003：153）从现实形态来看，作为一种感性的存在物，人无疑存在多种多样的感性需要,如果缺乏必要的道德准则的约束,那么人对于幸福的追求很可能会流向单纯的感性欲求的满足。而这种对于感性欲求的无止境的需要则无疑会导致贪婪、懒惰等不良人格的形成,最终将不利于人的全面自由发展。因而,作为一种德性,"节制"在限制人的感性欲求方面起着极为重要的作用。人们日常语言中所谓的"清心寡欲""淡泊明志"以及"知足常乐",在很大程度上都是为了化解道德原则与幸福追求之间可能蕴含的内在紧张。从这里不难看出,幸福似乎在一定程度上也受到德性的制约。一个在德性修养层面自足的人往往具有更为坦荡的胸怀、恢宏的气度与淡然的心态,外界名利得失很难影响到他内心的宁静与幸福。道德高尚的人由于不会卷入与他人的钩心斗角、尔虞我诈之中,因而也不会陷入后者常常拥有的无尽的烦恼与忧愁中,从而也不会有患得患失之感。由此可见,道德上的完善也内在地包含着幸福的可能,这也就是芝诺所说的"幸福生活仅仅存在于美德之中"(Annas,1993:434)。因此,在人之存在的过程中,应当尊重幸福的社会属性,利用德与福相互制约以及德福一致的原则,促进人的真正的全面自由发展。

三 幸福的历史性维度

除了具有个体性、社会性的维度之外,幸福还呈现历史性的一面。幸福的个体性维度侧重于考察幸福的主观性意义,幸福的社会性维度主要侧重从横向来考察幸福的社会共通性,而幸福的历史性则主要是从时间发展的维度来理解幸福感的变迁。对于幸福的理解以及实现幸福的条件,总是随着社会历史、个人生活的发展而不断变化。

由于人之存在总与时间、历史诸因素相关联,因此,幸福问题也自然离不开时间性这一维度。幸福的时间性维度,同样可以从社会和个人两个层面来理解。

从社会层面而言,处于不同时代、不同社会中的人对于幸福的定位与理解可能相去甚远,能促成具体的幸福感受的条件在一定意义上会随着社会生产的变化而变化。在生产力不发达、生活水平较为低下、物质资源相对匮乏的时代,时常衣不蔽体、食不果腹的人们只要过上衣食足、仓廪实

第一编
导论：幸福的朝向

的日子便会感到无比幸福。故而，幸福对于这个时代的人而言，更多的是与保障生命存在所必需的物质生活资料相联系。然而，随着时间的推移和社会生产的变化，实现"幸福"的条件也在不断变化。当社会发展到一定阶段，人们的基本物质需求已得到满足，进而衍生出层次多样的更加繁多的高级物质需求和精神需求时，幸福的成本又会变得越来越高和越来越复杂。

这种需求的变化，一方面从客观上推进了人类的社会生产，扩展了人类认识世界和改造世界的能力，进而从总体上发展了人类的福祉，推动了社会历史的前进。正如黑格尔强调人类的欲望对历史具有推动作用："我们对历史最初的一瞥，便使我们深信人类的行动都发生于他们的需要、他们的热情、他们的兴趣、他们的个性和才能；当然，这类的需要、热情和兴趣，便是一切行动的唯一的源泉。"（黑格尔，1999：21）恩格斯也曾对黑格尔这一观念表示肯定，他认为"鄙俗的贪欲是文明时代从它存在的第一日起直至今日的起推动作用的灵魂"（马克思、恩格斯，1995：177）。可见，人类需求的增长从总体上是增进人类文明和人类福祉的，但在另一方面，这种需求的变化，也会使得人们的欲望不断随之增长，在不断增长的欲望得不到及时满足时，人们的"不幸福感"也会油然而生。朱熹曾说："饮食者，天理也，要求美味，人欲也。"（《朱子语类·卷一三》）饥而欲食、渴而欲饮是人的基本生存需求，当然应该满足，但是过分地追求美味却会将这种正当的需求转变为"非分之想"，"非分之想"的过度化就是朱熹所说的"人欲"，而"人欲者，此心之疾灾"（《朱文公文集·辛丑延和奏剳二》）。"欲望"的不断增长会带来"心病"，那么通过"欲望"的不断满足来追求幸福自然变成了缘木求鱼的做法。社会历史的发展，使得人们的"可欲之物"越来越多，但过分追求这种不断变化的"可欲之物"，却不是实现"幸福"的必要条件。

就个人层面而言，由于每个个体在其人生发展的不同阶段的认知方式、价值观念、主体需求、生活态度以及所处的客观境况等存在差异，因而，随着人在生活的过程中对于人生、生活的理解不断变化，幸福的意义也会随之发生一定的变化。冯友兰曾提出人的四种境界：自然境界、功利境界、道德境界和天地境界。他认为之所以会有四种境界的区分，就在于人们对于自然和社会的觉解程度不一。觉解程度不同，对于幸福的理解自然也不同。要实现幸福，获得对人生的满足感，处在自然境界和功利境界的程度中，物质需求要高于精神需求；而处在道德境界和天地境界的程度中，精神需求要高于物质需求。人对于生活的理解或者说觉解，随着时间的流逝而变化，就如同孔子所言："吾十有五而志于学，三十而立，四十而不惑，五十而知天命，六十而耳顺，七十而从心所欲，不逾矩。"（《论语·为政》）人生在每一阶段对于生活的理解总有所不同，既有生理原因，也与后天的认知、需求以及价值观念、社会环境等密切相关，而这一切都在时间之流中展开。只要人的认知、需求以及社会环境等在变动，个人对于生活的理解就会有所变化，因而个人的幸福问题也总是在时间中展开。时间是人的存在方式，不仅是衡量人生命的尺度，也是人之存在状态变化发展的背景。幸福的时间性，使得幸福这一问题不仅永远不会有终止的一天，而且其内涵还会随着人类历史进程的推进而不断变化，进而迭次充实和日益丰满。

概而言之，无论构成幸福的必要条件是什么，不管这一条件是丰衣足食那么简单，还是为人类而牺牲那么崇高，幸福本身都是人生的最大的追求。幸福作为人在人生征程上自我需要的满足，具有个体性、社会性和历史性等不同的维度。幸福是个体满足的主观经验和心理体验，同时这种经验和体验因为与人的具体生存境遇相联系，故而又具有社会共通性和道德属性。德与福始终不可分割，在社会生活中坚持德性往往能促成人的幸福感生成。而无论从社会的维度看还是从个人的维度看，构成幸福的条件和人的幸福体验都会随着时间之流而不断变化。人之存在在时间中展开，幸福也在时间中展开。因而，无论是对于社会还是对于个人来说，幸福感都是历史的、具体的，这就使得对于幸福问题的讨论历久弥新。

第一章　西方哲学视域中的幸福

上海大学哲学系／张艳芬

法国哲学家帕斯卡（Pascal）曾经说过，人是一根"能够思想的苇草"。对于浩瀚无垠的宇宙而言，苇草无疑是脆弱与渺小的。然而，就在苇草以思想来收摄这浩瀚无垠时，它获得了一种无与伦比的尊严和伟大。人们总是以思想来检讨一切，而幸福就是在检讨人生时所产生的一个根本问题。古希腊的思想者苏格拉底（Socrates）告诫我们，没有经过检讨的人生是不值得过的。但这个检讨是困难的，因为思想是困难的，否则也就不配享有那尊严与伟大了。人们通过各自的时代以及各自的生活来思考幸福，这些思考尽管在其形态与表现上有着重要的差别，但它们都来自并且归属于这能够思想的苇草。因此，在一个思想普遍陷于倦怠的时代，检讨思想的历史就和检讨自己的生活同样重要。事实上，从来没有哪一个人是独自地检讨自己，而总是作为历史的人来检讨自己，幸福尤其如此。

一　享受快乐的幸福

快乐并不总是一种不同于幸福的东西，如果这种快乐是经过思想的检讨的话。之所以这么说，是因为快乐和幸福从一开始就有着一种内在的关联，甚至可以说古代的人们更倾向于以快乐来考量幸福。不过，他们并不像更为晚近时代的人们那样，把快乐理解为一种纯粹肉体上的享乐与放荡。在他们看来，快乐尽管是从感觉开始的，但并不是平庸的，更不是粗鄙的，而是同样可以在德性的角度上得到检讨的。这一点，随着我们对于快乐的哲学考察和对于身体的意义探究，会变得更加清晰。

一般来说，快乐是与感觉联系在一起的。这个想法本身似乎并没有什么错，然而，如果我们不明白感觉究竟意味着什么的话，那么它就总是显得有些似是而非。当然，对于澄清这种似是而非，马克思的唯物史观为我们提供了直接的依据，他这样说道，"五官感觉的形成是迄今为止全部世界历史的产物"（马克思、恩格斯，2002：305）。不过，我们宁愿把这样的判断当作一种背景而不是结论，因为还有许多东西需要在这个背景之下被梳理出来。事实上，就如在博士论文中所做的那样，马克思也正是从古代希腊哲学着手开始他的工作的。伊壁鸠鲁（Epicurus）对于马克思来说不仅意味着一种思想资源，而且意味着一种思想倾向，一种马克思在后来加以深刻贯穿的思想倾向，如果我们对这一问题加以讨论，将会发现非常有趣；但是在这里，我们将集中从感觉或者说感性方面来讨论幸福的问题，而不再过多地考察马克思的感性对象性活动的基础地位与伊壁鸠鲁的感觉理论之间的关联，尽管其中隐含着与我们所讨论的内容关系紧密的传统。

感觉是一种由以开始的东西。无论是泰勒斯（Thales）的水还是赫拉克利特（Heraclitus）的火，可以说都是经由感觉所把握到的东西。对此，也许有人会争辩说，如果这些东西被指认为是本原或始基，那么它们必定就已经是理性考察的结果，而不再仅仅归属于感觉。可是，如前所述，如果说我们考虑到感觉从来就不是孤立于全部世界历史的东西，那么这样的争辩就变得没有意义了。事实上，他们的贡献恰恰在于，借助感觉或者说感性这种独特的直观能力，人们获得了一种与神话有所不同的思维模式，虽然这并不意味着神话模式的消失。简言之，事物被直观为它们本身，而不是神。从一般的看法——泰勒斯乃是西方的第一位哲学家——来说，这一点的重要性可以与哲学的产生相提并论。换言之，前面那个争辩中所提及的理性考察与这里所说的感性直观实际上意味着同一件事情，即哲学的产生。当然，我们也看到，由此而发展出了或者说区分出了不同的传统，就像人们以为他们可以从柏拉图（Plato）和亚里士多德（Aristotle）那里得到的那样。事实上，这样的发展和区分一直都是不严格和不稳定的。

至此，我们追踪到了哲学的产生。然而，感觉的这种开始地位主要还是出现在自然哲学中，而泰勒斯等人也都被泛泛地认作自然哲学家。那么，随着苏格拉底"把哲学从天上带到了地上，带到了家庭中和市场上，带到了人

第一章 西方哲学视域中的幸福

们的日常生活中"（黑格尔，1997：43），情况怎么样了呢？或者说，在黑格尔（Hegel）所称的这种由苏格拉底所创始的道德哲学中，情况又怎么样了呢？这些问题要求我们去考察感觉在值得过的或者说幸福的人生中的地位。不过，在做这个考察之前，我们需要明确，苏格拉底之前那些所谓自然哲学家的主要贡献并不在于自然研究，而在于他们所带来的那种更为自由的和更为直接的思维模式。这种自由和直接抛弃了种种假设，特别是来自神的假设。也就是说，人们可以以他们自由而直接地把握到的东西作为依据进行判断。不难发现，对于古代希腊人来说，当他们在进行幸福的判断时，感觉正充当着这样一种依据的角色。

对此，也许苏格拉底或者柏拉图会给出另外的评论，然而，这毕竟反映了那个时代所存在的一种思想检讨。这种检讨较早地体现在居勒尼学派以及后来的伊壁鸠鲁学派中。居勒尼学派这个名字来源于该学派的创始人阿里斯底波（Aristippos）的出生地居勒尼。据说，阿里斯底波曾经听过苏格拉底的教诲或者说与他交游过，但是，显然他思想的发展更多的还是来自他自己的教养，因为苏格拉底"美德就是知识"的论断在他那里得到了一种特别的解释。这种解释与坚持把感觉当作真实的东西有关，而且，一旦只有感觉之中的东西才是真实的，那么从人生的目的来说，就没有什么比感觉之中的快乐更重要了。于是，"美德就是知识"意味着，作为目的的美德就是快乐，而知识不过是手段。进一步说，既然感觉之中的快乐本身就是人们所寻求的目的，那么造成这个快乐的行为是否合理就无关紧要了。

对此，黑格尔认为，"居勒尼学派的原则，简单地说是这样的：寻求快乐和愉快的感觉，乃是人的天职，人的最高的、本质的东西"（黑格尔，1997：131）。也许有人会据此而认为，居勒尼学派对快乐的寻求是盲目冲动，甚至不择手段的。但是，事情并非如此。因为如果是那样的话，人就被这种盲目的快乐主宰，他们所要求的是主宰快乐，而不是被快乐主宰，因此，求乐反得苦为他们所不取。因此，对这个学派的思想家而言，尽管他们确实要寻求感觉之中的快乐，但是他们仍然保有着一种自由。这一点，同样也得到了黑格尔承认，"在这里，有两个环节是基本的：一个是那原则本身，即快乐的规定。而另一个则是：人具有一个有教养的精神，并凭借他的精神的这种教养而获得他的完全的自由……阿里斯底波无疑是一个有最高的教养的人;他也把教养估价为最高的东西。因为他虽然把快乐当作原则,却从以下一点出发,即认为这只是一个对于有哲学教养的人的原则"(黑格尔,1997:132)。尽管黑格尔的这番话多少夹杂着他自己的意思,但他所说的哲学教养无疑道出了事情的实质。

研究者已经注意到,居勒尼学派对于感觉和快乐所做的思考在伊壁鸠鲁学派那里得到了回应,黑格尔甚至认为这两个学派"是有着同样的原则的"(黑格尔,1997:132)。稍晚于亚里士多德的伊壁鸠鲁更多地看到了这个世界的动荡与痛苦。此时,"适应各种情况,能够生活在一切环境之中"的阿里斯底波的思想恐怕已经不再是一种理论的诉求,而成为一种现实的需要了。事实上,伊壁鸠鲁正是以更为激烈和彻底的方式来表达他对于自由和快乐的向往,这不能不说同他所看到的东西有关。就此而言,伊壁鸠鲁对于快乐所做的思想检讨要比阿里斯底波更为重要。在以后的每个动荡与痛苦的时代,每个虚妄与压抑的时代,人们或许都可以去阅读伊壁鸠鲁,并从他那里汲取自己所需要的东西,正如马克思当年所做的那样。事实上,我们从伊壁鸠鲁的快乐哲学,或者说,从以他的名字命名的快乐主义(epicurism)中所发现的东西就远远不是流俗意义上的享乐了。

伊壁鸠鲁的快乐哲学同他的自由理论密切相关,可以说,后者是前者的思想基础。这种自由理论是从他的原子学说中发展出来的,亦即从受德谟克里特(Democritus)影响而提出的原子学说中发展出来的。当然,伊壁鸠鲁也接触到柏拉图和亚里士多德的哲学,但这显然不是主要的。正如马克思在他的博士论文中所指出的那样,伊壁鸠鲁对于原子学说的一个重大发展使得自由成为可能,这就是德谟克里特所未曾考虑到的原子的自动倾斜或偏离运动。伊壁鸠鲁描述道,"原子永恒地连续运动着,[有的垂直运动,有的偏离垂直运动,还有的在组织物内部颤动]"(伊壁鸠鲁、卢克来修,2004:6)。由于原子的自动偏离,或者说,由于原子的自主运动,彻底的必然性成为不可能,不管这种必然性是以什么面目出现。作为结果,不仅自然界物体的运动摆脱了神的控制,而且人世间生命的运动也摆脱了命运的束缚。

既然神不对物体的运动产生任何影响,那么我们也就没有理由对神心怀恐惧。尽管伊壁鸠鲁并不否认神的存在,但这看起来已经是无关紧要的了。作为结果,与自然界中的物体运动相一致,人可以自由地主宰自己的生活,而并不必定要承受奴役和苦难,尽管世上总是充满奴役和苦难。这就如同后来的卢克来修所做的评论,"使心灵不至于在所有行为中都服从必然性,使它摆脱被奴役和被迫承受苦难与折磨的,正是始基在不确定的时间和不确定的空间的细微偏移"(伊壁鸠鲁、卢克来修,2004:99)。另外,由于没有什么高高在上的东西干预自然以及生活,所以感觉就在直接性的意义上恢复了它的基础地位。这也构成了伊壁鸠鲁与德谟克里特的另一个不同,即伊壁鸠鲁更加重视感觉的地位,他说道:"必须完全遵循感觉,也就是直接印象,无论它是理智的还是其他某种器官的;同样,要遵循直接的[苦乐]感受,以便在遇到有待证明的和不明白的事情时,可以有解决它们的方法。"(伊壁鸠鲁、卢克来修,2004:4)

从感觉出发,快乐最大的敌人即死亡也被消除了。伊壁鸠鲁告诉我们:"要习惯于相信死亡与我们无关,因为一切的好与坏都在感觉之中,而死亡是感觉的剥夺。……所以,所有坏事中最大的那个——死亡——与我们毫不相干,因为当我们活着的时候,死亡还没有来临;当死亡来临的时候,我们已经不在了。"(伊壁鸠鲁、卢克来修,2004:31)一般地,死亡之所以是快乐最大的敌人,是因为死亡会给人们带来巨大的恐惧。然而,在伊壁鸠鲁上述言语中,这样的恐惧看来是根本不必存在的。消除对死亡的恐惧之后,人们也就不必把生死放在心上,就如伊壁鸠鲁所说,"贤人既不苦苦求生,也不惧怕生活的终止"(伊壁鸠鲁、卢克来修,2004:31)。由此,一个人所要做的事情就是过他想要过的生活,即过一种幸福的生活,而这就是寻求快乐。伊壁鸠鲁把幸福的生活归结为快乐。他说:"快乐是幸福生活的开端和目的,因为我们认为快乐是首要的,以及天生的好。我们的一切追求和规避都开始于快乐,又回到快乐,因为我们凭借感受判断所有的好。"(伊壁鸠鲁、卢克来修,2004:32)可以说,这是他的快乐哲学的一个宣言。

伊壁鸠鲁还告诉我们,他所说的快乐并不是指放浪形骸意义上的享乐。他说道,"当我们说快乐是目的的时候,我们说的不是那些花费无度或沉溺于感官享受的人的快乐。那些对我们的看法无知、反对或恶意歪曲的人就是这么认为的。我们讲的是身体的无痛苦和灵魂的无烦恼"(伊壁鸠鲁、卢克来修,2004:33)。在这里,伊壁鸠鲁以一种非常不同的方式来考虑快乐,即以否定的方式。也就是说,快乐不是一种与痛苦或烦恼相对立的东西,而是痛苦与烦恼的消除。这显然与阿里斯底波不同，因为在后者看来，痛苦和快乐乃是两种状态或者说两种东西。

照伊壁鸠鲁的意思，寻求快乐也可以被理解为痛苦与烦恼的消除。为此，伊壁鸠鲁指出，我们要正确认识我们的欲望，因为痛苦往往是由不当的欲望引起的。他说："要认识到：在各种欲望中，有的是自然的，有的是空虚的。在自然的欲望中，有的是必要的，有的仅仅是自然的。在必要的欲望中，有的有助于幸福，有的有助于身体摆脱痛苦，有的有助于维系生活本身。在所有这些中，正确无误的思考会把一切选择和规避引向身体的健康和灵魂的无烦恼，既然这是幸福生活的终极目的。"（伊壁鸠鲁、卢克来修，2004：32）这便是思想者伊壁鸠鲁对欲望所做的检讨。

从他的检讨可以看出，快乐不在于占有很多物品，也不在于不占有很多物品，而在于人们能够不被这样的占有或不占有所搅扰。唯其如此，人才是自由的，他的身体和心灵才能达到一种无痛苦和无烦恼的状态，或者说幸福。这就是伊壁鸠鲁的快乐哲学。

必须承认，在讨论感觉以及快乐的时候，身体或者说肉体是一个不能回避的问题。事实上，我们已经看到，在阿里斯底波和伊壁鸠鲁那里，身体都得到了相当的重视与讨论。不过，这显然还不是问题的全部。之所以这么说，乃是因为身体之于快乐的意义在他们那里还未得到完全的揭示，尽管他们很大程度上已经把他们的思考建立在这个意义之上。我们可以从第欧根尼·拉尔修（Diogenes Laertius）在《名哲言行录》中关于阿里斯底波或者说居勒尼学派的一段记述开始分析。第欧根尼·拉尔修写道："他们坚持认为，肉体快乐远比精神快乐要好，肉体痛苦远比精神痛苦要坏，这就是为什么要用前者来惩罚罪犯的原因。因为他们设想，痛苦更令人讨厌，快乐更契合人意。因为这些原因，他们更在意肉体而不是精神。"（第欧根尼·拉尔修，2003：135）在这里，我们发现，较之精神或灵魂来说，身体在快乐以及它的反面即痛苦上占据更为主导的地位。接下来，我们要问的就是，身体为何能够获得这种主导地位？

之所以要问这个问题，是因为在有关幸福的讨论中，它一直以来都是反对或者支持的焦点。从最为素朴的看法来说，无论快乐还是痛苦都是在感觉中形成的，或者说，都是通过感觉所感受到的。就感觉归属于身体而言，这个看法似乎是在强调身体的主导地位。然而，事情恰恰就在这里走向了它的反面。这是因为，很显然，这种素朴的观点是以这样一个假设为前提，即身体是有感受的。而感受往往很容易被理解为一种被动和依赖，即对于那激起感受的外部事物的被动和依赖。这样一来，身体就作为一种惰性的东西遭到了鄙视，比方说被柏拉图以来那种占主流的观点所鄙视。在这种观点中，精神是高贵的，肉体是卑下的，后者服从前者的统治。如果是这样的话，我们必须以另外的方式来考虑身体的意义。其实，在这一点上，刚才引文中所提到的以肉体痛苦来惩罚罪犯已经给了我们某种启发。我们知道，真正的惩罚必然是指向事情的主谋的，而这里的肉体惩罚正暗示了事情的主谋。也就是说，事情追踪到最后，发现没有别的只有身体。

这样的身体当然不能被简单地归结为感受主义上的身体，或者说，这个感受远不像素朴的看法那样简单。也就是说，我们必须考察感受以及感觉的实质。而这个实质，如果我们不从传统形而上学而从生物学来考察的话，其实是非常明确的，它就是活动。20世纪的美国实用主义哲学家杜威（Dewey）就借助生物学的考察扫除了自柏拉图以来一直笼罩在身体上的迷惑，他说，"有生命的地方就有行为，有活动"（杜威，1997：45）。这个活动就是活的身体的活动，或者用杜威的话来说，是有机体的活动。他告诉我们，最根本的事情乃是，"有机体决不徒然站着，一事不做，像米考伯（Micawber——狄更斯小说中的人物）一样，等着什么事情发生。它并不墨守、弛懈、等候外界有什么东西逼到它身上去。它按照自己的机体构造的繁简向着环境动作。结果，环境所产生的变化又反应到这个有机体和它的活动上去"（杜威，1997：46）。如果是这样的话，那么比感受的身体更原始的乃是活动的身体，换言之，身体的感受乃是对自己的活动以及这个活动的结果的感受。相应的，身体的感觉和感官就只是活动的环节，用杜威的话来说，即活动的"前哨"，"当感觉的范围以最广阔的方式扩展时，一个特殊感官只是一个在其中包括自主系统的功能在内的所有器官都参与的整体的有机活动的前哨而已"（杜威，2005：241）。因此，身体乃是行动与感受的纽结。事实上，对于身体的这种可以说是自发的行动，我们借助原子的自动倾斜也可有所察觉，尽管那里还没有将身体特别地指认出来。不过，更为重要的是，身体同时还是由行动所产生的全部生活意义的纽结。这就如同梅洛-庞蒂说的,"我们的身体是活生生的意义的纽结,而不是一定数量的共变项的规律"(梅洛-庞蒂,2001:200)。这样,快乐与痛苦对于身体来说就不是片断的,而是在身体绵绵不绝的活动中连绵起来。唯其如此,身体既是全部的快乐,也是全部的痛苦,它是幸福与不幸的最后基地。

到这里,我们可以说,生命无非是这个行动的身体或者说身体的行动所自由地发出的东西,并且也是它所自由地收获的东西;快乐与痛苦也是这样的发出和收获,或者说,幸福与不幸也是这样的发出和收获。亚里士多德曾经说过:"人的幸福与不幸均体现在行动之中;生活的目的是某种行动,而不是品质;人的性格决定他们的品质,但他们的幸福与否却取决于自己的行动。"(亚里士多德,1999:44)而我们把这个决定着幸福与否的行动追溯到了身体,恐怕这也正是身体之于快乐或者说幸福的根本意义之所在。

二 追求至善的幸福

就道德哲学而言,好或者说善是在相同的意义上来加以使用的。也就是说,最好的生活也就是至善的生活,或者说有德性的生活。不过,既然如我们在身体上所追溯的那样,行动决定着包括幸福与否在内的一切,那么,对如何行动的检讨就成为追求最好生活的前提。对此,许多道德哲学家坚信,最能胜任这一任务的担当者就是人的理性。借着理性,人们能够从种种被给定的东西中摆脱出来,从而得以更好地考虑那作为目的的至善。但与此同时,德性与幸福之间的距离又成为一个有待考察的问题。

那被给定的东西被认为是一种自然状态,一种在理性尚未产生其作用之前的状态。当然,这种状态更多的不是经验意义上的,而是设定意义上的,如同席勒(Schiller)在《审美教育书简》中所说,"因此,人在他的成年期,就以人为的方式补做他童年期该做的事,在观念中形成一个自然状态,这种自然状态虽不是经验所给予,但必然要通过人的理性规定来假设"(席勒,2003:25)。尽管如此,这样设定的自然状态是有意义的,甚至是意义重大的,因为当它被认作是自然状态时,人就已经不满足于这种状态了,或者说,已经从这种状态中苏醒和摆脱出来了,当然,这种苏醒和摆脱是借着理性的力量实现的。接下来,他就要继续借着这理性的力量去建设一个道德的国家。

对此，我们可以继续援引席勒在同一封信中所做的描述来加以说明。"人从感官的轻睡中苏醒过来，认识到自己是人，环顾四周，发现自己已在国家之中。在他还未能自由选择这个地位之前，强制力就按照纯自然法则来安排他。但是，这个强制国家仅仅是由自然的规定而产生的，而且也仅仅是根据这一自然的规定而计划的。人是有道德性的，因而他过去和现在都不会满足于这个强制国家——倘若他能满足，那他就糟了！"（席勒，2003：24~25）人的道德性意味着一种新的法则或者原则，事实上，道德性本身可以说就是这个新的原则的结果，否则的话，它就不是真正意义上的道德而只是不加检讨地遵循传统或者习俗。

黑格尔在他的哲学史研究中，将这种新的原则追溯到苏格拉底，而这种新的原则就是理性的原则。他甚至认为，苏格拉底的死亡事件就源于新旧原则的冲突。不过，我们还是来看他对理性原则所做的描述，"这是那令人识别善恶的知识之树上的果实，是来自自身的知识，也就是理性——这是往后一切时代的哲学的普遍原则"（黑格尔，1997：44~45）。在这里，黑格尔似乎有些不妥地夹杂了基督教的传统，但是他将理性归结为善恶的识别却是非常有见地的，因为这意味着，理性所关涉的东西就其本来意义而言是指善的生活，这与人们在现代性中所理解的理性有着很大的不同。事实上，那些更为严肃的哲学家正是从这个作为原则的理性出发来考虑幸福的。

作为这个理性原则的严格贯彻者，柏拉图尽管与阿里斯底波同为苏格拉底的受益者，在幸福的问题上却发展出了与后者很不一样的东西。在柏拉图看来，只有正义的人才会是幸福的，也就是说，对幸福的判断被归结为是否正义。他借苏格拉底之口说道，"因为，我们建立这个国家的目标并不是为了某一个阶级的单独突出的幸福，而是为了全体公民的最大幸福；因为，我们认为在一个这样的城邦里最有可能找到正义，而在一个建立得最糟的城邦里最有可能找到不正义。……当前我认为我们的首要任务乃是铸造出一个幸福国家的模型来，但不是支离破碎地铸造一个为了少数人幸福的国家，而是铸造一个整体的幸福国家"（柏拉图，1997：133）。

《理想国》中的这番话是在谈国家的幸福，但我们知道这同时也是在谈个人的幸福，因为柏拉图在这段对话的一开始就告诉我们，他是要借着大字来认识小字，即借着城邦来认识个人，他的比方就是，"假定我们视力不好，人家要我们读远处写着的小字，正在这时候有人发现别处用大字写着同样的字，那我们可就交了好运了，我们就可以先读大字后读小字，再看看它们是不是一样"（柏拉图，1997：57）。但是，无论如何，他对整体的强调是毋庸置疑的。也就是说，他不仅把国家看作一个整体，而且也把个人看作一个整体。就此而言，幸福只可能是一种整体的状态，而他也是这样来考虑正义的。

柏拉图认为，国家由卫国者、士兵和百姓三个等级组成，而这三个等级以及它们的美德是与人的灵魂的结构相一致的。人的灵魂由理智、激情和欲望三部分组成，它们的美德分别是智慧、勇敢和节制。柏拉图认为，当灵魂的这三个部分各在其位和各司其职时，亦即各自恪守自己的美德时，就产生了第四种美德，这就是正义。也就是说，正义本身并不是另外一种特殊的或个别的东西，它就是灵魂各部分的和谐一致或者说圆融无碍。这个时候，这个人就是一个正义的人，同时也是一个幸福的人。而且，不管他的灵魂的这种和谐一致与圆融无碍是不是为人所知，他都是正义的和幸福的。

事实上，苏格拉底在与他的朋友们的讨论中，也得出了正义者是幸福者的结论。我们看到，在这篇对话的第九卷里，苏格拉底使得格劳孔（Glaucon）承认，"最善者和最正义者是最幸福的人。他最有王者气质，最能自制。最恶者和最不正义者是最不幸的人。他又最有暴君气质，不仅对自己实行暴政而且对他的国家实行暴政"（柏拉图，1997：366）。在这里，暴政恐怕就是指灵魂的各部分不恪守自己的美德，从而陷入混乱之中。另外，苏格拉底还为这个结论再加上了这样一句话，"不论他们的品性是否为神人所知，善与恶、幸与不幸的结论不变"（柏拉图，1997：366）。也就是说，正义或者幸福从根本上来说乃是灵魂自身的事情，而不是被别的因素所决定的。

柏拉图所考虑的这种幸福看起来与一般所说的快乐很不一样，但也许他正是要以这种方式来避免单独突出的快乐所带来的痛苦，事实上，这样的痛苦不仅不少见，而且甚至是灾难性的。另外，不能忘记的是，尽管柏拉图强调灵魂的各个部分之间的融洽，但是居主导地位的理智显然体现了理性的原则。也就是说，这是一种理性原则下的幸福。

在柏拉图的理性原则下，作为正义的幸福是由灵魂各部分的和谐一致所

第一章　西方哲学视域中的幸福

造成的，但是它本身不再造成别的什么。在这个意义上，它就具有目的的意味。如果是这样的话，那么最好的生活或者说至善的生活正是一种目的。而这也构成了亚里士多德对幸福的一个基本的检讨路径。在亚里士多德看来，当我们寻求幸福的时候，不是为了别的目的，就是为了幸福本身，也就是说，幸福本身就是最高的目的。亚里士多德的这个检讨路径是意味深长的。之所以这么说，是因为如果幸福不是最高的目的，那么它就只是为了实现目的而采取的手段，可是手段无论在什么意义上都不是自足的，这样一来，通向幸福的反面的口子就完全被打开了。

亚里士多德的论述是这样的，"我们把那些始终因其自身而从不因它物而值得欲求的东西称为最完善的。与所有其他事物相比，幸福似乎最会被视为这样一种事物。因为，我们永远只是因它自身而从不因它物而选择它"（亚里士多德，2003：18）。也就是说，如果我们不把幸福当作最高的目的来追求，我们就总是只能得到通向幸福反面的东西，不管它看起来有多么美好和动人。事实上，那些不做理性检讨的人正是会陷入这种窘境之中，并且在那里徒劳无益地哀叹幸福与不幸的无常变化。对于这些造成窘境或者说背离幸福的东西，我们最容易想到的恐怕就是那些转瞬即逝的感官快乐了。

不过，亚里士多德要比我们走得远得多，在他看来，即便是一般所说的德性也不直接是幸福，或者说，当人们在考虑幸福的时候，德性在很大程度上就成为由于幸福的缘故而得到选择的东西。对此，亚里士多德明确地说，"荣誉、快乐、努斯和每种德性，我们固然因为它们自身故而选择它们（因为即使它们不带有进一步的好处我们也会选择它们），但是我们也为幸福之故而选择它们。然而，却没有一个人是为着这些事物或其他别的什么事物而追求幸福"（亚里士多德，2003：18）。也就是说，人们是为着幸福而选择德性的，而不是相反。人们不禁要问，亚里士多德为什么要这么认为呢？这是因为德性还并不是最完善的东西。

在这一点上，亚里士多德坦白地说，"然而甚至德性这样一个目的也不完善。因为一个人在睡着时也可以有德性，一个人甚至可以有德性而一辈子都不去运用它。而且，有德性的人甚至还可能最操劳，而没有人会把这样一个有德性的人说成是幸福的"（亚里士多德，2003：12）。也就是说，如果把德性当作某种品质的话，那么它并不能对幸福做出保证，就如这里所说的，可能并不运用德性，或者不按德性活动，因为幸福必须是一种实现活动。亚里士多德在别处补充道："幸福不是品质。因为如果它是，一个一生都在睡觉、过着植物般的生活的人，或那些遭遇不幸的人们，也可以算是幸福的。"（亚里士多德，2003：303）接下来，既然说幸福是实现活动，那么它是怎样的呢？

亚里士多德的回答是，"幸福是灵魂的一种合于完满德性的实现活动"（亚里士多德，2003：33）。换而言之，德性并非不是重要的，但是合于德性的活动才是更为根本的东西，才是至善或者说幸福。进一步的，这样的实现活动不是一次性的，正如幸福也不是短时间的那样，对此，他有一个有趣的比喻，"一只燕子或一个好天气造不成春天，一天的或短时间的善也不能使一个人享得福祉"（亚里士多德，2003：20）。这个比喻告诉我们，幸福不是一天的事情，而是一生的事情。"因为，人一生中变化很多且机缘不卜，并且最幸运的人都有可能晚年遭受劫难……没有人会说遭受那种劫难而痛苦地死去的人是幸福的。"（亚里士多德，2003：26）因此，一个人必须没有片刻懈怠地追求作为最高目的的幸福。

必须毫不懈怠地追求幸福的另一个原因是，幸福不是某种可以由神或运气来赐予的现成的东西，而是在不断地学习和训练中所获得的。亚里士多德正是将此视为获得幸福的方式，他说，"幸福也是人们广泛享有的。因为，所有未丧失接近德性的能力的人都能够通过某种学习或努力获得它。而如果幸福通过努力获得比通过运气获得更好，我们就有理由认为这就是获得它的方式"（亚里士多德，2003：25）。事实上，否认存在神或者运气的恩赐，恰恰证明了幸福乃是由于人自身的努力而从他的生活中产生出来的。而只有这样的幸福才是可靠和长久的，因为能够被赐予的东西通常也是可以被剥夺的东西。

在德性的学习和训练中，亚里士多德认为，有一个原则是必须坚持的，这就是中庸的原则。他在《政治学》中回顾道，"倘若我们认为《伦理学》中所说的确属真实——（一）真正的幸福生活是免于繁累的善德善行，而（二）善德就在行于中庸——则［适宜于大多数人的］最好的生活方式就应该是行于中庸，行于每个人都能达到的中庸"（亚里士多德，1997：204）。他所说的中庸就是指避免过度与不及两种极端，而追求一种适度。之所以如此，是因为一旦过度与不及，就会失去德性。比方，勇敢是一种德性，而一旦过度就变成了鲁莽，一旦不及就变成了怯懦。所以，亚里士多德告诫人们一定要选取中间为目的。

以上，亚里士多德通过他的考察将幸福或者至善论述为最高的目的，这固然可以更好地解释现实生活中所存在的一些普遍情况，并且也能够引导人们去从事他所倡导的那种合于德性的活动。但是与此同时，幸福又被推向了无限遥远的地方，也就是说，幸福与片刻不懈怠的合乎德性的活动之间出现了距离。

不过，更为确切的说法是，亚里士多德还没有使这种一直存在的德福之间的距离得到令人满意的克服。事实上，这个距离始终在困扰那些坚持理性原则并且重视德性生活的道德哲学家们。这是因为在许多时候，人们所看到的情况正与道德哲学家们所说的有德者必有福的论断相反。善良的人遭受苦难折磨，奸恶的人享受荣华富贵，甚至这样的情况会一直持续到他们生命的结束。如果是这样的话，人们不禁要问，合于德性的活动对于幸福还有什么意义呢？尽管柏拉图和亚里士多德在他们的论著中都涉及了这个问题，但是这个问题显然还没有消失。不仅如此，在人类的历史中，它反而变得更加突出了。

事实上，从古代到近代，已经有许多思想家尝试回答这个问题。我们知道，在阿里斯底波和伊壁鸠鲁那里，享受作为快乐的幸福是最为自然的事情。中世纪基督教神学的解释系统暂时搁置了这个问题，因为人的自然本性和欲望在神的权威下当然是要加以贬低和压抑的。但是在文艺复兴之后，人的快乐和幸福又得到了重新的思考，甚至出现了一些更为激烈的观点，18世纪的法国哲学家爱尔维修（Helvetius）和霍尔巴赫（Holbach）就是这方面的代表。比如，霍尔巴赫就说，"人从本质上就是自己爱自己、愿意保存自己，设法使自己的生存幸福；所以利益或对于幸福的欲求就是人的一切行动的唯一动力"（霍尔巴赫，1964：273）。

这些观点显然与那种把幸福归结为至善的传统格格不入，而其中最为至关紧要的问题就是幸福与德性的冲突问题。在此，我们不得不提一下德国古典哲学家康德（Kant），他在这个问题上所做的贡献是极其巨大的。首先，康德认为，以享受快乐为幸福的那种理论乃是把基础建立在个人法则之上的，但是个人法则恰恰无力成为这样的基础。他说道，"各人究竟认为什么才是自己幸福，那都由各人自己所独具的快乐之感和痛苦之感来定，而且甚至在同一主体方面由于他的需要也随着感情变化而参差不齐，因而他的幸福概念也随他的需要而定"（康德，2003：24）。这样一来，主观上必然的东西到客观上就成为偶然的东西，亦即个人法则的不成立。

那么，为什么会发生这样的情况呢？在康德看来，其原因在于一般所理解的幸福乃是一个经验的东西，而经验的东西是无法达到那种彻底的普遍必然性的。这就如同他所分析的，"不幸的是，幸福是个很不确定的概念，虽然每个人都想要得到幸福，但他从来不能确定，并且前后一致地对自己说，他所想望的到底是什么。这种情况发生的原因在于：幸福概念所包含的因素全部都是经验的，它们必须从经验借来"（康德，2002：35）。如果我们熟悉康德的先验哲学的话，就不会对这个判断感到任何意外了。相应的，既然幸福总是经验的，那么它就不是康德所重视的。但是，幸福的问题又不能回避，于是康德提出另外一种表述。

这种表述就是"配享幸福"。康德说道，"道德学就其本义来讲并不是教人怎样求谋幸福的学问，乃是教人怎样才配享幸福的学说。……我们永远不该把道德学本身当作一个幸福学说处理，即不该当作教人怎样获致幸福的教言处理；因为它只研究幸福的合理条件（必要条件），而不研究获致幸福的手段"（康德，2003：132~133）。在这里，康德反反复复说的意思无非是，我们所能考虑的只是幸福的条件，而不是幸福的手段。这种对于条件的考虑是与他通过他的先验哲学所做出的区分相一致的。不过，这也是明智的，因为一旦考虑获致幸福的手段，就不免堕入经验世界之中，从而纠缠于种种不确定性之中。

也就是说，康德显然看到并承认经验世界中所存在的德福不一致，即好人历尽痛苦而坏人享尽幸福。但他认为，这种状况无法在经验的层面上得到解决，换句话说，德福之间距离的消除只能是在先验的层面上而言，即德福一致只能是指"配享幸福"与德性的一致。也就是说，只要恪守德性就能配享幸福，而不管这个幸福能不能在经验世界成为现实。这看起来是回避了经验世界中的现实问题，实际上却高扬了人作为理性主体的特征。这是因为，这意味着，人不被经验世界的自然法则所决定，而能以自己的理性为自己发布命令。换句话说，人以他的有德性的生活获得了对于自然的自由。

但是，一般人恐怕难以接受康德所高扬的这些东西。康德也意识到了这一点，为了缓解人们的悲观与不安，他不得不再次在道德领域中设定上帝的存在，尽管他已经在自然领域中杀死了上帝。这就如同海涅在《论德国宗教和哲学的历史》中模拟康德说道，"老兰培一定要有一个上帝，否则这个可怜的人就不能幸福——但人生在世界上应当享有幸福——实践的理性这样说——我倒没有关系——那末实践的理性也不妨保证上帝的存在"（海涅，2000：113）。海涅的话尽管不乏戏谑的意味，但也确实点到了康德在德福问题上对上帝的设定。事实上，康德自己就说，"只有加上宗教之后，我们才能希望有一天依照自己努力修德的程度来分享幸福"（康德，2003：132）。宗教的加入成了德福一致的重要保证。这种加入体现为康德所设定的"灵魂不朽"以及"上帝存在"。

可是，问题是，如果上帝不存在，事情会怎样呢？事实上，在康德那里，上帝很大程度上已经是不存在了，或者说，对他的道德哲学而言，上帝存在的设定并不是实质性的。相较康德的怀柔而言，黑格尔和尼采（Nietzsche），特别是尼采，则更为直接地宣告，上帝已经死了。其实，不管是谁发出这个宣告，上帝已死的时代都已经来临。在这样的时代，幸福又是如何被考虑的呢？

三 直面痛苦的幸福

上帝已死的宣告当然可以从不同的角度来考虑，而就道德哲学而言，显然意味着一种根本的、无可挽回的断裂的存在，即人们永远地被留在这个没有道德救赎的此岸世界。这个时候，人们不得不作为人去直面那些更加真实的痛苦。他们的痛苦就像西绪福斯的劳作一样，周而复始，始终无法得到救赎或者说解脱。那么，西绪福斯是不幸的，还是幸福的？这是直面痛苦的人必须考虑的问题。或者，作为有限的生存者的人类，人们还必须考虑永恒和瞬间对于幸福的意味。无论如何，在这个时代，幸福获得了完全不同的考虑。

也许，这个时候，事情就像俄国作家陀思妥耶夫斯基（Dostoevsky）在小说《卡拉马佐夫兄弟》中所说的那样,"不过这样一来,既没有上帝,也没有来生,人将会变成什么样呢?那么说,现在不是什么都可以容许,什么都可以做了么?"(陀思妥耶夫斯基,1981:890~891)这就意味着,作恶也是被容许的,只要它能满足作恶者的欲求,或者说,能给作恶者带来快乐。人不再出于德性而仅仅出于欲求去行事。作为结果,道德沦为一种手段,即作恶者用以祸害别人而造福自己的手段。也就是说,人与人之间的道德不过是一种掩盖,作恶与为敌才是本质的状态。对此,德国哲学家叔本华(Schopenhauer)用这样一句话来加以刻画,即"人对人,都成了狼。"(叔本华,1982:213)

不过,在叔本华看来,更为糟糕的是,人与人之间像狼一般祸害别人以造福自己的结果,从根本上来讲也并不是幸福而只是痛苦。之所以这么说,是因为祸害与寻乐由之而出的欲求乃是无法得到满足的,他说道,"一切欲求皆出于需要,所以也就是出于缺乏,所以也就是出于痛苦。这一欲求一经满足也就完了;可是一面有一个愿望得到满足,另一面就有十个不得满足"(叔本华,1982:273)。欲求总是贪得无厌,而满足却总是时间很短。也就是说,随着短时的满足而来的是更多的、更强的欲求。因此,这满足非但不能解除痛苦,反倒是加深了痛苦。如果说幸福就是欲求的满足的话,那简直就太荒谬了。

不仅如此,欲求的短时满足还延长了痛苦。对此,叔本华以乞丐与施舍的比喻来加以说明,并认为,只要我们还出于欲求而行事,那么幸福就始终是不可能的。他是这样说的,"在欲求已经获得的对象中,没有一个能够提供持久的,不再衰退的满足,而是这种获得的对象永远只是像丢给乞丐的施舍一样,今天维系乞丐的生命以便在明天〔又〕延长他的痛苦。……如果我们还是听从愿望的摆布,加上愿望中不断的期待和恐惧;如果我们还是欲求的主体;那么,我们就永远得不到持久的幸福,也得不到安宁"(叔本华,1982:273)。不过,这些还不是痛苦的实质,痛苦的实质在于,一个人在别人身上所制造的痛苦也就是他自己的痛苦。

人们之所以不明白这一点,乃是因为他们局限于个体化原理之中,即把自己这个个体与别的个体对立起来。这就像叔本华向我们所描述的澳洲猛犬蚁的情形,"当人们把它切断之后,在头部和尾部之间就开始一场战斗,头

第一编
第一章 西方哲学视域中的幸福

部以上下颚咬住尾部,尾部力刺头部而〔发起〕勇敢的自卫。这场战斗经常要延长到半个小时之久,直到双方死亡或被其他蚂蚁拖走为止"(叔本华,1982:214)。在这里,澳洲猛犬蚁的头部和尾部各自为个体而与对方对立,而完全忘了它们原本就是同一样东西。这当然是一个比喻,叔本华要表明的是,这个世界上的所有不同的东西其实都是同一个东西,即他所说的生命意志。

叔本华借着古代印度的思想来说明这种一切是一的想法,"在《吠陀》的经文中我们看到……世界上所有一切存在物,有生命的和无生命的,都依次放到门弟子的面前而———对各物说一句已成公式而叫做摩诃发古亚(大乘)的大咒语:'达吐姆斯',更正确些是'塔特·都阿门·阿西',即是说'这就是你'"(叔本华,1982:487)。这个公式,即"这就是你",意味着,你面前的一切不是你的东西其实都是你,它们与你原本同为一体而无丝毫的差别。如果明白了这一点的话,那么对于任何一个人来说,"世界上的一切痛苦也就是他的痛苦,甚至一切只是可能的痛苦在他却要看作现实的痛苦"(叔本华,1982:485)。也就是说,人完完全全飘荡在痛苦的大海之上。

那么,幸福呢?在叔本华看来,这当然不是欲求的满足,而只能是欲求的取消,亦即不再进入到现象的存在,因为现象的存在所遵循的乃是个体化原理。——这显然只是一种消极意义上的幸福。叔本华继续以古印度思想来做阐发,"这种善报,神话用世人的语言只能以消极的意义来表示,也就是常见的许〔人〕以不再进入轮回:'再不进入现象的存在';或者是如既不承认《吠陀》又不承认种姓制度的佛教徒所说的:'汝当入涅槃,涅槃之为状,其中无四苦:生、老、病与死'"(叔本华,1982:488~489)。这是叔本华所追踪到的解除痛苦的途径,或者说,通向幸福的途径。这个幸福既不是快乐,也不是德性,而是一种彻底的无欲无求。

叔本华的这个追踪与他的哲学倾向有关,也与时代的根本问题有关。但无论如何,这不是对于真实的痛苦的唯一追踪路径。事实上,就对个体化原理的摧毁而言,以及就与之相关的幸福而言,康德就贡献出了另一种更为积极的路径,这就是"他人的幸福"。他说道,"我应该努力提高他人的幸福,并不是从他人幸福的实现中得什么好处,不论是通过直接爱好,还是间接理性得来的满足，而仅仅是因为，一个排斥他人幸福的准则，在同一意愿中，就不能作为普遍规律来看待"（康德，2002：61）。这里尽管仍然有康德哲学的义务论的味道，但恰恰是这种义务论使得我和他人摧毁了叔本华所说的那种个体化原理，从而回到一种同一的东西之中。这个思想，在后来的马克思的唯物史观中获得了更为丰富而现实的意义。

无论是我还是他人，在另一件事情上也可以被认作是一种同一的东西，这件事情就是周而复始、没有尽头的劳作。这样的劳作使得生活成为一种苦役，而它的原型就是古希腊神话中的西绪福斯（Sisyphus），尽管它在现代社会中有着更为直接而现实的体现。西绪福斯的神话永远在向我们逼问幸福的问题，因为虽然人类在许多方面都取得了巨大的进步，但是这仅仅意味着我们在不断变化劳作的形式，而劳作本身的周而复始与没有尽头却没有改变。也就是说，我们不是要从作为劳作产品的短时快乐与休憩来考虑幸福，而是要从劳作本身这种重复而繁重的基本特征来考虑幸福。换言之，我们要从西绪福斯的劳作本身来考虑幸福。

我们所熟知的那个西绪福斯的形象来自荷马（Homer）的《奥德赛》，尽管《伊利亚特》里也提到了西绪福斯，但只是简单地把他称作世间最聪明的凡人。在《奥德赛》中，荷马借主人公奥德修斯（Odysseus）的叙述向我们描述道：

> 我又见西绪福斯在那里忍受酷刑，
> 正用双手推动一块硕大的巨石，
> 伸开双手双脚一起用力支撑，
> 把它推向山顶，但当他正要把石块
> 推过山巅，重量便使石块滚动，
> 骗人的巨石向回滚落到山下平地。
> 他只好重新费力地向山上推动石块，
> 浑身汗水淋淋，头上沾满了尘土。（荷马，2003：217）

至于西绪福斯究竟犯了怎样的罪，以至于要遭受到这种酷刑的惩罚，荷马并没有告诉我们。不过，这个问题显然是人们所关心的，所以也有一些神话里说，西绪福斯因为他的狡猾和机智得罪了宙斯（Zeus），或者蒙骗了其他的

第一编
第一章 西方哲学视域中的幸福

神。这些说法毋宁是人们对自己的命运的追问，即追问自己人生中那无法解脱的艰苦劳作的理由是什么。事实上，这个问题从来就没有消失，也从来都没有答案。

然而，相比这直接的痛苦来说，理由无论如何总是脆弱的，更何况这样的理由也根本找不到。法国作家加缪（Camus）就道明了这一点。正如人们已经感受到的那样，这个世界是痛苦的；不过在加缪看来，更为重要的是，这个痛苦的世界是没有理由的，或者说，是不可理喻的。也就是说，这个世界的更为本质的东西乃是荒诞。他在《西绪福斯神话》中写道，"荒诞的精神运气不那么好。对它来说，世界不是这样合理，也没有非理性到这种程度。它是不可理喻的，仅此而已"（加缪，2001：655～656）。在这里，"不可理喻"是指，一方面理性并不能从根本上解决问题，另一方面除开理性外没有别的东西。

也就是说，西绪福斯对于这一切乃是无能为力的。尽管如此，他却从来没有停止反抗，不过不是以意识，而是以"他对神的轻蔑，他对死亡的仇恨，他对生命的激情"（加缪，2001：706）。唯其如此，加缪把他称为荒诞的英雄。而他的这些轻蔑、仇恨和激情所透露出来的，恰恰是那从来都没有被放弃的希望，对于成功的希望。因此，加缪这样评论道，"如果说这神话是悲壮的，那是因为它的主人公是有意识的。如果每一步都有成功的希望支持着他，那他的苦难又将在哪里？今日之工人劳动，一生中每一天都干着同样的活计，这种命运是同样的荒诞。……西绪福斯，这神的无产者，无能为力而又在反抗……没有轻蔑克服不了的命运"（加缪，2001：707）。在这里，工人的命运就是这神话的现实体现。

但是，正如西绪福斯那样，命运由于反抗与轻蔑而得到了克服。这样一来，命运完全就是人自己的事情并且只在人之间得到解决。也就是说，没有什么彼岸世界，而只有一个世界，一个人的世界，一个西绪福斯的世界。正是在作为荒诞的英雄的西绪福斯身上，加缪让我们看到了这个荒诞的世界的幸福，他说，"然而只有一个世界。幸福和荒诞是同一块土地的两个儿子。他们是不可分的。说幸福一定产生于荒诞的发现，那是错误的。有时荒诞感也产生于幸福。……命运成为人的事情，而这件事情应该在人之间解决"（加缪，2001：708）。西绪福斯以一种积极的、创造的态度面对这荒谬的世界，从而使得这世界的荒谬成为通向他的幸福的道路。

而这也正是加缪的设想，即西绪福斯是幸福的。他这样描述道，"西绪福斯的全部沉默的喜悦就在这里。他的命运出现在面前。他的巨石是他的事情。……确信一切人事都有人的根源，盲目却渴望看见并且知道黑夜没有尽头，他就永远在行进中。巨石还在滚动。我让西绪福斯留在山下！人们总是看得见他的重负。西绪福斯教人以否定神祇举起巨石的至高无上的忠诚。他也断定一切皆善。这个从此没有主人的宇宙对他不再是没有结果和虚幻的了。……登上顶峰的斗争本身足以充实人的心灵。应该设想，西绪福斯是幸福的"（加缪，2001：708~709）。或者，我们也可以这样来理解西绪福斯的幸福，即尽管上帝的死亡事件使得生活变得荒诞或者说没有意义了，可是同时这也意味着，人可以完全靠着自己的希望去创造出属于人的全部意义。这种创造就是幸福。

而如果我们回溯到那发出上帝之死的宣告的尼采，就会发现，对于这位"用锤子进行哲思"的哲学家来说，恐怕事情也是如此，因为锤子既可以用于破坏，也可以用于建造，即建造出一种新的哲学或者新的价值。而这种新的哲学或价值必定是这个世界的，它不会超越这个世界，因为所有的一切都不会超越这个世界，而只是在这个世界之中永远地回归，就像尼采告诉我们的那样。事实上，我们也正可以用尼采的永远回归的思想来理解西绪福斯的劳作。不过，在这里，我们还是借着这个思想来检讨幸福的问题，因为如果说一个瞬间能够在永远回归中一次次地再度出现，那么这个瞬间的幸福究竟是不是虚无的就可以另外考虑了。

在《查拉图斯特拉如是说》中，尼采将查拉图斯特拉称作永远回归的教师。查拉图斯特拉说道，"我将永远回到这同样的、同一个人生，不管是在最大的或是最小的方面，让我再宣讲一切事物之永远回归"（尼采，2007：263）。如果要对永远回归的思想加以追溯的话，那么我们可以在前苏格拉底的哲学家们那里获得某些资源，尤其是在尼采所特别重视的赫拉克利特（Heraclitus）那里。甚至，我们也可以在别的古老民族那里发现相似的看法。不过，尼采显然不是要简单地复活古代希腊人对于时间和历史的这种理解，而是要同长久以来一直占据统治地位的基督教传统做不妥协的斗争。这也与尼采的基本工作以及基本旨趣相一致。

我们知道，在基督教传统中，时间和历史是有终点的，这个终点在彼岸世界；而永远回归则取消了这个终点，从而也取消了彼岸世界。也就是说，由于时间是无限的，所以，每个瞬间的一切都不会只发生一次，而总是会重复地出现或者说回归于这个世界之中。尼采写道："一切走开了，一切又回来；存在之轮永远转动。一切死去，一切又开花，存在之年岁永远在跑。/一切破了，一切又被重新接合起来；存在之同样的房子永远被再建。大家分手了，大家又重新相会；存在的圆环永远忠实于自己。/存在开始于每一个瞬间；彼处之球围绕着每一个此处旋转。到处都有中心。永远之路是曲折的。"（尼采，2007：259）

如果说每一个瞬间都会永远回归，不管它是渺小的还是伟大的，那么我们就必须问自己这样一个问题，即我愿不愿意这样的瞬间再次出现并且无数次出现？这个问题使我们想起了康德所给出的一条律令，"除非我愿意自己的准则也变为普遍规律，我不应行动"（康德，2002：17）。尽管康德的这条律令出于他的建立在理性原则之上的道德哲学，但是它显然也在告诉我们，我们可以采取的行动必须是我们愿意不断重复的行动，亦即普遍的。无论如何，我们必须认真地对待当下的每一个瞬间，因为这个瞬间的快乐意味着永远回归的快乐，而这个瞬间的痛苦意味着永远回归的痛苦。换句话说，每个瞬间都成为永恒的瞬间。

尼采这样来描写对一次事物的再次出现的渴望，"——你们可曾对一次的事物要求它来个第二次，你们可曾说过'你使我喜欢，幸福啊！一刹那啊！一瞬间啊！'那么，你们就想要一切都会回归！/一切都重新再来，一切都永远存在，一切都用链子连结起来，用线穿在一起，相亲相爱，哦，这样，你们才喜爱世界，——/——你们这些永恒的人，请永远而且时时刻刻都喜爱这个世界；而且你们也要对痛苦说：消逝吧，但要回来！因为一切快乐都要求——永恒！"（尼采，2007：395）尼采的表述正契合了歌德（Goethe）在《浮士德》的最后所要表达的意思，即浮士德在他经历种种悲剧即将死去的时候对于瞬间以及幸福的理解。事实上，甚至尼采的行文也与歌德的那几行诗颇有几分相似。

歌德是这样写的：

> 是的,我就向这种精神献身,
> 这是智慧的最后终结。
> 要每天争取自由和生存的人,
> 才有享受两者的权利。
> ……
> 我愿看到这样的人群,
> 在自由的土地上跟自由的人民结邻!
> 那时,让我对那一瞬间开口:
> 停一停吧,你真美丽!
> 我的尘世生涯的痕迹就能够
> 永世永劫不会消逝。
> 我抱着这种高度幸福的预感,
> 现在享受这个最高的瞬间。(歌德,1990:705~706)

根据浮士德与梅菲斯特先前的约定,当浮士德对某一瞬间说"停一停吧,你真美丽!"时,梅菲斯特就可以给他套上枷锁。而现在,浮士德正是说出了这句话,可是梅菲斯特并没有能够这样做,因为浮士德得到了拯救。之所以如此恐怕正是在于,对于浮士德来说,这个瞬间已经不是一次的瞬间,而是永远回归的瞬间。唯其如此,他才能享受这个永恒的瞬间的高度幸福。

歌德也谈到了浮士德得救的秘诀。他说:"浮士德身上有一种活力,使他日益高尚化和纯洁化,到临死,他就获得了上界永恒之爱的拯救。"(爱克曼,1997:244)在这里,尽管歌德还在说基督教意义上的拯救,但是这其实与基督教传统已经没有关系了。这是因为,浮士德的得救乃是由于他身上的那种活力,而不是由于屈从于上帝权威的虔敬与忏悔。更为重要的是,他的这种活力最后并不是为着自己,而是为着所有的人,所有那些每天争取自由和生存的人。由此而造成的幸福瞬间是真正永恒的幸福瞬间,或者说,就是永恒的幸福。

第二章　中国古典哲学视域中的幸福

> 华东师范大学哲学系博士生／郭春牛

在中国古汉语之中，"幸"与"福"是两个相对独立的概念，将"幸福"二字连用并作为一个独立概念来用是较为晚近的事。汉语中的"幸福"大致相当于英文中的 happiness 一词，而 happiness 自然也包含有 pleasure 的意思。人的幸福感往往需要通过"乐"的形式来呈现，因此，从这种意义上讲，对于中国古代幸福观的考察自然需要且应当以"乐"为线索。通过对于中国古典哲学中各种"乐"的分析与阐释，我们大致可以从中窥见中国古典哲学对于幸福的理解与诠释。

需要特别说明的是，虽然我们主要考察的是各个时代主要流派或者某些具有影响力的思想家的幸福观，然而，这并不意味着我们从来不曾关注普通民众心目中的幸福。前者对幸福的理解从其流传下来的著作中便可窥见一斑，后者对幸福的认知却似乎成了一个遗失的环节，因为关于他们的所思与所想，并没有形成任何可以流传于世的文字材料。那么，我们是否因此便对其避而不谈呢？显然不能，因为他们才是社会的主要构成部分，如果绕开了他们，探讨幸福问题的意义便会大打折扣。那么，我们何以知道他们对于幸福有着怎样的理解呢？任何一个时代，任何一个社会，无论是思想家也好，平民百姓也罢，他们对于幸福的认知无疑与当时的时代背景和社会状况密切相关。任何一个思想家，其理论也总在一个侧面反映着整个社会的呼声，因此，从他们的著作中自然能瞥见普通民众对于幸福的体会和认知。

一 "箪食瓢饮"的幸福

在中国儒家传统思想中,"乐"的观念可谓源远流长。早在先秦之时,儒家学派的代表人物就曾对"乐"有过多重维度的论述、阐释,形成了许多极为精辟的见解。儒家对于"乐"的诠释常常围绕诸如义利、理欲等关系而展开,因而,对于儒家"乐"的分析,便始终关联着对幸福问题的物质维度、精神维度、个人维度与社会维度的探讨。

孔子多言"乐",而在孔子诸多论"乐"的言论之中,"箪食瓢饮"之乐又历来最为后人所称道。孔子之所以盛赞颜回,乃是由于颜回的"箪食瓢饮"之乐关系到君子正确对待欲与理、身与心的关系的态度,同时这种态度还在很大程度上关系到理想人格的形成,甚至关乎"道"的证成与理想社会的实现。这种"乐"的观念,在《论语》的另一处也有一个极为相似的表述,即"饭疏食饮水,曲肱而枕之,乐亦在其中矣"(《论语·述而》)。孔子所称赞的"乐"所展现的德性幸福观在宋明之际的理学家那里被誉为"孔颜乐处",为宋明士人反复称道。

作为人的情绪经验的基本结构,乐与忧构成人之存在的必不可少的重要组成部分。然而,所乐与所忧的具体对象却常常因人而异。孔子认为,如果一个人所忧的对象涉及的仅仅是"一箪食,一瓢饮,在陋巷"的个人生活处境,所乐仅仅是耳目、感官之娱,那么这种忧与乐在价值层面上无疑是不高的。因为它只关系到个人的生理欲求和感官体验,这种身之乐是一种未经理性反省之乐,它总是建立在一定的物质条件基础之上,对于外部环境有着极强的依赖性。反之,如果处在箪食瓢饮的环境中,仍能保持心情的愉悦而不忧虑,那么,这种人无疑是值得赞赏的君子,诚如孔子所言"君子忧道不忧贫"(《论语·卫灵公》)。个人生活处境的不堪并不能影响君子内心的自足与光亮,君子的忧乐不会为外物所牵绊,也不会为耳目之欲所左右。那么,君子所乐之事究竟为何?《论语》开篇首章即言:"学而时习之,不亦说乎?有朋自远方来,不亦乐乎?人不知而不愠,不亦君子乎?"(《论语·学而》)。其中,"学而时习之,不亦说乎",意味着我们在成就自我的道路上,无论探索世界还是发掘心灵,都应该保持愉悦的心态。"有朋自远方来,不亦乐乎",意味着在同他人的共在当中,我们需要努力从空间和心理上不断实现人与人的拉近,要在群体中找到相互的理解、支持、安慰和归属感,并在成全他人中体验愉悦。"人不知而不愠,不亦君子乎",则意味着当不得不面对冷漠、误解甚至敌意时,君子的态度应该是保持自信和宽容,相信并发掘自我的本心之乐,同时以宽容温和的心态对待他人,从而实现"廓然大公,物来顺应"的仁者之乐。上述的乐或者愉悦中,学与习所涉及的乃是理智之乐或者说求知之乐,而与群体或者他者交往的精神体验则无疑属于人伦之乐。这种人伦之乐不仅涉及人与人之间的共处与伦理关系,更内在地指涉"独乐"与"众乐"的关系。

在儒家思想体系中,不仅孔子对"乐"或者"幸福"有如此理解,孔子以降的诸多先哲在此基础上也不断对这种人伦之乐进行发挥和弘扬。其中就包括孟子对于此种"乐"的论述和阐释。孟子曾言:"君子有三乐,而王天下不与存焉。父母俱存,兄弟无故,一乐也;仰不愧于天,俯不怍于人,二乐也;得天下英才而教育之,三乐也。君子有三乐,而王天下不与存焉。"(《孟子·尽心上》)

可见,孟子的"三乐"也无一与一己之私利及欲望相关涉。孟子之"乐"常常与孝、忠、义等伦理范畴相联系。因为在孟子看来,君子与寻常人最大的不同便在于,君子能够始终把道德良知存放在自己心里且时刻不忘,而这却是寻常人所难以做到且望尘莫及的。因而,孟子的"君子三乐"可以说是一种较高层次的伦理境界的主体的内心体验。

如果说孔子关于"乐"的论述更多的是从具体的生活情境出发,且常常针对个人所处实际的境遇以及通过"问答体"的形式来道出自己的见解,并以此来引导君子走向道或者不偏离道的要求,那么,荀子论"乐"则更多的是采用说理与分析的形式来诠释和阐发"乐"的真谛。

荀子按照"乐"的对象不同,将"乐"划分为"君子之乐"和"小人之乐"。他认为:"君子乐其道,小人乐其欲。以道制欲,则乐而不乱,以欲忘道,则惑而不乐。故乐者,所以道乐也。"(《荀子·乐论》)荀子此处所言之"道"既不是物理意义上的"道路"之意,也不是万物本原意义上的"天道",而是与现实世界相关涉的"人道"。荀子所谓的"人道",简单来讲,就是各种社会礼仪和规范的总称。"道者,非天之道,非地之道,人之所以道也,君子之所以道也。"(《荀子·儒效》)对于荀子而言,"人道"便是人生的最高价值或内在价值。只有确立了这样一种价值取向,达到不违背"人道"的高尚境界,才可以在内心产生一种"仰不愧于天,俯不怍于人""反身而诚,乐莫大焉"(《孟子·尽心上》)的精神状态。这种精神状态的"自足"之乐既非肉体感受上的感官之乐,也非在个人的利益和欲望满足之后的物欲之乐,而仅仅只是君子在得"道"时的主观精神感受。这种"君子之乐"近似于德国哲学家康德所说的道德上的"愉快感情"或"自得之乐"。既然君子所乐的对象只是"道",而与物欲无关,那么,"安贫乐道"就自然而然地成为君子所应当遵奉的"绝对命令"。关于这一点,南宋儒者罗大经的话颇具代表性。他说:"吾辈学道,须是打叠教心下快活。古曰无闷,曰不愠,曰乐则生矣,曰乐莫大焉。夫子有曲肱饮水之乐,颜子有陋巷箪瓢之乐,曾点有浴沂泳归之乐,曾参有履穿肘见、歌若金石之乐,周、程有爱莲观草、弄月吟风、望月随柳之乐。学道而至于乐,方是真有所得。大概于时间一切声色嗜好洗得净,一切荣辱得丧看得破,然后快活意思方自此生。"(罗大经,1961:273)

无论是孔子的"曲肱饮水之乐",颜回的"陋巷箪瓢之乐",还是曾点的"浴沂泳归之乐",曾参的"履穿肘见、歌若金石之乐",抑或是周敦颐、程颐的"爱莲观草、弄月吟风、望月随柳之乐",都可以称得上是一种"君子之乐"。这样的"乐"不关乎财富、地位、名声,而单单只是一种高雅的精神愉悦。这种精神层面的快乐无疑也体现出君子悠然自得的心境。身怀"君子之乐"的人在任何时候都能够坦然面对生活的困苦和世道的艰难,因为追求精神愉悦的人的生活永远是安详而充实的。

从上文的论述中,我们可以看出,儒家将"乐"大致分为两类:一为"感性之乐",此种"乐"近于欲求;一为"理性之乐",此种"乐"偏于人之本性。尽管孔子、荀子及孟子都十分提倡理性之乐和君子之乐,然而,这并不意味着他们都是禁欲主义者。恰恰相反,他们从不排斥悦耳愉目赏心之乐,但要求对于此种"乐"须加以节制。因为"乐"一旦过度便可能于人有损。"益者三乐,损者三乐。乐节礼乐,乐道人之善,乐多贤友,益矣。乐骄乐,乐佚游,乐晏乐,损矣。"(《论语·季氏》)他们强调"乐而不淫,哀而不伤"(《论语·八佾》)。儒家在这一问题上所持的态度与他们一贯所看重与推崇的"适度"原则密不可分。而且，儒家认为这种"乐"不宜独享，应该"与民同乐"（《孟子·梁惠王下》）。这样不仅可以使百姓感到愉悦，而且对于君子自身而言，也能使原本的感性之乐向理性之乐升华。这种由孔子所奠定的"安贫乐道""孔颜乐处"的精神对于后世可谓影响深远，"它为儒学源远流长的'乐'统定下了基调"（陈立胜，2008：127）。这里不难看出，儒家所推崇的箪食瓢饮的幸福既是一种理性主义的幸福观，也是一种道德主义的幸福观。而且，儒家所推崇的理性之乐与人伦之乐不同于感官之乐，因为它更多的关系到一个人的生活态度、价值观念与存在意义，总在实质的层面上指向一个人对于道德与幸福之关系的理解。

二 "道法自然"的幸福

人的幸福感的强弱在很大程度上取决于人的主观情感体验与内在心理感受。然而，一个人幸福与否还总是在实质的层面上与这个人所处的客观实际境遇紧密相关。如此一来，通过自身境遇的改变来达至一种幸福的状态似乎便成了理所当然之事。不过，在道家看来，这种努力改善自身境遇的积极进取的态度却是不足取的，因为它不仅不能令人走向幸福，反而会使人因逐于外物而逐渐迷失原有的自然本性。对于道家而言，只有"自然"才是万物之宗与万物之本，它是一种没有任何外力加于其上的本然状态。这种自然状态的现实体现从个人层面而言便是追求一种精神上的无拘无束、返璞归真的精神境界，从社会层面而言便是达到一种无为而治的小国寡民的状态。因此，法自然变成了道家所推崇的方式。唯有以自然为宗、效法自然，个人幸福与集体幸福（社会幸福）才得以可能。尤其在老庄所处的诸侯争霸、战乱频繁、社会动乱不堪、周礼日益凋敝的时代。这种"礼坏乐崩"的现实体现，用老子的话便是"戎马争于郊"（《老子·四十六章》）的时代。美国汉学家赫伯特·芬格莱特曾把这个时代称为"一个经历着格外剧烈的社会痛苦和巨大的社会转型的时代"（芬格莱特，2002：23）。在那样一个时代，追求精神的自得与自由、反对心为形役不仅蕴含着独善其身的无奈意愿，似乎也表征着道家对于现实世界的诸多不满与控诉。

同处于雅斯贝尔斯所谓的轴心时代，同样探讨的是人生的重要问题——

幸福，道家对于幸福的解读和诠释方式却与西方哲学家有着极大的不同。他们并不像柏拉图、亚里士多德那样运用概念分析与逻辑论证的方式直接面对"幸福"这一概念本身，并通过对其进行一番极为细致与明晰的论述来告诉人们究竟何为幸福，而是试图在思想中建构一种理想人格与理想社会的方式来间接揭示幸福的深沉内涵。

从个体的层面而言，道家所推崇的便是其所谓的至人、圣人、真人的理想人格状态。在老子看来，现实世界中所存在的一切仁义道德都是与道相背离的，也是应当予以摒弃的。正是因为礼仪、仁义、道德、智慧这些人为之物的存在，才会导致人与人之间的钩心斗角、尔虞我诈、互相倾轧，才会使得盗贼四起、民不聊生、天下大乱。人只有忘却孜孜以求的功名利禄和世俗间的道德礼仪，并使自己的心智回复到无知无欲、白璧无瑕的自然状态，才能从根本上改变社会混乱不堪的局面。"绝圣弃智，民利百倍；绝仁弃义，民复孝慈；绝巧弃利，盗贼无有。"（《老子·十九章》）因此，儒、道两家都对圣人这一理想人格推崇备至。不过，儒家所谓的圣人乃是既有德又有位的圣人，是万人敬仰的道德典范和极其智慧的贤能之人；而道家所讲的"圣人"则是一种回归自然状态后的人格境界。

在庄子所处的时代，社会境况比老子所处的时代更为混乱，即便是当时的圣人也只能"仅免刑焉"（《庄子·人间世》）。庄子在老子理论的基础上，进一步提出了"真人"的理想人格。"古之真人，不知说生，不知恶死；其出不䜣，其入不距；翛然而往，翛然而来而已矣。不忘其所始，不求其所终；受而喜之，忘而复之。是之谓不以心捐道，不以人助天，是之谓真人。"（《庄子·大宗师》）这种"真人""独与天地精神往来，而不敖倪于万物。不遣是非，以与世俗处"（《庄子·天下》）。即便个体的肉身无法脱离世俗的种种桎梏，也要在精神维度冲破现实社会的禁锢，从而实现精神层面的自由。现实社会中的人之所以常常处于忧烦的境地，乃是由于其常常执着于汲汲追求身外的功名利禄，这样便不可避免地造成有限的身外之物与无限的私欲之间的矛盾，从而为外物所役。因此，只有"无待"，只有"物物而不物于物"（《庄子·山木》），才能不为外物所主宰和支配。

从社会层面上讲，老子所设想的社会的最佳组织形式乃是一种"小国寡民"的社会，老子对这种社会的典型特征进行了一番颇为细致的描绘。"使有什伯之器而不用。使民重死而不远徙。虽有舟舆无所乘之。虽有甲兵无所陈之。使民复结绳而用之。甘其食、美其服、安其居、乐其俗。邻国相望,鸡犬之声相闻。民至老死不相往来。"(《老子·八十章》)老子此处所描绘的画面显然是一种自然状态下的社会生活。陈鼓应先生曾对这种社会组织形式有过一番颇具代表性的评价:"'小国寡民'乃是基于对现实的不满而在当时散落农村生活基础上所构幻出来的'桃花源'式的乌托邦。在这小天地里,社会秩序无须政治力量来维持,单凭个人纯良的本能就可相安无事。在这小天地里,没有兵战的祸难,没有重赋的逼迫,没有暴戾的空气,没有凶悍的作风,民风淳朴真挚,文明的污染被隔绝。故而人们没有焦虑、不安的情绪,也没有恐惧、失落的感受。这单纯质朴的社区,是为古代农村生活理想化的描绘。"(陈鼓应,2009:346~347)

与老子相似,庄子也构想了被他称为"至德之世"和"建德之国"的理想社会。"夫至德之世,同与禽兽居,族与万物并,恶乎知君子小人哉同乎无知,其德不离;同乎无欲,是谓素朴;素朴而民性得失。"(《庄子·马蹄》)而"建德之国"则"其民愚而朴,少私而寡欲;知作而不知藏,与而不求其报;不知义之所适,不知礼之所将;猖狂妄行,乃蹈乎大方;其生可乐,其死可葬"(《庄子·山木》)。

显而易见的是,无论是老子的小国寡民的社会,还是庄子的"至德之世"和"建德之国",所主张的都是一种顺应自然本性的生活方式。之所以会在思想中建构此种理想的生活方式,无疑与当时人们的社会生存境况密不可分。在那样一个战乱频繁的无道之世,复归自然、追求自由不仅成了个人安身立命、追求美好生活的精神寄托,也成了理想社会建构的重要旨归。

因此,无论是个人层面上因不堪忍受现实社会的"重负"而避居山林以力图达到"绝世独立"的逍遥境界,还是社会层面上所构想的本于自然的理想国度,显然都过于理想化从而难以在实际生活中付诸实践。然而,它们无疑都直接指向现实政治,无疑都是对幸福生活的真实向往。而且,在理论中勾勒与塑造一幅理想国画卷的意义似乎并不在于它们是否能够实现,究竟在多大程度上可以实现,而在于通过悬设一个理想并以此为对照,不断反观与批判现实社会的诸多弊端与丑陋,从而间接推动现实政治的自我演进。

三 "长生久视"的幸福

在西方人的视域之中,幸福往往涉及两个极为不同的层面:它既呈现于人生存于世间所能真切感受到的现世之中,也包含将祈求幸福的目光转向神灵和来世。与西方不同的是,中国人历来没有西方意义上的宗教信仰传统,因此,无论何时,对于中国人而言,幸福在大多数时候几乎只涉及今生今世,而很少与来世来生有所关涉。也正因如此,中国人的在世幸福便更多地关联着人之存在的时间性和历史性。如此,时间性构成了幸福的一个重要维度,即幸福每时每刻都与人的在世存在密切相关。由于人在世所体验到的各种幸福总是难以避免地会关涉人的生老病死、福寿安康,死亡(生命的终结)往往也意味着生之幸福走到了尽头,因此,从这个意义上讲,生命的延长本身便也构成了一种幸福。这种对于人的生命的重视,对于人之在世幸福的深沉关切常常体现于人们在各种欢庆场合所道出的诸如多福多寿、寿比南山、福如东海等祝语之中。此种对于生的执着、对于死的畏惧,无论是对于官宦人家还是平民百姓而言都是普遍存在的。这种对于现世生活的留恋及对于死后未知世界的拒斥恰恰为以追求长生久视、得道成仙为目的的道教提供了必要的现实基础。正如马克斯·韦伯所指出的那样,"以老子学说为基础的一个特殊学派的发展却受到了中国人价值取向的普遍欢迎:重视肉体生命本身,亦即重视长寿"(韦伯,1995:242)。大致而言,道教便是以黄老道家思想为理论依据,并在古代鬼神观念的基础之上,杂糅各种神仙方术之说而形成的。

道教所注重的是现实的幸福,所追求的是长生久视。之所以重生,不仅在于人的生命只有一次,还在于人的生命存在太多的变数,生老病死具有极大的偶然性。这些都是人生之苦,一旦死亡临近,生前之事便有可能随着身死而长埋地下从而难以彰显其意义,因此唯有永恒的生命才有可能确保意义的无限。

如果想达到长生久视的目的,人就必须克服存在的时间性和有限性。"神仙"形象正是这种通过对于现实的有限性与存在的时间性的超越所达到的一种幸福状态。"人无道时但人耳,得道则变易成神仙。"(王明,1960:

282）道教所主张的这种神仙形象在形体上不受时间与空间的束缚，在精神上也享有超越现实的自由。"盖闻身体不伤，谓之终孝，况得仙道，长生久视，天地相毕。"（《抱朴子·对俗》）有必要指出的是，神仙虽然是个体得道之后所达成的一种生命存在状态，但神仙世界无疑也是现实世界的延展，是任何个体成仙之后所能通往的理想世界。从这个层面而言，神仙与神仙世界又不单单涉及个体幸福，它还关乎集体幸福的理想形态。因此，道教的神仙思想既关乎个体生命的存在状态，也关乎社会维度的理想秩序。这种个体生命存在对于现实性及有限性的超越无疑为处于社会动荡时期的人们，尤其是处于社会底层的人，提供了一种至少在精神上安顿自我的价值模式和幸福图像。

对于任何人而言，得道成仙都是一种极有价值、极其幸福的归宿。那么，如何得道成仙便成了至关重要的问题。在道教看来，人不能任由天命来支配自我的生老病死，而是应当坚信"我命由我非由它"的信念，通过修习道术来达到长生久视、得道成仙的目的。"能修彭老之道，则可与之同功矣。"（《抱朴子·对俗》）

道教长生之术的修习主要包括内丹修炼及外丹服食等方式。外丹大致是指烧炼丹砂、铅、汞等矿物以及药物，制作他们认为可以使人长生不老的丹丸。内丹则主要是通过行气、导引、呼吸、吐纳等法门在身体里炼丹以达到长生不老的目的。其中，由于外丹服食与配制的方法较难掌握分寸，因而具有一定的危险性。而且，用于炼制外丹的素材许多含有有毒成分，如果长期或大量服用便很有可能会导致人中毒身亡。这或许正是马克斯·韦伯对中国道教长生之术不屑一顾的原因。他指出："道教已经变成了一种绝对反理性的并且——毋庸讳言——变得非常低级的巫术的长寿术、治疗术和驱鬼术。"（韦伯，1995：247）

在修道的方法中，道教充分汲取了先秦道家的养生之术。例如，葛洪在谈及修仙之法时，便将恬愉淡泊的生活作为修道的起点，"学仙之法，欲得恬愉淡泊，涤除嗜欲，内视反听，尸居无心"（《抱朴子·论仙》）。人要修成神仙，就要抱着"少私寡欲"的心态，目光内视丹田，两耳不闻外声，保持身心的恬愉淡泊。道教虽然宣称享受现世的欢乐，却并不主张肆无忌惮的享乐，而是提倡有节制的享乐。此外，道教还主张把得道成仙与行善积德相联系,"欲求仙者,要当以忠孝和顺仁信为本,若德行不修,但务方术,皆不得长生也"(《抱朴子·对俗》)。道教认为若欲成仙,光靠服食仙丹等方法并不能实现,还必须注重自我道德修养的提高,在某种程度上,这种自我修养的重要程度甚至要高于方术的修习。从这个意义上而言,道教的神仙思想不仅仅是对于人的生命有限性的超越,更涉及了德与福应当始终一致的问题。

总体来看,道教强调通过修道获得长生久视从而获得幸福,其中有很多与科学以及现代社会不能契合的地方,但道教所说的幸福既包括肉体快乐,也包括精神快乐,是身体健康、精神愉悦和德性至善的融合。这种将快乐视为人在生命道路上的精神状态、将幸福视为人在生命成长过程中通过努力实现人生理想而获得一种满足感的理念,值得现代人重视。

四 "证成涅槃"的幸福

一般认为,作为人类存在的基本情感体验,"苦"与"乐"(幸福)是相对的。一个人即便不能享受一生的幸福,也会多多少少体验到幸福的时刻。在人的在世存在过程之中,单纯的苦难或者幸福并非绝对的,它们如纸的两面落实于现实之中人的真实的存在。不过,在佛教看来,人生是一个苦难的历程,乐只不过是人世间的梦幻泡影,并不具有现实性的品格,唯有苦才是人生的本质。也正是在这个意义上,佛教称人世为"苦海",佛经中也处处强调现实的人生乃是处于无边无际的苦海之中,"我见诸众生,没在于苦海"(《法华经·寿量品》)。佛教对现实人生做了"唯苦而已"的最终判定,佛教经典还从不同的角度对人生之苦做了较为细致的区分,其中,颇具代表性的便是对人生八苦的划分。所谓的八苦便是:生苦、老苦、病苦、死苦、怨憎会苦、爱别离苦、求不得苦、五取蕴苦。

苦在佛法中占据极为重要的位置,佛教所谓的苦、集、灭、道四谛都是围绕各种人生之苦而展开。苦谛是指世间有情皆是苦,集谛是说产生苦的种种原因,灭谛是讲如何消灭致苦的原因,而道谛则是论修道乃是消灭苦因的路径。虽然佛教认为苦在人生中占有根本性的地位,却也不否认人生中有乐的存在,只不过相对于人生之苦而言,乐在人的一生之中不仅极其短暂而且十分有限，一如流星划过夜空般转瞬即逝。这种乐就是佛教所谓的"世间福"，它为人世间的芸芸众生所孜孜以求，如对功名利禄的占有、对福寿安康的祈求等。在佛教看来，这些看似幸福的人生其实只不过是一种虚妄的幻象。因为它不仅不能使人的心灵获得解放，让人的灵魂摆脱外界的纷纷扰扰，反而会束缚人的精神，从而成为人们获得幸福的羁绊。

普度众生，使世间之人脱离苦海，从而达到无上的幸福乃是佛教的终极关怀。佛教对于各种现实苦难的征服以及对于受苦之人的拯救，并非仅以一种毋庸置疑的语气向人们宣告什么样的生活才是快乐的、幸福的，并试图引导他们走上这条幸福之路，而是试图通过劝说的方式告诉人们，无论是苦是乐，是福是祸，那都只不过是空是幻而已。佛教的"空"论便是教世间之人如何通往幸福之路。所谓的"空"便是要"看破"，因为佛教认为唯有看破世俗红尘，方能放下对于世间万物的执着，从而实现心灵的自由。而"看破"无疑需要具备一定的智慧。这就在一定程度上将幸福与理性联系在一起。佛教指出，人世间的许多痛苦都是由于人自身的痴愚无明所造成的。由于对于世界、人生缺乏真正的了解，导致人无法认清世界、人生的本质，从而引致种种业报苦果。若要使人生从无穷无尽的痛苦中解脱，就应当对世界、人生有更透彻的认识。在看破世间万物的虚幻不实之本质之后，就需要通过一系列的修行来获得"出世间福"。佛教的修行首先自然包括对于"四谛"的领会，在对"四谛"有了通透的理解之后，就需要进行八正道的修持，而后再经历戒、定、慧三环节的修行，最后进入涅槃境界。修习的目的是为了破除人们心中所固有的"贪""痴""迷"等各种执念，通过修习，最后识得万法皆空，方能"度一切苦厄"。不过，佛教所谓的修行并不单单是个人的私事，它还总是涉及自我之外的其他人，"不为自身求快乐，但欲救护诸众生"（《华严经·十回向品》）。因此，修行从来就不是个人单纯的信仰问题，它同时蕴含着"自度"与"度人"的双重维度。从这个意义上讲，佛教的幸福观总在实质层面上关涉群与己，换句话说，它总是既关注个体层面的一己幸福，也关注社会层面的集体幸福。

在通透"五蕴皆空"并经过一系列的修习之后，人便能进入佛教所谓的"涅槃"境界。所谓的"涅槃"，其实乃是指修行佛教之人过世之后所进入的一种特殊状态，进入这种状态的人将永远脱离生命中的各种苦难，从此不再进入六道轮回。"涅槃是人达到彻底自由的一种精神状态,是一种决然优越于当下状态的一种生命场景。"(王建光,2006:138)因此,玄奘便将"涅槃"意译为"圆寂"。从玄奘的翻译,可以明显看出"圆寂"一词至少在字面上指的是在功德圆满之后归于无所挂碍、寂静的境界。近代以来,西方将它译为"觉醒"或"启示",这种翻译在一个层面上揭示了幸福与理性或者智慧的关系。佛教把"涅槃"描述为心灵超越于贪欲、嗔恨和其他的被折磨状态后的极其宁静,这意味与周围的世界和谐,对万物慈悲,放弃执着和痴迷。在涅槃状态,贪婪和嗔恨的根源已经被根除,这样的人不再遭受生的痛苦,因为"只有涅槃才能从存在的毒咒中解救人们的不幸"(鲍吾刚,2004:159)。也只有证成涅槃,才能从根本上斩断一切烦恼、消除一切执着,从而达到寂静、湛然与极乐无忧的状态。"贪欲永尽,嗔恚永尽,愚痴永尽,一切烦恼永尽,实名涅槃。"(《杂阿含经》)

涅槃境界是一种"出世间福",这种幸福不仅具有时间上的永恒性,而且具有完全的自主性,它不仅不依赖于任何外界的人和物,也不会有生灭,更不会像"世间福"那样常有"世间苦"掺杂其中,而是完全自作主宰,超越时空,极其纯粹。在《法句经》中,佛陀便说涅槃是"最高的幸福"。这是一种持久的幸福,通过内在的静定获得完整圆满的幸福感,达到了觉悟或菩提,而不是通过非永恒的事物所带来的幸福。

以上,我们对中国传统的儒家、道家、道教以及佛教的幸福观念做了一个简单的梳理,希望能够以此来呈现中国古代幸福观的大致轮廓与图景。当然,追溯传统的目的并不是要停留其中,而是希望通过某种"回归"来更好地理解当下。现代生活从传统中走来,对于中国古代幸福观念的勾勒,无疑能够为我们更好地领会当代社会生活、诠释当代人的幸福观提供一个历史参照。

第三章 中国近代以来幸福的社会之维

上海大学哲学系／朱 承

近代以来，中国被彻底卷入世界的场域，不再是按照自己惯常的秩序和惯性运行的帝国。中国原有的经济体制、社会体制、思想文化遭到了前所未有的冲击，更为重要的是，传统的生活观念也逐渐动摇。随着西学东渐的扩大化，西方的国家观念、社会观念以及国民概念等进入中国，使得中国国民对于国家、社会以及个人生活的理解发生了剧变。民生的艰难，国家、社会的动荡，使得个体对于幸福的诉求无可避免地与国家、社会关联在一起。社会变革运动压倒了具体的民生建设，救亡图存、民族复兴成为中国近代社会的时代主题，国家、社会的命运和前途等宏大问题成为思想界、文化界最为关心的话题，民众的生活与幸福则长期被前者遮蔽。

一 幸福的"乌托邦"

幸福从来都不是抽象的，在任何时候它总是与人的社会生活息息相关。人们对于幸福的追求也往往通过各种具体而微的观念呈现出来，而这些观念则又往往通过文本的形式反映了当时的时代脉搏与社会状况。因此，处于不同时代与社会的人的幸福观，也往往通过其所处时代的迥异的观念呈现出来。比如，众所周知，鸦片战争以后，民族的复兴、救亡与图存最为重要，唯有实现国家的富强、民族的兴旺，中华民族才能重拾自尊与自信，国家的长治久安与百姓的安居乐业才可能得以实现。因此，个人幸福总是与民族独立、国家富强不可分割地联系在一起。任何时代，国家的治乱兴衰总是内在地关联着那个时代的民生状况。从这个意义上讲，国家的富强与民众的福祉有着莫大的关联。或者说，幸福并不具有绝对意义上的个体性而总是呈现社会性特征。

近代以来，伴随着列强的入侵，中国社会遭遇了数千年未有之变局，中国的国民，尤其是普通民众遭受了内外交织的极大苦难。在这样的社会历史背景下，许多中国人或者思想家不得不以各种极端的方式来体验一种在现实社会难以企及的幸福。

以太平天国运动为例，参加这场运动的太平天国军民即是用一种极端的"乌托邦"幻想来追求幸福。太平天国的发起者们运用了源远流长的"大同"理念作为其主导思想，并以古往今来为无数人所称道的"太平"作为其名称。他们宣称，"普天之下皆兄弟，灵魂同是自天来，上帝视之皆赤子"（《太平天国印书》，1979：4）。太平天国之所以声势浩大，与其所鼓吹的"一切众生，人人平等"的口号密不可分。《原道醒世训》里说道："天下多男人，尽是兄弟之辈，天下多女子，尽是姊妹之群。何得存此疆彼界之私？何可起尔吞我并之念？有衣同穿，有饭同食。无处不均匀，无人不饱暖。"（《太平天国印书》，1979：15）在1853年太平天国颁布的《天朝田亩制度》中，也同样阐述了这种均田免粮、平等互爱的平等原则。每个人都是缔结、创建社会的成员，因此每个个体都应该享有平等的社会收益（王海明，2011：3）。太平天国运动的这种利益诉求具有合理性，因此，虽然这种对平等的诉求与历史上的农民战争的诉求相近，且很多观念与中国传统儒家思想有悖，却吸引了许多正处于极度艰难境地的农民群众。即便这种政治规划不一定成为现实，然而，在那样一个民生艰难的时代，对于处在恶劣的生存境遇下的民众而言，几乎很难想象比当时更差的社会生存境况。薛福成在感叹当时的民生处境时说道："余尝闻父老谈及乾隆中叶之盛，其时物产之丰、谋生之易，较之今日如在天上。再追溯康熙初年，物产之丰、谋生之易，则由乾隆年间视之，又如在天上焉。"（薛福成，2002：187）在生计成为严重问题的时候，当太平天国运动的发起者们提出这种大同和平等的"乌托邦"时，自然能得到很多民众的响应。

除了太平天国这样的掺杂宗教和大同理想的"乌托邦"之外，中国传统知识分子还以其特有的拯救天下的使命感，试图通过融合中西思想来超越他们所处的那个时代。在融合中西、超越现实的构想中，康有为对于大同蓝图的设计无疑是最令人关注的。康有为托古改制，通过对中国儒家经典《礼记》的细致研究，提出了"三世"进化说，认为整个世界将会逐渐由"据乱世"进步到"升平世"，并最终达到"太平世"，最后达到"大同社会"的阶段。康有为的大同思想明显受到西方进化论的影响，因为他不像曾经的许多儒家知识分子那样总是向后看且认为三代之治、尧天舜日才是最理想的社会。康有为的思路是向前看，认为美好而幸福的世界只存在于未来。鲍吾刚指出："恰恰是处于它最虚弱、孤立的阶段，也就是19世纪的晚期以及20世纪的开始，中国产生了最奇异的乌托邦构想：她想要拯救的不仅仅是他们的帝国，甚至还包括整个世界。"（鲍吾刚，2004：289）康有为将拯救乱世、解救世间之人所遭遇的困难作为自己的终极关怀。"吾既生乱世，目击苦道，而思有以救之。"（康有为，2007：61）梁启超在为康有为作传时赞其"浩然出出世而入入世，横纵四顾，由澄清天下之志"（梁启超，1989：76）。康有为的大同理想，代表了中国古代社会向近代社会演变过程中知识分子对理想社会的最高期望。

无论是太平天国所设想的共享太平的"乌托邦"，还是康有为所提出的进化式的大同社会，都是在动荡社会背景下对理想生活的一种脱离实际的构想。在这种构想里，民众的"幸福"只能以幻想的形式出现。"乌托邦"幻象不能解决当时中国社会的问题，只有真正的民族独立和国家富强才是近代中国社会以及国民的唯一出路。因此，在这一历史时期，对民族独立和国家富强的诉求就显得比任何事务都更为重要。而对国富民强追求正当性的构建，首先要破除的便是传统的极端轻视物质追求的道德观念。

二 "求乐免苦"与追寻富强

晚清以降，以康有为、严复等人为代表的思想家对宋明理学所信奉的极端道德主义的价值取向与幸福观进行了抨击，并在此基础上提出了以"求乐免苦""背苦趋乐"为指向的颇具功利主义色彩的幸福观。中国近代知识分子所提倡的"求乐免苦"的人性论源于西方的快乐主义以及功利主义思想，并以西方的自由、平等诸理念为理论基础，对于"以理杀人"的道德观进行了猛烈的批判。他们不仅承认利欲符合人的本性，而且在理论上对其进行了论证。

康有为明确提出:"普天之下,有生之徒,皆以求乐免苦而已。"(康有为,2007:7)"夫人道者,依人以为道。依人为道,苦乐而已,为人谋者,去苦以求乐而已,无他道矣。"(康有为,2007:6)康有为于此处把去苦求乐看作人道的重要准则,他不仅对宋明理学的天理人欲观做了激烈的批判,而且认为"夫天生人必有情欲,圣人只有顺之,而不绝之"(康有为,2007:569)。连圣人都顺乎个人的欲望,而不从根本否决它,何况是一个普通人呢?为论证人之欲望的正当性与合理性,康有为又把理学家"天理人欲"的说法颠倒为"人欲天理"。他指出:"理者,人之所立,贾谊谓立群臣、尊上下,此非天之所为,乃人之所设。故理者,人理也。若耳目百体,血气心知,天所先与,婴儿无知,已有欲焉,无与人事也。故欲者,天也。"(康有为,2007:111)康有为认为理是人为所立,而欲望乃是天生如此,由此可以推出宋明诸儒所推崇的"存天理、灭人欲"便是以人灭天。进一步,康有为又明确肯定"欲"。他说:"凡为血气之伦必有欲,有欲则莫不纵之,若无欲,则惟死耳。"(康有为,2007:103)康有为充分论证了个体利益、个人幸福的正当性,开近代以来"为利欲正名"的先河。

严复也较早地在中国大力宣传"背苦趋乐"的思想。他通过对赫胥黎思想及社会达尔文主义的介绍,揭示了人的自然本性中所固有的生存本能、欲望、自利的一面。赫胥黎认为,"人们的天资虽然差别很大,但有一点是一致的,那就是他们都有贪图享乐和逃避生活上的痛苦的天赋欲望"(赫胥黎,1971:18~19)。在这种思想的影响下,严复从人生的根本目的以及人追求幸福天性的角度,进一步提出了"背苦趋乐"的观点。他认为,"夫背苦向乐者,人情之大常也;好善而恶恶者,人性同具也"(严复,1986:1241)。可见,严复不仅将"背苦趋乐"视为人之为人的本性,而且将"乐"与"善"联结起来。严复指出,应当重视谋求私利的行为,"舍自营无以为存"(严复,1986:1395),只讲求仁义道德而忽视人欲功利,不仅不能促进社会发展,反而会阻碍社会进步。

梁启超进一步发展了康有为的学说。他认为,人的自然本性在于自我保存,而自我保存首先所应当遵循的便是趋利避害、去苦求乐的原则。梁启超提出,"增长其幸福者谓之善,使人减障其幸福者谓之恶……故道德云者,专以产出乐利预防苦害为目的"(梁启超, 1989: 20)。正因如此, 人与生俱来的各种欲望以及求乐免苦的天性是无可厚非的, 只能因势利导。"因而利导之, 发明乐利之真相, 使人毋狙小乐而陷大苦, 毋见小利而致大害, 则其托世运之进化, 岂浅期也。"(梁启超, 1989: 30) 梁启超受到边沁功利主义思想的影响, 将其所宣称的"最大多数人的最大幸福"奉为圭臬。他指出: "得幸福者之多数少数, 即文明差率之正比例也。故纵览数千年之世运, 其幸福之范围, 恒愈竞而愈广, 自最少数而进于次少数, 自次少数而进于次多数, 自次多数而进于大多数, 进于最大多数。"(梁启超, 1989: 30) 此处, 梁启超已经明确地将获得幸福的个体的数量多少与社会文明程度联系在一起, 而非从国家、社会的定性角度来评价文明的程度。

康有为等近代思想家对于个体物质生活利益正当性的反复论证, 也为国家走向富强提供了论据。时代的巨变与思想家的大声疾呼, 使得在中国传统社会中一直占据主导地位的绝对的道德理想主义逐渐动摇, 那种只讲求道德天理而忽视人欲利益的观念遭到重大挑战。许多思想家认识到, 道德理想主义并不能解决近代中国面临的内外交困局面, 要想解决民族国家的生存和发展问题, 必须重视利欲并使中国走上富国强兵的道路, 因此, 独立与富强的口号逐渐成为他们的共识。

近代中国所遭遇的种种灾难, 迫使许多知识分子努力去寻找曾经的"天朝上国"逐渐走向崩溃的原因。正如葛兆光所言: "无论今天的人们对那个时代怎么看, 大概都不会忽视十九世纪末二十世纪初弥漫在人们心中的一种岌岌乎危哉的心情, 坚船利炮挟裹了鸦片也携带着西洋思想, 把中国的思想世界和文化世界都弄得有些不知所措, 而'天朝大国'的梦幻在西洋东洋的崛起中破灭, 又使得那些敏感的文化人产生了从来没有过的危机感。"(葛兆光, 2000: 665) 在中华民族面临生死存亡的紧要关头, 民族、国家的生存和发展问题无疑在一定意义上要压倒民生问题, 民族的独立与国家的富强成为这一时期最为急切也是头等重要的大事。

在传统社会"三纲五常""三从四德"等伦理观念的熏陶与习染下, 中国民众很少可以按照自己的意愿和想法行事, 他们的言行举止向来是严格因循某种伦理观念而不敢有所僭越。久而久之, 服从与忍耐便成了生活的主旋律。梁启超认为这正是中国贫弱的原因所在, 西方因为"人人有自主之权"

"各得其所应有之利""国人各行其固有之权"(梁启,1989:99)才如此富庶强大。因此,如果要实现国家的独立与富强、民众的自由与平等,政治层面上的革新势在必行。

甲午海战的彻底失败这一惨痛教训,使得许多知识分子及清政府意识到只是在技术层面上革新并不能使中国真正走向富强、民众走向幸福,变法图强成了当时有识之士的共识。中国的许多知识分子认识到进行社会变革乃是中国的唯一出路,"不由此道而欲以图存,欲以图强,是磨砖作镜,炊沙为饭之类也"(梁启超,1989:42)。清政府也急需一场政治上的改良来达到提升国力、缓和国内矛盾、抵御外敌侵略,从而维护自身统治的目的。以康有为、梁启超为代表的维新派效仿西方政治模式,试图通过政治体制改革来挽救正处于危急存亡之秋的中华民族,从而使中国走向富强,使民众走向富庶安乐。但是,如同只在技术层面上革新的洋务运动一样,维新变法最终也以失败而告终。无论是技术上的学习西方还是制度上的变法,都最终未能令中国摆脱贫弱的局面,未能使中国走向富强之路。然而,同样是变法,与中国仅有一水之隔的日本却取得了成功,这使得许多知识分子不得不重新思考个中原因。其中,颇具代表性的便是梁启超的看法,他认为,"国之强弱兴衰,全系国民之智识与能力;而智识能力之进退增灭,全系国民思想;思想之高下,全系乎国民之所习惯与所信仰"(梁启超,1989:49)。基于此种认识,从根本上改造国民的思想与观念便成了实现美好生活、民众福祉的重要道路,近代中国开始转向意识形态领域的学习与重建来探寻国家富强与民众福祉。

三 科学与民主的幸福许诺

近代以来中国所发生的一系列重大社会变化,如戊戌变法以及随后的辛亥革命,均使得中国知识分子逐渐认识到,无论制度上的变革还是彻底的社会革命都无法改变中国积贫积弱的现状,辛亥革命虽然推翻了传统政治体制,却促成了更为恶劣的军阀割据、连年混战,民众的"幸福"依然远不可见。清末的改革与革命都无法扭转中国的局面,在很大程度上与中国的民智有着极大关系。传统制度虽然已经瓦解,国民的思想意识却并未发生改变,传统的思想意识和伦理观念依然根深蒂固。故而，中国的知识分子认为需要彻底改造中国国民的思想和意识。于是，一场以反对旧道德提倡新道德、提倡以科学与民主观念塑造新国民进而实现民众幸福生活为目的的思想意识革新运动骤然兴起。

在西方思想的强势影响下，民主与科学的观念为许多中国知识分子所接受，他们试图用这些观念来改造国民思想，以达到启蒙民众的目的。他们认为，一旦民主与科学等观念深入人心，国民思想改造便可基本完成，而中国的独立与民众的富强也将指日可待。

20世纪初，在中国文化界，一群受过西方教育的知识分子发起了一场提倡民主与科学的文化革新运动。这场运动以陈独秀、胡适等人为核心，他们高举"民主"和"科学"两面旗帜，发表抨击"尊孔复古"的文章，提出"打倒孔家店"，全面否定儒家学说。他们对传统思想的批判所涉及的内容十分广泛，政治、伦理、文化、教育等都是它所攻击的对象。新文化运动的倡导者们普遍认为，中国传统等级秩序和观念不仅不利于个人人格的发展和形成，妨碍了思想的自由传播，而且剥夺了人生而平等的权利，这些都不利于社会的进步和民族的发展。唯有促进中国广大民众的早日觉悟，使他们断绝与传统思想的关联，培养其民主与科学的精神，才能造成生活的根本改变。

陈独秀在《青年杂志》创刊号上发表《敬告青年》一文，提出了民主和科学的口号，向传统思想及其意识形态发起了猛烈进攻。他号召人们应当具有民主精神，自觉与传统制度、伦理观念和封建礼教作斗争。在坚持民主的同时，也应当具有科学精神。陈独秀认为，不论什么事物，如果经科学和理性判定为不合乎现今社会的，即便它是先贤圣哲所遗留的、政府所提倡的，都应当予以摒弃。胡适也将科学精神浓缩为"大胆的假设，小心的求证"的精神，并认为无论在学术研究还是在社会生活方面都要发扬科学的精神、建立科学的人生观。胡适的这一思想在中国现代思想史上影响深远，这一点无须赘言。

在意识形态领域，胡适等人还展开了以科学为核心内容的"新国民"意识的塑造。他们不仅批判了中国人一直以来所固有的那种劣根性，并且提出要培养符合现代社会发展要求的"新国民"并为之殚精竭虑。其中，胡适对于中国传统国民意识之弊病的嘲讽与抨击以及对于现代"新国民"意识的塑造尤具代表性，其影响也极其深远。

在寻找贫弱国家的出路问题上，胡适的价值体现在寻找国家的病因何在。在国家贫弱、秩序混乱的时代背景下，胡适希望能够在对西方文明的感受以及对中国传统文化的理解的基础上找出国家和社会的病根。对于中国的旧有文化传统，胡适持激烈的批判态度。在他看来，中国知识分子曾颇为自豪的"旧的文学、政治、伦理"，恰恰是造成旧国民的根源，要想国家社会得到新生，必须尽去之。他说："旧文学，旧政治，旧伦理，本是一家眷属，固不得去此而取彼；欲谋改革，乃畏阻力而迁就之，此东方之思想，此改革数十年而毫无进步之最大原因也。"（胡适，1998：6）因此，胡适认为，要想促成中国的进步，就必须在思想意识领域进行彻底的清算。从而，在自知之明的基础上，重建民族信心，而不是自以为是的盲目民族自信。胡适曾激烈抨击"今日的大患在于全国人不知耻"（胡适，1998：389），指出国人必须从心底承认传统的文化意识是落后的、需要变革的。他给出的变革药方是科学。胡适认为，只有通过科学的精神塑造新的国民，才能建立新的"人生观"，从而朝向幸福的新生活，"少年的中国，中国的少年，不可不时时刻刻保存这科学的方法、实验的态度"（胡适，1998：562）。在胡适看来，科学精神塑造起来的"新国民"是中国焕发新生、中国人走向富强的主要推动力。[①]

新文化运动在中国的影响十分巨大，它不仅打破了传统思想在中国的垄断地位，而且促进了中西方思想的沟通与交流，为以后中西文化的融合打下了良好的基础，最为关键的是它在某种程度上开启了中国的民智，使得西方的民主与科学思想在中国得到了比较广泛的传播。如果依照马克斯·韦伯将近代化理解为"去魅"的理性化过程，那么，新文化运动张扬的民主与科学的理念，无疑代表了近代中国所兴起的一股理性精神。诚如许多论者所言，"五四"时期乃是一个传统制度面临瓦解从而不断尝试建立新的制度却又不断遭受挫败的时期，在这个时期，许多国民，尤其是知识分子普遍存在强烈的疏离感和彷徨无措的感受。传统文化与观念的失落，迫使人们建立一个新

[①] 关于胡适对于"新国民"塑造的论述，参见朱承《胡适与现代中国国民意识的塑造》，《学术界》2010年第3期。

的价值体系来解决当下的迷茫与信仰缺失，而民主与科学正是这个时代所大力弘扬的。陈独秀在谈到科学（"赛"先生）与民主（"德"先生）的观念时曾指出："我们现在认定只有这两位先生，可以救治中国政治上道德上学术上思想上一切的黑暗。"（陈独秀，1987：234）也就是说，要解决中国社会的各种危机，需要从意识形态领域寻找道路。以科学和民主为主要内容的意识形态领域的重建，可以促成一个民族独立、国民幸福的国家。

可见，新文化运动中，知识分子认为科学与民主不仅可以救国，可以塑造新国民，还是民众走向幸福生活的必由之路。当然，新文化运动对于科学和民主精神的推崇与提倡，使得一股"科学万能论"的思想蔚然成风，走向了一种"唯科学主义"。当时中国的思想界乐观地认为，只要有科学与民主，中国的问题就能迎刃而解，中国国民就能走上幸福的坦途。事实证明，90多年后的今天，我们依然在追寻幸福的途中。

四 城市化进程中的"幸福生活"

城市化与中国现代化的历程是同步的，尤其是1978年改革开放以来，城市化成为席卷中国的一股浪潮。城市化的浪潮逐步改变了中国人的生活方式，而这种社会变革所带来的生活方式的变化，使得人们对于幸福的理解和感受也在发生巨变。

费孝通曾在《乡土中国》一书中指出，中国社会乃是一种乡土社会，"从基层上看去，中国社会是乡土性的。……乡下人离不了泥土，因为在乡下，种地是最普通的谋生办法"（费孝通，1998：6）。因此，"对农业劳动者来说，土地这个词同时意味着他耕种的田地、几代人以来养活着他全家的经营作物以及他所从事的职业"（孟德拉斯，2005：53）。在中国这个以农业立国的社会，土地是国民生存和生活的根本，有了土地，便意味着生活有了着落，幸福才得以可能。因此，土地在某种程度上便成了美好生活的一种象征，它对于国民的重要程度要远远甚于其他财产，"所有的农业文明都赋予土地一种崇高的价值，从不把土地视为一种类似其他物品的财产"（孟德拉斯，2005：51）。乡土社会中的人们世世代代生活在一个极为固定的地方，安土重迁成了这种社会的典型特征，除非有着非搬迁不可的理由，否则，他们绝对不会随意离开这生于斯、长于斯的土地。"以农为生的人，世代定居是常态，迁移是变态。"（费孝通，1998：7）在这种社会中，村落是构成乡土社会的基本单位。人们的生活圈子相对封闭，活动范围也比较狭隘。村落与村落之间的交往极其有限，而一个村落之内的人们的交往则十分密切。因此，费孝通说："乡土社会在地方性的限制下成了生于斯、死于斯的社会。……这是一个'熟悉'的社会，没有陌生人的社会。"（费孝通，1998：9）

然而，随着中国逐渐由传统社会向现代社会转型，经济的迅猛发展使得传统的乡土社会不可避免地产生裂变。近代以来许多没有得到解决的问题在转型的过程中盘根错节、相互纠葛。农村人均可耕地面积的急剧减少、农业值的偏低、各种生活费用的激增，已经使得往日依靠土地为生的农民难以继续坚守在土地之上。对于这些世代以种地为生的农民而言，土地已经难以让他们继续过着衣食无忧的生活，或许出于生计的原因，或许出于造福子孙后代的考虑，他们逐渐远离了熟悉的乡土，走进陌生的城市。大规模的人口流动以及随之而来的异地生存问题，使得社会幸福感问题更加尖锐。比如，在外来务工人员大规模进入城市的过程中，他们的住房、医疗以及子女教育问题便格外显现出来。对于他们而言，幸福便意味着通过自己的辛苦劳作改善自己的生活境况，而这一境况是可以用具体的指标衡量的。

随着城市化进程加剧，原本过着日出而作日入而息、安定而又散漫的生活，日复一日做着相同而又简单的农活的农民，从熟人社会步入陌生人社会，种种新的社会问题便会随即生出：他们每天面对的都是形形色色的陌生人，每天可能要做好几份相当不同的工作，凡此种种，都不可避免地会产生一种疏离感与不适应。"在一个熟悉的社会中，我们会得到从心所欲而不逾矩的自由。……换一句话说，社会和个人在这里通了家。"（费孝通，1998：10）在乡土社会，人与人之间的交往有着难以言喻的信任感，这种信任源于彼此之间的熟络，"乡土社会里从熟悉得到信任"（费孝通，1998：10）。而这种熟悉则又是"从时间里、多方面、经常的接触中所发生的亲密的感觉"（费孝通，1998：10）。然而，"从乡土社会进入现代社会的过程中，我们在乡土社会中所养成的生活方式处处产生了流弊。陌生人所组成的现代社会是无法用乡土社会的习俗来应付的"（费孝通，1998：11）。在城市中生活，人与人之间所建立的是一种契约式的信任，这种信任与乡土社会中的信任相比不免大打折扣，即便同样可靠，也难免缺乏一种必要的人情味。城市生活的变动不居也给原本熟悉安定生活的人们一种不安全感，他们对于未来的预期变得不确定，为了应付这种随时都会产生的变动，他们不得不一改往日的散漫而变得富有计划性。再者，城市生活随时可能产生的变动使得人们必须牢记生活和工作中的人与事。然而，在乡土社会，这种记忆几乎是不需要的，因为"在定型生活中长大的有着深入生理基础的习惯帮着我们'日出而起，日入而息'的工作节奏。记忆都是多余的"（费孝通，1998：21）。而在一个常常变动的环境中，人们则会常常感觉记忆不够用。总之，随着乡土中国的裂变，在城市化进程中出现了诸多的社会问题，这些问题在乡土中国中不曾遇到，也就是说，城市化进程中的民众实现幸福生活有了新的、更高的诉求。

在城市化进程中，那些曾经生活在农村的人要面对新的生活问题。比如，由农村涌入城市的民众在城市生活中确实遇到了生活不堪忍受之重，工作上的压力、生活节奏的加快、经济上的负担都会导致他们精神上的焦虑、抑郁等问题。

亚里士多德曾经说过，"城邦的长成出于人类'生活'的发展，而其实际的存在却是为了'优良的生活'"（亚里士多德，1997：7）。城市是为了生活更加美好，在城市化进程中，最为核心的是具体生活质量的提高。

20世纪80年代以来，数以亿计的农村青年抱着对美好生活的追求，在市场这只"看不见的手"的引领下，以养家糊口、改变自己经济地位与生活条件为目的，从农村走向城市，是城市化的第一波潮流。而当前中国各地正在进行的城市化运动，如城市向郊区扩散、农村建设为城市等，是城市化的第二波大潮。在这些浪潮中，最为引人瞩目的是生活质量的提高。而从乡土中国稳定的熟人社会转向流动的都市社会，最为重要的也是生活质量的改善。比如，在城市化的潮流中，那些到城市务工的农民之所以离乡背井，其主要目的就是为了改善生活。然而，他们当前所务工的城市并不是他们的家，他们栽下钢筋水泥的"丛林"，却无处安歇，他们在某种意义上是"生活在别处"。从社会意义上来讲，"生活在别处"是中国近代以来的社会性潮流，颠覆传统中国"安土重迁"的传统，将存在的空间随着社会潮流而不断扩展,这是文化转型国家的必然,也是现代社会交通、商业、文化等发展的结果之一。

然而,"生活在别处"也意味着我们当下生活意义的缺失、精神的失落,这种失落会引发我们对现实境遇的逃避与对理想境况的希冀。作为一种文化与生命的存在体,人的肉体与精神同时栖居于大地之上,其幸福莫过于肉体与精神有所归依。在当代中国,就业、住房、婚姻、医疗等具体民生问题日益凸显,这是中国城市化进程中必须要跨越的坎。实际上,对于上述现实问题的关注,正是乡土中国向都市中国转变过程中所必须构建的美好生活的主要内容,这些问题与民族、国家、意识形态等近代以来流行的政治概念距离较远,意味着中国人对于生活质量的关注开始超越近代以来的"乌托邦"想象、意识形态构建等,转向具体的生活质量的提高,转向真切的生存与生活。

第二编

城市里有没有我们的幸福？
——"乡下人进城"的幸福感变迁及其文学表达

（徐洪军　曾　军）

导论：现代化·"乡下人"·幸福感
——考察的意义与概念的界定

上海大学文学院／徐洪军　曾军

"乡下人进城"并非新时期以来的新生产物，中国文学史上"乡下人进城"的现象也并不少见，但是，作为一种社会现象甚至一个社会问题，它却是新时期以来才逐渐成为文学创作集中关注的一个主题。有学者已经认识到，"'乡下人进城'是一个中国现代化与最广泛的个体生命联系的命题"。"乡下人进城"过程中的心态与行为描写已经成为当代文学创作与现代化最有价值的关联。新时期以来的文学所"呈现的农民的当下心态、行为的变化，赋予了现代化概念一种道德伦理上的暧昧，而进城农民的主体尴尬又暗示着现代化进程的诸多缺憾"（徐德明，2005）。在这样的意义上，我们希望能够通过考察新时期以来文学创作中"乡下人进城"现象的幸福感，对新时期以来我国的现代化尤其是城市化进程进行反思，并希望能够在此基础上给出自己的意见和建议。

一　反思现代化：考察"乡下人进城"幸福感的意义

从鸦片战争后的"师夷长技以制夷"算起，中国人在现代化进程的道路上已经奋斗了170余年，"经历了中国现代化的萌芽和启动阶段、中国现代化的道路选择阶段、中国社会主义现代化的初步探索阶段和中国社会主义现代化的全面推进阶段四个大的发展阶段"（卫忠海，2008：102）。孙中山先生曾经说过，革命的目的是谋求幸福。无论在哪一阶段，人民的福祉一直被视为现代化追求的永恒动力。驱逐外侮，人民的福祉被定义为民族的独立；

制度变革，人民的福祉被定义为民主平等；文化革新，人民的福祉被定义为思想的自由与个性的独立；经济改革，人民的福祉又被定义为财富的增加与物质的满足。对于过往的历史，我们不去讨论，在现代化追求被突出地表现为城市化的今天，人民的幸福感到底是一种什么状态？这样的幸福感与我们原来的追求是否产生了差距？以人民的幸福感为视角反思我们的城市化进程又会得出什么样的结论？这是我们考察新时期以来"乡下人进城"幸福感的主要目的。

但是，视角为什么一定是"乡下人进城"呢？如果单纯从城市现代化的角度反思城市化，得出的结论很可能完全是这样一副景观：GDP飞速提高，高楼大厦鳞次栉比，地铁、汽车在城市里穿梭……但是，这样的考察对于反思城市化进程又有什么意义呢？我们应该明白，城市化并不仅仅意味着城市现代化，它还理应包括农村现代化，[①] 或者更进一步说，在城市现代化单极发展的今天，我们更应该强调城市化进程中农村现代化的层面。所以，我们更应该站在城市之外，从"乡下人"的视角考察他们"进城"之后的幸福感，以此反思城市化进程给大多数中国人的幸福感带来的影响。

二 定义"乡下人"："乡下人进城"的几种方式

关于"乡下人"的概念，我们同意如下解释："'乡下人、农民、民工'是三个不一样的概念。'民工'强调的是一种'打工'的劳动力资源，他们进城谋生的身份是手艺人或劳力，它几乎成了当下社会学的一个专有名词；'农民'本来务农，现在进城后可以务工、为佣、经商乃至拾荒（一种特殊的生意），他们的身份比民工复杂得多，一度曾与工人一样，是一个带有浓厚政治色彩的身份标志；'乡下人'则是一个更为宽泛的概念，它最主要是作为都市/城里人的相对性概念，包含有身份悬殊，既得权利与分一杯羹者的竞争，它还是一个有悠久传统的历史概念，带有社会构成的一端对另一端

[①] "城市化是与农村现代化紧密联系的，城市化是农村现代化的重要标志，而农村现代化又推进了城市化的步伐。"（卫忠海，2008：269）从这样的论述不难推出，农村现代化是城市化进程的题中应有之义。

的优势。"（徐德明，2005）

我们借用这一概念主要是想从城乡政治、经济、文化的对比中考察"乡下人进城"之后的幸福感，在这里，"乡下人"具有比农民、农民工更宽泛，也更准确的意义。但是，因为"进城"方式的差别以及"进城"之后"乡下人"身份的不同，我们在行文中间也使用了一些另外的概念。"乡下人"是对这些概念的总括，无论他们"进城"之后在身份上发生了什么变化，"乡下人"的血液却始终在他们每个人身上流淌，他们都不可避免地感受着城乡差别对他们的幸福感带来的影响。

我们在行文中使用的其他概念包括："具有公职身份的乡下人""身份暧昧的乡下人""混进城市的乡下人""进城打工的乡下人""进城买卖的乡下人"和农民工（又分为第一代农民工和第二代农民工）、从农村进入城市的知识分子等。其中，"具有公职身份的乡下人""身份暧昧的乡下人"和从农村进入城市的知识分子之间有一定程度的重叠，"具有公职身份的乡下人"中，那些通过考学进入城市的"乡下人"和"身份暧昧的乡下人"其实就是从农村进入城市的知识分子，但是，为了在第一章中与"混进城市的乡下人""进城打工的乡下人""进城买卖的乡下人"三个概念形成对应关系，我们没有使用后者。在第一章，我们使用"进城打工的乡下人"而不使用"农民工"，一方面是对应关系的需要，另一方面也是考虑到"农民工"这一词汇的使用历史。有学者提出："'农民工'一词系张雨林先生在1983年首次提出，该词在1984年最早出现于中国社会科学院《社会学通讯》上。"（刘传江等，2009：44）但是，根据我们对历史的直观感受和阅读文本的经验，这一词汇在20世纪80年代中期之前，准确地说是在路遥创作《人生》《平凡的世界》等小说时应该尚未成为社会普遍接受的概念，所以，在第一章我们没有使用"农民工"一词。

在第二章，我们不仅使用了"农民工"的概念，而且借鉴了社会学从代际上将他们划分为第一代农民工、第二代农民工的做法。在社会学领域，对农民工的代际划分其实并不完全相同。不少学者按照十年一代的标准将新时期以来进城打工的"乡下人"划分为三代农民工，如杨婷（2004）、吴红宇、谢国强（2006）、邓大才（2008）等。也有一种更为一般的划分方法，即以他们初次外出打工的时间为依据,将 20 世纪 80 年代初次外出打工的农民工作为第一代,90 年代初次外出打工的作为第二代。刘传江、徐建玲(2007)以不同的成长时代背景为依据对他们进行了划分。他们将改革开放前在计划经济时代成长起来的年纪较大的农民工定义为第一代,将改革开放后在市场经济时代成长起来的年纪较小的农民工定义为第二代。他们划分农民工的标准在于农民工生活的社会经济背景以及在文化、观念和行为上的差异。

由于研究对象的需要,在这里,我们主要借鉴第三种划分方法,即以成长的时代背景、文化观念、行为方式上的差异为依据,将农民工划分为第一代和第二代。在此基础上,我们更强调两代农民工在对待农村与城市的态度上的差异。我们将那种"进城"的目的主要是为了提高家庭的经济收入水平,没有自觉融入城市的欲望,"进城"之后还希望回归故乡农村的农民工称为第一代;而将那些"进城"的目的不仅仅是为了提高家庭的经济收入水平,更主要的是对城市生活方式的追求,有着较为自觉、较为强烈融入城市的愿望,与故乡农村的情感距离越来越远,对农村逐渐疏离的农民工称为第二代。

"混进城市的乡下人"(在 20 世纪 80 年代的语言环境中,他们往往被称为"盲流")和"进城买卖的乡下人"在第二章都没有出现,主要是因为随着历史的发展,这两类"乡下人"逐渐失去了城乡差别对比中的文化意义,在后来的文学创作中也几乎没有描述,在分析"乡下人进城"之后的幸福感方面也就失去了原有的价值。

通过上文叙述我们可以发现,这里的"进城"不仅仅是一种行为空间的转移,而且包含着由于社会制度、法律身份、经济生活、文化生活等各方面的改变而产生的情感体验,我们考察"乡下人进城"幸福感的切入点也就从这里开始。

三 分析幸福感:我们对幸福/幸福感的使用

"每一种幸福的形式——不管是个人幸福还是集体幸福——根本上都是

难以描绘的。它就像我们呼吸的空气那样无影无形,只有保持一段距离、当它披上色彩时才能辨识出来。如果想要忠实地描绘幸福是什么,那么情形总是如此:要么因太近而被蒙蔽,要么——更为常见的——因太远而模糊不清,只能感受到隐隐约约的一些轮廓。"(鲍吾刚,2004:1)尽管如此,人们却从未放弃对幸福的描绘与梳理。根据相关的学术著作,我们在这里对本编使用的幸福进行简单的介绍。

幸福的主观性与客观性。关于幸福,有两个极性概念:主观幸福与客观幸福。主观幸福可以通过问卷来获得,"我们可以获得关于个人对其生活满意度和幸福度的指数"。(布伦诺·S.弗雷、阿洛伊斯·斯塔特勒,2006:4)因为主观幸福包含有认知性因素,所以,它不如客观幸福那样准确,但是,也正因为它包含有认知性因素,所以,它"对那些与幸福相关的、对社会层面产生影响的问题是有帮助的"(布伦诺·S.弗雷、阿洛伊斯·斯塔特勒,2006:6)。因为我们主要是想通过考察"乡下人进城"的幸福感进而从社会层面反思当下的城市化进程,所以,我们首先关注的对象是文学作品中人物的主观幸福,也就是他们的幸福感。

客观幸福指的是用生理性的方法,通过"衡量脑电波记录来获取主观的福祉"(布伦诺·S.弗雷、阿洛伊斯·斯塔特勒,2006:6)。行为遗传学家莱肯(David Lykken)、泰勒根(Auke Tellegen)的研究成果表明"正是基因,而不是生活环境才是确立幸福定位点的关键因素"。莱肯甚至指出:"企图让自己更幸福,就像企图让自己长得更高一样,毫无意义。"(达林·麦马翁,2011:413)这种强调个人差异的幸福观念,对于研究个体生命或许具有巨大意义,但是,在无法改变每个社会成员的遗传基因时,我们却可以通过改善生活环境从整体上提高民众的幸福感。所以,我们这里强调的幸福的客观性,指的是影响社会成员感受幸福的客观生活环境。在这里,我们在分析个体幸福感受的基础上,对影响他们感受人生幸福的客观生活环境也进行了分析,并在本编的最后从社会层面提出了自己的建议。

幸福的个体性与社会性。在我们谈论幸福的时候,起点必定首先是个人幸福,离开了个人幸福,社会成员的整体幸福也就无从谈起。在本编中我们首先剖析的都是一个个文学人物的个体幸福。但是,个人对幸福的感受又不可能离开外在的社会生活，所以，我们在分析个体幸福的时候，也注重探讨影响个体幸福的社会因素。而且，因为我们要做的工作是要从社会层面对城市化进行反思，所以，我们又不能停留在个人幸福的层面，而必须通过个体幸福的案例总结出"乡下人进城"之后的整体性生命状态及其幸福感受，这也就进入了幸福的社会性层面。在第三章里，我们探讨如何实现城乡之间的"共同幸福"，当然也是从幸福的社会层面切入的。我们的思路总体来说就是：以个体幸福为讨论的起点，注重影响个体幸福的社会因素，通过总结个体幸福及其影响因素，从而探讨如何从社会层面最终实现城乡之间的"共同幸福"。

第一章　春风作伴好进城

——对路遥笔下五种"进城""乡下人"幸福感的考察

上海大学文学院／徐洪军　曾　军

通过对 20 世纪 80 年代相关文学作品的阅读，我们发现，无论是对该时期"乡下人进城"现象揭示的广度与深度，还是对后来同类主题文学作品创作的影响，路遥的《人生》《平凡的世界》都应该是该时期揭示"乡下人进城"现象的代表性作品，所以，在这一章，我们将以路遥的这两部作品为主要分析文本，考察 1978～1992 年"乡下人进城"的幸福感问题。

路遥是一位对社会发展比较敏感、历史视野十分开阔的作家。一方面，他"贴近时代，直接进入社会关注的中心，极力把握时代的脉动和特点，在作品中贯注进鲜明、强烈、浓厚的时代意识和时代精神"（王西平，1996）；另一方面，又主张"用历史和艺术的眼光观察""社会大背景（或者说条件）下人们的生存与生活状态"（路遥，1993：20）。其小说创作主要集中于新时期之初。该时期也是我国社会开始出现较大历史变化的时期。路遥通过其创作对这一时期的社会变化做出了及时的反应，并给出了自己的评价。"乡下人进城"就是路遥对当时社会变化一个比较突出的历史把握和文学书写。[①] 在《人生》《平凡的世界》等小说文本中，"进

[①] 在之前的研究成果中，学者们已经注意到了这一问题，但是，他们关注的中心主要在于"城乡交叉地带"的矛盾冲突。相关研究成果可参考以下文献：阎纲著《路遥文集·第 2 卷·给路遥的信》，陕西人民出版社，1993；路遥著《路遥文集·第 2 卷·关于中篇小说〈人生〉的通信》，陕西人民出版社，1993；王愚著《在交叉地带耕耘——论路遥》，《当代作家评论》1984 年第 2 期；安本·实、刘静著《路遥文学中的关键词：交叉地带》，《小说评论》1991 年第 1 期。

城"逐渐成为"乡下人"寻找幸福的一种途径，无论是高加林、孙少平、孙兰香、郝红梅，还是金富、王满银，他们都有着十分强烈的"进城"欲望。在新时期之初，他们希望伴着改革开放的春风，"进城"寻找自己的人生幸福。通过细读小说文本，我们大致可以总结出，在路遥的笔下主要有五类"乡下人进城"模式。对于"乡下人进城"的不同模式及"乡下人"在这一模式中感受到的幸福，路遥表现出了明显不同的道德价值判断。

一 "具有公职身份的乡下人"

这种"进城"模式的代表人物有三种：第一种是考学，如孙兰香、田润叶、田福军、贾冰等人。第二种是参军，如金波、金二锤。第三种是招工，代表人物就是那些与孙少平一起在大牙湾煤矿参加工作的农村人。（孙少平的情况比较复杂，因为他的户口存在"走后门"的嫌疑，从作家道德评判的角度来看，孙少平似乎不适合归入此类。）

这三种人"进城"的方式不同，但"进城"的原因则基本相同：改变命运、光耀门楣是他们"进城"的共同梦想。"进城"之所以能给他们带来幸福感，很大程度上也来源于此。

孙兰香、郝红梅这些农村孩子到城市读书的一个很大原因就是为了从农村的贫困状态中挣脱出来，甚至以此改变家族的命运。她们的生活那样困难，甚至到了无法生存的地步，但是，在如此艰苦的环境下，家人还是坚持让她们读书。如果没有改变自身及家人的命运作为动力，如果没有对读书能够给自己与家人带来幸福怀有深深的期待，我们根本无法理解这种甚至带有一种自虐色彩的"进城"行为。对于孙兰香、郝红梅以及她们的家人来说，幸福是一种值得追求但又十分遥远的应许，它就像悬挂在天边吸引西方人执着追求的恒久幸福一样，一直吸引着她们毅然决然地加入"进城"读书的行列之中，即使这种幸福必须以忍受苦难为代价。

当老地主的孙子金二锤参军的消息传到双水村的时候，他的家人是何等幸福！"这些天里，常避免出头露面的金光亮弟兄几家人，似乎专意到村中的各个公众场所去走动，说话的声音也提高了八度。长期无声无息的一家

第一章 春风作伴好进城

人,现在一下子就变得如此引人注目。"(第二部:73)①

因是地主成分,金二锤一家在村里一直处于贫困和屈辱的地位,参军不仅使他们看到了摆脱屈辱的希望,同时也给了他们追求幸福的信心。在当时,参军就意味着可以摆脱乡村进入城市,拥有公职身份。对于一户长期遭受压抑与贫穷的人家来说,还有什么样的事情比这样的事情更能让他们感到幸福与荣耀呢!

因为写作目的不同,作家对以上三种人物的描写也各有侧重。

第一种,从身份上讲,他们已经成为市民;从情感归属上看,他们依然带有浓厚的"乡下人"色彩。他们从未忘记自己的故土,从未试图从根本上脱离农村,甚至对农村有一种深厚的感情。省委书记乔伯年、老干部徐国强不喜欢侍弄花草,倒是更喜欢在自己的院子里种些庄稼;地委书记田福军工作的时候,竟然也跟老农民一样穿布鞋、抠脚丫;公派教师田润叶不喜欢县革委会副主任的儿子,宁愿将自己的爱情对象死死地固定在"乡下人"孙少安身上;诗人贾冰为了报答替自己尽孝的农村姑娘,毅然与一个字也不认识的她长相厮守,而且"天长日久,他觉得他爱人是世界上最好的女人"(第二部:197)。

对这类人物,作家持完全肯定的态度,进行了高度评价。之所以如此,主要是因为他们"进城"之后依然对农村保持着高度的情感认同。在作家心里,"进城"之后的"乡下人"和土地的感情"只能是惋惜地告别而不会无情地斩断"(路遥,1993:68)。在作家的潜意识里,似乎这些已经具有市民身份的"乡下人"只有保持他们固有的乡土情感甚至生活方式的时候,他们才能显示出"乡下人"的骨气与操守。或许,对于这些"乡下人"来说,他们"进城"之后的幸福感也正来源于自己对故乡齿唇相依的深厚感情,来源于自己的"乡下人"本色。路遥或许根本没有想到,恰恰是这些人对农村的深厚感情,对自己"乡下人"身份的钟情持守,反而更有可能影响到他们"进城"之后幸福感的获得。这在路遥的作品中没有体现,但是在后来的文学及影视创作中却体现得十分明显。例如,王海鸰的长篇小说《新结婚时代》,荆永鸣的中篇小说《老家》,电视剧《新上门女婿》,等等。

---

① 本编引用的《平凡的世界》中的原文均出自人民文学出版社 2004 年版本,仅在正文后标明第几部及所在页码,下文不赘。

招工"进城"的"乡下人"情况要复杂一些。与依然在农村劳动吃苦的"乡下人"相比，他们或许是"幸福"的。毕竟，他们拥有了公职身份，成了正式工人，有了相对稳定的收入。但是，与通过考学进入城市的"乡下人"相比，他们的幸福感还是让人感到存在不少欠缺与遗憾。也正是因为这种工作存在太多的欠缺与遗憾，它才有可能成为"乡下人""进城"的一种路径：有哪个城里人愿意把自己的孩子或丈夫送到偏远城市去当一辈子煤矿工人呢？从这样的意义上来说，这些"乡下人"的幸福或许同时也是他们的不幸——谁让你是"乡下人"呢？

具体而言，这种欠缺与遗憾主要是因为他们所从事的工作不仅单调乏味，而且充满了危险，甚至牺牲，同时，他们中的很多人还必须忍受家庭温暖与性生活的极度匮乏。

"说实话，矿工是太苦了。……在潮湿阴冷的地层深处，在黑暗的掌子面上，他们之所以能够日复一日，日日拼命八九个小时，就因为地面上有一个温暖而安乐的家。"（第三部：20）但是，身边有老婆孩子的煤矿工人又有几个呢？"再没有比煤矿工人找对象更难的了！"（第三部：6）难找对象的原因在于他们的生活单调而乏味，工作充满了危险，甚至牺牲。矿区是一副"粗犷、杂乱和单调的面目"。而且，"煤矿无异于战场，不伤亡人是不可能的……每百万吨煤同时要献出两三条人命"（第三部：13）。

二 "身份暧昧的乡下人"

这类人物特指高加林和孙少平。在小说中，作家对他们着墨最多，思考最为深刻，人物形象的塑造也最为成功，但是，在他们"进城"追求幸福的过程中也最为集中地体现了作家的思想矛盾。

因为历史条件限制，高加林、孙少平不能像第一类"乡下人"那样"合理"而又"合法"地进入城市，拥有公职工作，成为城里人。但是，由于他们接受过一定程度的现代文明教育，在思想意识上，他们已不属于农村，如果将他们一辈子固定在农村，路遥似乎也认为并不合理。"无论如何，城市是人类进步的标志。"（路遥，1993：55）但是，如果支持他们"进城"，从法律上来讲却又不"合法"。在这种情理与法制的矛盾与纠结中，高加林、孙少平"进城"的幸福感受到了严重影响。影响他们追求幸福的主要因素来自社会体制。由于对现代化理解的偏差，为了早日实现现代化，长期以来中国坚持实行优先发展工业、优先发展城市、限制农村人口进入城市的城乡二元社会体制。这一体制使得高加林、孙少平的"进城"行为失去了法律基础，成了"不合法"的行为。

之所以说他们"身份暧昧"，就是因为这种"合理"而不"合法"的情理与法制的矛盾。在思想意识上，他们可以"进城"，但是在法律身份上，他们却又是地地道道的农民。于是，矛盾中的作家虽然让他们走进了城市，但是在他们"进城"的方式上，却使用了一个"专业术语"——"走后门"。既然是"走后门"进来的，那么，高加林、孙少平也就自然成了城市里"身份暧昧的乡下人"。这种"走后门"的"进城"方式和这种"暧昧"的身份一开始就为他们"进城"寻找幸福的道路笼罩上了一层浓厚的阴影。

而且，他们在"进城"这条道路上到底能走多远，作家也始终抱一种谨慎甚至宿命式的悲观思想。

我们先来看高加林的"进城"故事。

高中时期，高加林"进城"接受了现代文明教育，也在一定程度上感受了城市生活的氛围，他甚至把自己看成是一个城里人。

"几年活跃的学校生活，使他渐渐把自己的思想感情和生活习惯与城市紧密地溶合在了一起；他很快把自己从里到外都变成了一个城里人。农村对他来说，变得淡漠了，有时候成了生活舞台上的一道布景，他只有在寒暑假才重新领略一下其中的情趣。"（第123页）[①]

从整部小说来看，高加林的这番表白，有其真切的成分：高中的校园生活的确在某种程度使他远离了农村；现代文明的浸染也给了他一定程度上的幻觉，似乎他真的成了一个城里人。但是，两三年的校园生活真的能够洗净他身上的乡土气息吗？与其说这是对过往事实的陈述，倒不如说这是高加林对自己与城市关系的一种想象，但想象与事实之间存在明显的错位。这种错位使他对幸福的理解产生了偏差：如果遵从事实，他的人生幸福更应该是在

[①] 本编引用的《人生》中的原文均出自中国青年出版社1982年版本，仅在正文后标明页码，下文不赘。

农村；如果信任想象，他就只能"进城"寻找幸福。

虽然已经将自己的"幸福"与城市联系在了一起，但是，高中毕业后，从没有把自己当成"乡下人"的高加林，实际上却真真实实地成了"乡下人"。对此，他感到不解，并进行了初步的质疑。高加林自问："我有文化，有知识，我比这里生活的年轻人哪一点差？我为什么要受这样的屈辱呢？"（第111页）在这里，高加林似乎对社会的不公提出了疑问，如果能够前进一步，他或许会对城乡二元社会体制提出质疑。这在当时几乎不可想象，也很有意义，但其可能性也十分渺茫。从后面故事的发展我们可以看出，路遥不仅没有对高加林的这种质疑提供支持与赞赏，反而认为这种想法不切实际，甚至在道德上应该受到谴责。在这里，不公正的社会体制，整个社会对这一体制的不自觉的认同以及对挑战该体制的企图的谴责，共同形成了严重影响高加林"进城"寻找幸福的阻碍因素。

"进城"之后，高加林马上面临一个重大的人生抉择：是选择城市姑娘黄亚萍还是选择农村女孩刘巧珍？在他心中，黄亚萍具有"神秘的魅力"，刘巧珍虽然"单纯"，却显得"单调"。他对黄亚萍的感情更像是一个男人对一个女人的感情，虽然其中不乏功利；他对刘巧珍的感情更像是出身农村的孩子对故乡的那份感情，有依恋，但更多的还是感激。他在黄亚萍与刘巧珍之间的抉择，其实不仅仅是爱情的抉择，同时也似乎象征着他在城市与农村之间的抉择，象征着他将如何追寻幸福的抉择。选择刘巧珍，他的良心或许能够得到安宁，但是他的欲望却无法得到满足，因为这样他只能回乡务农，至多是在县城呆上一辈子，没有更大的发展空间。选择黄亚萍，良心上或许会受到暂时的谴责，但是他的欲望可以得到更大的满足，不仅有事业上的，也有物质上的、身份上的。虽然他觉得对不起刘巧珍，但是为了爱情，或许更多的是为了自己的欲望，他还是决定放弃刘巧珍，选择黄亚萍。这也就意味着他将放弃农村，选择城市。从人生幸福的角度理解，选择刘巧珍意味着是要将幸福的基础建立在道德价值之上，是以放弃更为世俗的人生欢乐为代价，追求更为崇高也更为恒久的德性与幸福。这很像基督教以忍受尘世苦难为代价追求天国幸福的思想。选择了黄亚萍则似乎意味着将幸福理解成了尘世的人生欢愉，这种幸福带有边沁功利主义幸福观的色彩。如果套用米兰·昆德拉《生命中不能承受之轻》的思想，刘巧珍与黄亚萍就像特丽莎与

第二编
第一章　春风作伴好进城

萨宾娜一样，可以看作高加林人生幸福中"重"与"轻"的象征。

具有高度道德感的路遥对高加林的这种选择明显不能认同。"路遥的'农民式'的乡土观决定着他的乡土自足性，因为他自己的思想情感始终滞留在乡村世界中，他的乡土之根太深，使他不能容忍有任何悖逆于乡土的行为。"（赵学勇，1996）"无情而又公正的黄土地的生活原色犹如无形的手，任何叛逆都会被撕碎。"（熊岸枫，1997）在小说中，作家不仅对高加林的人生选择进行了理智上的批判、道德上的谴责，而且还通过让他在失去爱情的同时被逐出城市这样一种方式，对他进行了严厉的惩罚。

"常委会的决定很快做出了：撤销高加林的工作和城市户口，送回所在大队。"（第197页）高加林听到这个消息之后，"脑子一下子变成了一片空白"（第204页）。"一个钟头以后，他的脑子才恢复了正常。"（第205页）

令人感到不可思议的是，此时的高加林对命运的不公竟然没有提出任何疑问，反而认为"眼前的这个结局很自然；反正今天不发生，明天就可能发生。他有预感，但思想上又一直有意回避考虑"（第205页）。这种宿命论的思想出现在高加林身上不能不让人感到奇怪。在《人生》中，一旦现有的理论无法解释高加林人生命运的时候，这个可恶的宿命论就会出现，这仿佛成了悬在"乡下人"头上的达摩克利斯剑，不定什么时候就会朝着人的脖颈砍将下来！在这样的人生境遇之下，"乡下人""进城"寻求的幸福就像是古希腊时代喜怒无常的诸神控制的幸福一样，几乎成了人生中的一种奢望。

有一个问题在小说中一直没有得到反思：黄亚萍、张克南在县城参加工作不算"走后门"，为什么比他们更优秀的高加林到县城参加工作就成了违法乱纪？归根结底只有一条：他是农村人！为什么农村人就必须如此？不知道作家是有意回避，还是根本没有意识到这是一个问题。[①] 但是，从社会学

---

① 这种对问题有意无意地回避在一定程度上应该代表了当时的主流意识形态。例如，蔡翔（1983）在评论高加林的人生悲剧时说："当高加林成为正剧的时候，环境却成为悲剧；而当环境力量成为正剧的时候，高加林又成为一个悲剧。"其逻辑是：如果高加林通过"走后门""进城"成功，"客观的、公正的"法律就会受到损害；如果维护法律不受侵害，高加林的人生就成了悲剧。这里，蔡翔仅意识到了现实的"尴尬"，却没有反思法律的意识。雷达（1983）也认为"高加林的追求和这种追求的不可能实现，恰恰是我国历史发展到现阶段必然会有的现象"。这里，雷达也仅仅认为高加林的追求"不可能实现"，却不去（或拒绝）追问这种"不可能实现"的原因及其合理性。

的角度来看，这一问题却十分关键。如果这一问题不能得到解决，高加林们的人生悲剧就会不停地重演，面对这样的人生悲剧，如果作家还只是一味地停留在道德评价的层面，现实主义文学面对社会真实的勇气以及批判现实的力量就会受到严重质疑。

还有一点我们需要追问：高加林被退回农村的原因是什么？从小说文本的逻辑来看，答案应该是：他选择了黄亚萍，抛弃了刘巧珍。否则，悲剧不会发生。从高加林与两位女性爱情的象征意义来看，高加林最后被退回农村的原因就是他试图进入城市而背弃农村。这是一个多么奇怪的悖论：从城市被送回农村的原因就是因为你试图脱离农村而进入城市！这样一来，我们就看得十分明白了：对于高加林这样的"乡下人"来说，"进城"如果只是"赶集上会，买卖生意"，这没有问题，城市的大门随时为你敞开；但是，如果你竟敢试图融入城市获得城里人的身份，那么，最后的结果则很可能就是一场人生的悲剧！在这里，我们似乎仍然可以看出十七年时期农本思想的遗留，虽然"《人生》松动了十七年的惯常思维"，在一定程度上对高加林的"进城"行为表示了同情与理解，但是，"刚从十七年走过，背叛十七年那种人生归宿，就显得犹疑与不坚定"（张喜田，1999）。

对于高加林的悲剧，作家并没有完全排除社会的责任。路遥认为："我们应该真正廓清生活中无数不合理的东西，让阳光照亮生活的每一个角落；使那些正徘徊在生活十字路口的年轻人走向正轨，让他们的才能得到充分的发展，让他们的理想得以实现。祖国的未来属于年轻的一代，祖国的未来也得指靠他们！"（第205页）这是作家在整部小说中对社会问题进行正面回应的仅有的一次。这次回应不能说完全没有意义，但是，与作家对高加林的道德谴责相比，这里对社会问题的回应显得何其肤浅而又苍白！而且，在前面的文本中，作家对社会体制还进行了积极的辩护，认为高加林这样的悲剧"并不是通常人们说的命运摆布人。国家目前正处于困难时期，不可能满足所有公民的愿望与要求"（第123~124页）。在社会肌体健康的时候，高加林这样的问题就能够得到很好的解决。现在高加林的问题不能得到满意解决的原因，在于社会上出现了马占胜和高明楼这样的坏人。

作家认为，更为重要的问题出在高加林本人身上。我们不妨看一下作家对高加林"进城"事件的评价。"一个人应该有理想，甚至应该有幻想，但他千万不能抛开现实生活,去盲目追求实际上还不能得到的东西。尤其是对于刚踏入生活道路的年轻人来说,这应该是一个最重要的认识。"(第205页)"作为青年人自己来说,重要的是正确对待理想和现实生活。哪怕你追求的是正当的,也不能通过邪门歪道去实现啊!"(第205~206页)也就是说,"人生道路的选择在很大程度上还取决于一个人的思想意识,取决于一个人的世界观和人生观"(蔡翔,1983)。在作家看来,高加林的幸福不在城市,而在农村,城市里的幸福实际上是他"不能得到的东西"。而且,很大程度上正是高加林本人的不切实际、"盲目追求"和"邪门歪道"最终导致了他个人的悲剧。

有学者认为,"孙少安、孙少平是《人生》中高加林形象的延续和裂变,他们是作家将高加林个性和灵魂的自身矛盾进行了调整和融合后而产生的新的形象,孙少安更多地保留了优秀的传统精神和文化观念,孙少平则更多地接受了外部世界现代意识和文化形态的影响"(一评,1987)。"他们有远大的理想,但没有高加林式的好高骛远;他们有为实现理想的奋斗决心,却没有高加林式的极端个人主义。比起高加林来,他们更现实,更愿把理想的实现附丽于整个农村现状的改良。从某种意义上来说,少安、少平既是高加林追求精神的继续,又是对高加林式的追求方式的否定。"(李星,1987)那么,比高加林有了"进步"的孙少平在"进城"这件事情上能否获得更多的幸福?他的"进城"之路又能走多远呢?

与高加林一样,孙少平也已经不再是本来意义上的农民,在思想意识方面,他也具备了"进城"的条件。在高中生活即将结束的时候,孙少平说,"我还没有能变成一个纯粹的城里人,但也不完全是一个乡巴佬了"(第一部:319)。

"孙少平的精神思想实际上形成了两个系列:农村的系列和农村以外的系列。对于他来说,这是矛盾的,也是统一的。一方面,他摆脱不了农村的影响;另一方面,他又不愿意受农村的局限。因而不可避免地表现出既不纯粹是农村的状态,又非纯粹的城市型状态。"(第一部:400)

所以,从思想意识的成熟条件来讲,对于孙少平的"进城",路遥同样认为合情合理。那么,孙少平在"进城"的路上又能走多远呢?他会不会也跟高加林一样,本为"进城"寻求幸福,最后却导致了自己的人生悲剧呢?

与高加林不同，因为孙少平对故土的留恋，对故乡更强的责任意识，对自己"乡下人"本质的情感认同，由于"进城"之后思想上的"安分"和"知足"，也由于作家思想意识的发展，对于他的"进城"，路遥的态度相对比较宽容。这种宽容可以从以下三个方面进行分析。

首先，孙少平到黄原"揽工"的时候，孙家正处于发展的关键时期，农村劳动正需要人手。在这种情况下，孙家人都不理解他为什么非要"进城"，甚至哥哥提出跟他合伙开办砖窑，竟然也没能动摇他离家的决心。对于此时的孙少平来说，幸福不在农村，而在远方那个陌生的城市。对于孙少平"进城"的行为，路遥表现出了难得的理解与支持。他替孙少平辩解说，这不是害怕劳动，不是背弃故乡，而是一个年轻人对梦想、自由与独立的追求。像孙少平这样有知识、有理想、有追求的年轻人，应该有理由"进城"追求自己的幸福。

"不论在任何时代，只有年轻的血液才会如此沸腾和激荡。每一个人都不同程度有过自己的少年意气，有过自己青春的梦想和冲动。不妨让他去吧，对于像他这样的青年，这行为未必就是轻举妄动！"（第二部：92）

其次，在曹书记的帮助下，孙少平先是将户口迁入黄原市郊的阳沟大队，后来又通过"走后门"获得了"公家人"的身份，户口也随之迁入铜城市。对于孙少平这种从社会体制上更具有挑战意义的"进城"行为，作家虽然一如既往地认为不是那么光明正大，但他并没有像在《人生》中惩罚高加林那样惩罚孙少平，反而认为这是对他正直人品、诚实劳动、踏实安分的一种奖赏。

在这一点上，如果拿孙少平与高加林进行比较，作家的态度就显得有些耐人寻味：同样是通过"走后门"获得了城里人的身份，为什么一个受到理性的批判、道德的谴责甚至命运的惩罚，而另一个却获得了一定程度的理解呢？以下因素可能值得考虑。高加林"进城"的时候，不仅途径不"合法"，而且抛弃了作为农村美德象征的刘巧珍，也就从情感上背弃了农村，因而在道德上他也站不住脚。相比之下，孙少平的道德形象就要好很多。作家一再强调他的乡土情结（例如，准备花钱给父母箍一孔在双水村最好的窑洞，并希望这个窑洞能够成为孙家在双水村历史上的一个"纪念碑"），他对自己农民身份的认同甚至感到骄傲［比如，他对妹妹孙兰香的教育："永远不要鄙薄我们的出身，它给我们带来的好处将一生受用不尽。"（第二部：329）]，他的安分守己（例如，他对自己与田晓霞爱情的矛盾态度，对金秀追求自己的拒绝，对自己"揽工"生活、煤矿工人身份的知足），这些都使得作家对他的"进城"给予了一定程度的宽容。从这里，我们也可以看出，在路遥的幸福观念中，道德、知足起着十分重要的作用。一个人只有具备了足够的德性修养并且对自己的现实处境感到满足，他才有可能获得人生的幸福。

当然，除了孙少平的原因，作家自身思想意识的发展也应该是一个值得考虑的因素。毕竟，随着社会的逐步发展和"进城""乡下人"的逐渐增多，对社会现象十分敏感的作家，其思想意识不可能不有所变化。

再次，更为难得的是，作家对孙少平这样优秀的"乡下人"因为某些政策的原因而不能进入"体制"也产生了一定程度的不满，并借小说人物之口对此进行了谴责。

由于田润叶的介绍，孙少平为黄原地委行署各级干部的几十名子弟担任了一段时间的夏令营辅导员，并出色地完成了任务，得到了团地委书记吴惠良的高度评价。但是，当田润叶提出将孙少平招聘到团地委工作的时候，"吴惠良苦笑着摇摇头：'政策不允许啊！现在的情况就是如此，吃官饭的人哪怕是废物也得用，真正有用的人才又无法招进来。现在农村的铁饭碗打破了，什么时候把城市的铁饭碗也打破就好了！'"（第二部：415）这是吴惠良的真实心声，恐怕也是作家的内心表白。一直未能对高加林的人生悲剧从社会体制方面进行反思与质疑的作家，这个时候，灵魂中终于出现了思想的闪光！

但是，对孙少平"进城"给予了一定程度的宽容的同时，路遥也表现了他谨小慎微的一面。总体上来看，路遥给孙少平预留的"进城"空间相当有限，孙少平"进城"之后能够获得的幸福也被限定在一定的限度之内。从这里也可以看出，路遥的农本思想并没有像有的学者指出的那样"得以缓释：不管在何处，青年人只要能够发挥自己的长处即可"（张喜田，1999）。作家的谨小慎微可以从以下几个方面得到证实。

第一，他始终没有忘记，孙少平"进城"途径的不"合法"。在孙少平到大牙湾煤矿工作的时候，像《人生》评价高加林"进城"的方式一样，

《平凡的世界》同样使用了"走后门"这一"术语"。"走后门"自然是"不合理,不可取"(雷达,1983)的。

　　第二,在情感归属方面,孙少平虽然与田晓霞深深相爱,但是,孙少平对自己的爱情始终持悲观态度。他觉得自己不应该拥有这样的爱情,田晓霞这样漂亮的大学生、女记者不应该嫁给他这样一个"乡下人"。"是呀,人家是大学生,他是一个乡巴佬,相差如同天上人间。"(第二部:168)他甚至将自己与田晓霞的爱情看作"浪漫的彩虹!飘渺的世界!"(第三部:123)这个"彩虹"的比喻,在《人生》中也曾经出现。被开除公职、撤销城市户口之后,高加林对自己"进城"的道路进行了反思。当时,高加林就认为自己"进城"的道路其实就是一条"彩虹",而自己却把它当成了一座桥,最终酿成了人生悲剧。这样联系起来看,"彩虹"的比喻,在路遥这里其实就是一个虚无缥缈、不切实际的幻想。最后作家也真的没有让他们结合,而宁愿选择让田晓霞牺牲!

　　当金秀向他求爱的时候,孙少平也十分理智地予以拒绝,他宁愿选择自己师傅的前妻,一个在丈夫牺牲后才拥有了"公家人"身份的农村女性。这是孙少平的"本分",又何尝不是作家的"本分"?这种"本分"体现了作家潜意识里对孙少平这样的"乡下人""进城"行为的某种忧虑。

　　但是,既然孙少平与田晓霞不能结合,那作家为什么还要让他们相爱?既然孙少平宁愿选择惠英也不愿选择金秀,那又为什么让金秀爱上孙少平?这初看起来有些矛盾的情节安排,其实隐藏着作家对孙少平"乡下人"身份的某种难以言表的骄傲,然而,在这骄傲的背后,潜藏得更深的却是"乡下人"的深深的自卑。从孙少平的这种情感归属,我们似乎可以这样认为,路遥之所以让孙少平"进城",与其说是为了给"乡下人"一个"进城"的机会与许诺,倒不如说是他想向世人证明:乡下人"进城"以后并不比城里人差,甚至可以比城里人更加优秀!否则,你怎么解释田晓霞面对高朗(祖父是中央领导,父亲是省会城市的领导)的求爱依然选择了孙少平?你怎么解释金秀宁愿放弃顾养民(出身于书香世家)反而向孙少平求爱?但是,现实生活中,像孙少平这样优秀的"乡下人"有多少呢?能够像孙少平这样被如此优秀的知识女性深深爱上的"乡下人"有多少呢?这一点,路遥心里恐怕很是清楚,就是因为清楚,他才塑造了孙少平这样一个优秀的"乡下人",

才编织出孙少平这样让人艳羡的爱情故事。这样的抒写方式不仅表现了"乡下人"美好的梦想，同时也透露出"乡下人"的自卑情结。

第三，孙少平"进城"之后并没有像高加林那样住进政府机关，成为县城里的风云人物。无论是在黄原"揽工"还是进入大牙湾煤矿，他始终没有脱离体力劳动者的队伍，围绕在他身边的一直都是农民。而且，孙少平从来不曾为自己的农民身份感到自卑，从来不曾对自己的农民身份产生厌弃情绪。这不仅体现了孙少平不忘根本，同时也体现了他的"安分"。如果说高加林的悲剧在于"他缺乏脚踏在坚实的土地上，一寸一寸向这个目标前进的勇气和韧性"（雷达，1983），那么，孙少平的这种"安分"似乎也就成了"脚踏实地"的表现。

更为重要的是，孙少平进入大牙湾煤矿以后，他就彻底"安分"了下来。当他在农村劳动的时候，总想着要出去闯一闯，开拓一下视野，增长一下见识，总想着要去追求自己的梦想、自由与独立。即便后来到了黄原，他依然还有这样的想法，否则他怎么会如此兴高采烈地接受了到大牙湾煤矿当工人的命运？然而让人感到奇怪与不解的是，为什么到了大牙湾煤矿以后他就一下子彻底"安分"了下来，再也没有了"进取"之心？即便别人给他提供了这样的机会，他也都毫不犹豫地予以拒绝。田晓霞向他提出要想办法把他调走，他不动心。他妹妹的男朋友吴仲平提出要想办法把他调到省会，他也拒绝了。

到了大牙湾煤矿之后，田晓霞对他的未来提出疑问：

"你……对自己有什么打算呢？"她小声问。

"我准备一辈子就在这里干下去……除此之外，还能怎样？"

"这是理想，还是对命运的认同？"

"我没有考虑那么多。我面对的只是我的现实。无论你怎样想入非非，但你每天得要钻入地下去挖煤。这就是我的现实。一个人的命运不是自己想改变就能改变了的。"（第三部：71）

看看这段话，再回过头来想一想他从双水村走向黄原时的理想，我们很难想象这竟是出自同一个人之口！

孙少平也曾经不自觉地将妹妹的大学生活与自己在煤矿的生活进行过对

比，他马上就发现了两者之间的巨大差别，但是，他没有想着也要进入这个城市实现自己的理想，增长自己的见识，却反过来强迫自己对"幸福"进行另外一种注解："生活就是如此。难道自己吃苦，就嫉妒别人的幸福？不，……结论依然应该是：幸福，或者说生存价值，并不在于我们从事什么样的工作。在无数艰难困苦之中，又何尝不包含人生的幸福？"（第三部：144）

这段话可以看作是孙少平的自我劝说，但更像是路遥让孙少平"安于现状"的一种自我辩解。如果对比孙少平离开双水村时的思想，很快就可以发现这段辩解不仅苍白无力，而且自相矛盾。如果按照孙少平在这一段话里的思想进行推论，他完全可以不离开农村：既然幸福与生存价值不在于我们从事什么工作，那在农村劳动不也是一种幸福与价值体现？如果说，当时离开农村是为了追求梦想、自由与独立，那么，对于一个整天阅读文学名著、关注国际国内时政大事的年轻人来说，省城都市与山沟煤矿，哪一个更适合他追求梦想、自由与独立？哪一个更适合他增长见识？

当吴仲平告诉他愿意帮他调到省城工作的时候，他也奇怪地有了另外的想法，"说实话，他至少在目前对来大城市工作产生不了热情。不是他对大城市有什么偏见。不，大城市的生活如此丰富多彩，对任何人都是有魅力的。最主要的是，他对煤矿有了一种不能割舍的感情"（第三部：404）。真的让人无法理解：不去省城这样的大城市是因为对煤矿产生了难以割舍的感情；当年去黄原这样的小城市却很自然地就割舍了对故乡的感情！仅仅数年的煤矿生活怎么能够与生养自己二十载的故乡相比？除非是作家的主观意念，从人物性格的发展来看，我们无论如何无法理解孙少平的这种思想与行为。

这不符合孙少平性格的发展逻辑。你看，在他把户口落到阳沟之后，他的心情是多么骄傲："无论如何，他已经成了一名黄原人，这本身就具有非凡的意义。他想象，他那些前辈祖宗中，大概还没有人离开过故土。"（第二部：165）当听说曹书记给他争取了一个大牙湾煤矿工人的名额的时候，他"高兴得几乎要跳起来了！""啊啊，这就是说，他将有正式工作了，只要有个正式工作，哪怕让他下地狱他都去！"（第二部：418）这时候，孙少平对于进入城市，对于成为城里人是何等的热心！怎么到了大牙湾煤矿，成了一名煤矿工人以后，他就情愿"安于现状"了呢？这或许只能从作家那里得到解释:作家不希望他在"乡下人进城"这条道路上走得更远。或许,在作家看来,孙少平走到他现在这一步已经是有点超出他的限度了。路遥已经让他拥有了"公家人"的身份,我们还能怎样?根据作家的逻辑进行推论就是,要"安分",不能再有"非分之想"。

路遥在高加林、孙少平"进城"这件事情上表现出来的矛盾其实是对中国现代社会发展的一种反应。中国的革命道路是"农村包围城市","这种历史特点在后来的革命文化中影响深远。革命胜利后,农民作为革命主体(虽非理论上的领导者)将自己的价值观、美学理想和表现方式注入'五四'以后成长和形成中的中国现代文化,使得农民意识形态成为以革命面貌出现的合法存在"(吴进,2011)。但是,新中国建立以后,中国对现代化的理解又主要体现为工业化和城市化,这种意识在"新时期"之初表现得尤为突出。在这种情况下,历史遗留下来的"农民意识形态"与现代化、城市化的历史进程之间就不可避免地产生矛盾。路遥在高加林、孙少平"进城"这件事情上表现出来的矛盾就是对这种历史、现实矛盾的反应。当然,路遥本身的乡土情结也是一个不可忽略的因素。

三 "混进城市的乡下人"

在《平凡的世界》中,无论是金富、王满银,还是胡永州、胡永和,他们都可以被视为"混进城市的乡下人"的代表。对于这类人物来说,农村是贫穷与劳苦的渊薮,城市是他们摆脱贫穷与劳苦、追求"幸福"生活的梦想之地。但是,在作家那里,城市不仅不是他们"幸福"的来源,反而成了他们走上歧途、走向邪恶的诱惑。这些人不仅损害了"乡下人"在城市里的形象,给他们的亲人带来了不同程度的伤害,而且还破坏了农村原来相对淳朴的风气。

例如,孙少安、孙少平的姐夫王满银。在小说的大部分篇幅里,他都是个不务正业的"二流子"形象。他"扛过枪,耍过赌,走州过县做过买卖,也钻过两回别人家媳妇的被窝,并且还欠众人一屁股帐——年年过年都不敢在家里住,得跑到外面去躲债"(第一部:33)。与其说他是在城市里做生意,不如说是在城市里流浪更为恰当。"他只是在上海、广州这样的城市买些廉价的袜子、手帕、针头线脑和其他小玩艺儿,然后到北方一些乡村集镇高价出售,勉强混得没让自己饿死。"但是,即便是在这种情况下,他也更愿意待在城市,而不愿回乡劳动。"他一年四季无忧无虑浪迹祖国大地,过着那种虽说捉襟露肘却也悠然自得的日子。"(第三部:366)对于此时的王满银来说,这或许就是他所理解的"幸福",这样看来,他的"幸福"只能在城市里寻找。但是,对于一个有责任心的人来说,"幸福"不应该仅仅是个人生活的舒适与安逸,它至少还应该包括一个人应该承担的基本责任。作为一个丈夫,他不但不能给妻子以力量与温暖,反而给她带来灾难与伤害;作为一个父亲,他从未尽到过一个父亲的责任,一年年在城市里流浪。仅仅从这一方面来说,王满银的"幸福"就是不完整的。

所以,或许是为了追求更为完整、更为恒久的"幸福",在小说的最后,他有了一次悔过自新的机会,有意思的是,这个机会不是他"进城"之后获得了"事业"上的成功——这在路遥的意识里恐怕根本就不可能,而是回到农村从事农业劳动。或许,在路遥看来,对于王满银这类"乡下人"来讲,他们还有追求"幸福"的权利与可能,只不过,他们的"幸福"不在城市,而在农村。

相似的例子还有金富。在小说的第一部,他只是一个"不成器"的愣头青,但是,离家半年之后,再回到农村,他就使自己家成了双水村的"经济暴发户"。刚回村的时候,他完全陶醉在自己的"成功"经历之中,向那些没有见过什么世面的乡亲吹嘘他"进城"的经历。这或许就是他感到最"幸福"的时刻了吧?同样沉浸在"幸福"之中的还有他的父母。即便是乡亲们都明白了金富的财富来自他的盗窃,金富以及他的父母仍然没有反省过自己这种突然得来的"幸福"背后隐藏的罪恶与危险。最终,"幸福"变成了人生悲剧。或许,这样的悲剧本来就潜藏在金富及其父母的人生旅途中,但是,"进城"的经历无疑加剧了悲剧的爆发。

四 "进城打工的乡下人"

在《平凡的世界》中,这类人物的主要代表是与孙少平一起在黄原"揽工"的那些农民。在黄原"揽工"时,孙少平表面上虽然也可以归入这类人物，但是，由于他对自己与城市之间关系的理解明显有别于他身边的农民，所以，从根本上看，他不属于这类人物。

与第一类"进城"的"乡下人"不同，他们从未想象过融入城市，获得稳定的工作（这种"安分"的思想或许就是孙少安始终不敢同意与田润叶建立恋爱关系的最主要原因）；他们也不像高加林与孙少平那样，希望进入城市实现自己的人生理想，追求什么自由与独立；他们也不会像王满银那样在城市里流浪，像金富那样在城市里偷盗。他们都是勤劳的农民，从来没有想过要成为城里人，他们也不理解城市文明，他们就是地道的"乡下人"。他们只是暂时在城市劳动，他们的根还在农村。

这些"乡下人"之所以能够"进城"，同时也愿意"进城"，其主要原因就是为了"进城"务工，补贴家用。"农村已经全部单家独户种庄稼，剩余劳动力越来越多。……大部分闲散人只好跑出来揽活干。……农村吃粮问题现在已经不大，但大部分农民手头都缺钱花；跑出来挖抓几个，总比空呆在家里强。"（第二部：262）如果我们考察这类"乡下人""进城"之后的幸福感，就会发现，路遥对他们的抒写，事实上已经开启了20世纪90年代以来农民工题材文学、打工文学以及底层文学中普遍存在的某些主题。

（一）找工作的困难与遭受的歧视

新时期之初，我国城市建设百废待兴，但是，主要的工作机会是留给城里人的：刚刚被"平反"的干部、知识分子、像潮水一样返回城市的下乡知青，还有恢复高考以后逐年毕业的大学生。能留给"进城""乡下人"的工作机会实在很少。进城务工的"乡下人"要想找到工作其实并不容易，而且在找工作的过程中还有可能遭受不同程度的歧视。

到了黄原以后，孙少平"没想到聚在东关'找工作'的人这么多。他看见，每当一个穿油污涤卡衫的包工头，嘴里噙着黑棒烟来到大桥头的时候，很快就被一群揽工汉包围了。包工头像买牲口一样打量着周围的一圈人，并且还在人身上捏捏揣揣，看身体歪好，然后才挑选几个人带走。带走的人就像参加了工作一样高兴；而没有被挑上的人，只好灰心地又回到自己的铺盖卷旁边，等待下一个'救世主'的到来"（第二部：100~101）。这些为了能使自己的生活变得更加"幸福"的"乡下人"，在追寻幸福的时候必须以丧失一定程度的人格尊严为代价。

(二) 性生活问题的困扰

在《平凡的世界》中,作家对揽工汉们的"业余"生活有这样一段描写:"躺下以后,他才注意到,窑里所有赤膊裸体的揽工汉,原来是围着一个四十来岁的匠人,听他说自己和一个女人的故事——这是揽工汉们永远的话题"(第二部,39)。着墨虽然不多,后来也没有过多涉及,但是,这段看似平凡的描写却揭示出这类"乡下人""进城"之后生活中的一个严重问题:性生活的缺乏。

这一问题在后来的农民工题材文学、打工文学、底层文学中也曾经反复出现。只不过路遥在农民工群体刚刚出现的时候,就已经敏感地觉察到了它的存在。"乡下人"外出打工的时候,一般情况下都是男性独自外出,把老婆孩子留在农村。在这种情况下,性生活的缺乏自然会成为"乡下人"生命中的一种严重残缺。如果这种问题得不到有效解决,"乡下人进城"之后的幸福感自然会大打折扣,然而令人遗憾的是,直到今天,性生活的缺乏依然在农民工的生活中普遍存在,路遥的可贵之处就在于他对社会问题的敏锐观察并能够用艺术的手法将其形象地表达出来。

(三) 经济剥削与性侵害

在后来的打工题材小说中,关于工厂老板剥削农民工的描写集中而又常见。但是,在《平凡的世界》中,作家对这种剥削现象已经有了初步描写。"这是私人承包的国营单位建筑,工程大,人员多,包工头为了赚大钱,恨不得拿工匠当牛马使用;天不明就上工,天黑得看不见才收工。因为工期长,所有的大工小工都是经过激烈竞争才上了这工程的。没有人敢偷懒。谁要稍不合工头的心意,立刻就被打发了。在这样的工程上要站住脚,每一个工匠都得证明自己是最强壮最能干的。"(第二部:148~149)

在陈应松的名篇《太平狗》中,主人公程大种的姑姑对她这个乡下来的侄子说过这样一句十分难听却又一语中的的话:"男的出来当苦力,女的当鸡,不是死在城里就是伤残在城里。"通过对同类题材作品的阅读,我们发现这似乎真的成了"乡下人进城"之后唯一的出路。让人感到震惊的是,这样一条本为寻找"幸福"却又布满了不幸荆棘的人生之路,在新时期之初就已经铺就,正等待着一代又一代的"乡下人"通过它走向人生的终点。

男性做"苦力",女性则会受到不同程度的性侵害,以至于最后竟甘于堕落,甚至沦为妓女。这种现象,路遥也敏锐地捕捉到了。在胡永州工地上做饭的小翠,刚刚十六岁就受到胡永州禽兽般的凌辱,因为害怕被赶走,竟然只能默默忍受而不敢声张。后来,在孙少平的帮助下返回了家乡。让人没有想到的是,几个月之后,小翠竟又重新回到胡永州的工地上。回来的原因是因为家里的贫穷。对于老板的凌辱,小姑娘竟然"已经习惯了!""少平这才发现,这小姑娘的脸上已经带着某种堕落的迹象"了(第二部:410)。小姑娘的这种"堕落"让孙少平感到绝望。即便如此,她在胡永州那里也没能长久地"工作"下去,而是被他"一腿踢到了东关暗娟的行列中",胡永州则"又为自己物色了一个仍然只有十六岁的小女孩陪他睡觉"(第三部:376)。

在面对小翠受到人身伤害的时候,孙少平也曾想到通过法律途径为小翠讨个公道,但是,因为时间有限,自己的生存也面临困境,孙少平并没有使用这种方法。从这样的叙事逻辑来看,在路遥这里,法律以及相关的社会体制应该还具有值得人们信赖的公正与威严。但是,后来的文学创作却用血淋淋的现实宣告了这种"公正与威严"的破产。

五 "进城买卖的乡下人"

高加林进城卖馍的时候,作家对他在"进城"路上感受到的氛围进行了描写。"公路上,年轻人骑着用彩色塑料绕得花花绿绿的自行车,一群一伙的奔驰而过。他们都穿上了崭新的'见人'衣裳,不是涤卡,就是涤良,看起来时兴得很。粗糙的庄稼人的赤脚片上,庄重地穿上尼龙袜和塑料凉鞋。脸洗得干干净净,头梳得光溜溜,兴高采烈地去县城露面,去逛商店,去看戏,去买时兴货,去交朋友,去和对象见面……"(第19页)

这样一种氛围很像陈奂生"上城"时的场景。或许,这是那个时代大多数作家对"乡下人进城"的一种想象。这种想象充满了一种春风拂面的幸福感。新时期之初,"乡下人进城"更像是一种仪式,一种象征,它象征着在改革开放的春风的吹拂下,农村人走向现代化,走向早已被预支了的"幸福"生活的欢快场景。

但是,从《人生》的整个文本来看,这样的"进城"或许仅仅是一种象征:用城市象征现代化生活就在前方,用"乡下人进城""赶集上会,买卖生意",象征"乡下人"感受到现代生活的愿景,象征改革开放给农村社会带来的积极变化。这样的"乡下人进城",对于当时的主流意识形态而言,无疑是一种积极的配合。如果套用文艺复兴时期意大利哲学家皮科·米兰多拉对"幸福"的划分,这种"乡下人进城"带来的"幸福"更像是一种第二位的、"自然的"幸福,这种幸福"乃是所有被造物内在的潜力,并按照上帝所希望的方式实现自身"。而第一位的、恒久的幸福则要"依靠恩典的力量"(达林·麦马翁,2011:139~140)才能实现。

新时期之初,国家逐渐开启了商品经济之门,借由这一门径,"乡下人"在生命欲望的驱使下走上了"进城""赶集上会,买卖生意"的道路。这种幸福对于大多数"乡下人"而言都可以追求,也可以实现,但是,从"进城"的角度来说,它只是第二位的幸福,因为此时的"乡下人"对于城市而言,仅仅是一个过客。在这种幸福之上还有第一位的幸福,那就是真正融入城市,成为城里人。但是,这样的幸福只属于极少数人,就像天国的幸福只属于上帝的选民。孙兰香、田福军等人是"乡下人"中极少的幸运儿,大多数"乡下人"能够享受的或许只能是这种第二位的"赶集上会,买卖生意"的幸福。

第二章 "乡下人进城",一种宗教,或者一个魔咒

——近二十年文学创作中"乡下人进城"现象的幸福感考察

上海大学文学院／徐洪军　曾　军

> 你说彼岸有幸福
> 我要抵达
> 哪怕划一艘泥做的船[①]

"乡下人进城"真正成为问题应该说是随着中国现代化进程的推进而逐渐凸显出来的。在中国现当代文学史上,最为集中地将"乡下人进城"作为表现主题,应该是20世纪90年代以后的事情。农民工题材文学、打工文学、底层文学都与这一主题有着十分密切的关系。在这一章,我们所要探讨的问题是:这样一个创作丰富、引人注目的文学潮流,对"乡下人进城"之后的生命状态进行了怎样的抒写?"乡下人"为什么"进城"?他们"进城"之后是否找到了自己的人生幸福?如果没有,那是什么阻碍了他们对幸福的寻找?

一　到城里寻找幸福:"进城"成为"乡下人"的一种宗教

从根本上讲,"乡下人进城"的目的只有一个:对幸福的向往与追求。

[①] 这是王十月小说《白斑马》中桑成的诗,题为《泥船水手》(王十月:《国家订单》,中国社会出版社,2009)。这首诗很能表达近二十年来"乡下人"希望通过"进城"实现人生幸福的愿望。

在现代化的语境之下,幸福成了一个必须要到城市寻找的梦想。但是,具体到不同时代、不同人群,"乡下人进城"的原因则各不相同。

(一) 时代变化

20世纪80年代,"乡下人进城"的原因相对复杂:有改变命运的执着追求,有对人生理想的奋力追逐,有逃避农村劳动的"盲流",有纯粹为了经济收入的进城务工,也有陈奂生那样的"赶集上会,买卖生意"。虽然"进城"的原因相对复杂,但是,在20世纪80年代,"进城"对大多数"乡下人"来说只是生命中的一种选择,除了"进城"之外,他们还有其他选择,就像《平凡的世界》中的孙少安,在农村一样可以实现人生价值,一样可以获得人生幸福。

但是,在近二十年来的文学创作中,"进城"对"乡下人"来说几乎已经成了一种宗教:"进城"再也不是一种选择,而是生命中的必然,似乎"乡下人"生来就是为了"进城"。不"进城","乡下人"就无法生存。以至于有了这样的说法:"旧社会生了儿子是老蒋的,生下姑娘是保长的,现在农村人给城里生娃娃哩!"(贾平凹,2007:435)出现这种现象的原因,主要是在中国前所未有的现代化进程中,城市获得了飞速发展,相比之下,农村的变化则缓慢得多,尤其是在社会就业方面,农村几乎已经无力安置剩余的社会劳动力。2008年金融危机,大量农民工返乡,使得农村地区"制度不完善、缺乏统一的劳动力市场及乡镇企业不发达"等问题立刻凸显了出来,"返乡农民工的再就业问题成为社会关注的焦点"(甘卫星、朱光婷,2010)。这一问题之所以引起社会关注,主要因为当代农村已经难以给农民提供一个有效的生命意义系统。再加上农业机械化极大地解放了农村劳动力,越来越多的年轻农民也不再愿意从事农业劳动,"目前我国农业中分解出来的实际剩余劳动力数量已达1.5亿~1.8亿,占农村总人口的15%左右。就这部分人而言,无论是由于农业生态系统自身运行的规律性所产生的排斥力,还是人类所具有的追求更好生活环境的内在动力,都决定了这部分人必然会流向城市"(谭文兵、黄凌翔,2002)。

（二）个人区别

从个人因素来讲，在20世纪90年代以来的文学创作中，"进城"的"乡下人"大致可以分为三类：第一代农民工、第二代农民工和从农村进入城市的知识分子。三类"乡下人""进城"的原因各有区别，但是，总体来看，都充满了"必然"的色彩，似乎只有"进城"才能获得人生的"救赎"。

1. 生活所迫——第一代农民工"进城"的原因

这种"进城"充满了被动色彩，很多时候是无奈之举，甚至有些悲壮。但是，为了幸福，他们又只能"进城"。所以，对他们而言，"进城"之路也就成了寻找幸福之旅。比较起来，他们寻找的"幸福"层次相对较低，主要是物质利益的满足。因为生活的贫困，他们来到城市，靠着自己的双手挣得一些可怜的血汗钱，以此换取他们及家人相对安定的农村生活。

《家园何处》（刘庆邦）的主人公停就是这样"进城"的。从未离开过农村的她，从村里人"进城"的经历中得出一个结论：城市几乎就是一个陷阱，一个罪恶的渊薮。不少"进城"的"乡下人"在城市里失去了尊严、人格甚至生命！但是，因为农村生活的困难，她只有"进城"，哪怕因此失去贞节，甚至生命！这样的"进城"与新时期之初，陈奂生他们那种充满了春风拂面的幸福感的"进城"比较起来，大有"风萧萧兮易水寒，壮士一去兮不复还"的悲壮意味。

《太平狗》（陈应松）的主人公程大种，生活在神农架的深山之中，一辈子没出过深山。但是，当生存的形势变得越来越严峻的时候，他也只能下定决心，离开熟悉而亲切的家乡，进入一个他感到陌生而又恐惧的世界。这一切都是为了生存，为了一种卑微的幸福。为了这样的幸福，他却付出了生命的代价！

2. 寻找别样的人生——第二代农民工"进城"的原因

这种"进城"的方式更具有主动色彩。第二代农民工之所以"进城"，很大程度上不是因为生存，不是生活所迫。由于接受了一定的教育，他们不同程度地对现代城市文明充满向往。另外，他们与农业生产之间的关系也逐渐疏远，对土地的感情也日趋淡薄。所以，对他们而言，"进城"不再仅仅是为了谋生，更是为了"享受都市生活，实现都市梦想"（许传新，2007）。"进城"就是寻找别样的人生，体验现代文明。从这样的意义上来说，"进城"之于他们不仅是一种主动，同时也似乎是一种命运。

在小说《被雨淋湿的河》（鬼子）中，农村教师陈村为儿子陈晓雷安排了未来，希望他读师范，以后也做教师，但是，儿子却选择了外出打工，一个人独自外出。在打工过程中，他试图运用自己接受的文明，维护自己的利益。他的妹妹陈晓雨，初中毕业"进城"打工，很快就成了别人的情人。对于他们来说，如果是为了生存，他们完全可以不"进城"，但是，对城市生活的向往，让他们向城市迈出了脚步。

更为典型的例子是《农村弟弟》（鬼子）中的一撮毛。他是"我"父亲一次下乡时与一个18岁的农村姑娘生下的孩子。为了能使一撮毛"进城"并成为城里人，一撮毛和他的母亲几乎倾尽了他们所有的智慧与能力。为了使孩子"进城"，一撮毛的母亲宁愿独自将他抚养成人。为了使孩子"进城"，她甚至制造出一撮毛要杀她的局势。为了"进城"，一撮毛设计打死企图"抢劫"县长夫人的"歹徒"，当上了村长。为了"进城"，他通过各种关系成功实现了调到乡里工作的机会。为了"进城"，他让自己的女朋友打掉了肚子里的孩子。为了"进城"，他死在了女朋友弟弟的刀下。

对于一撮毛而言，好像他的人生不为别的，就是为了"进城"。"进城"之于他，好像一种充满了宗教色彩的使命，他的人生也仅仅就是为了完成这项使命。

3. 改变命运——从农村进入城市的知识分子

这一时期对农村孩子通过读书进入城市的抒写虽然没有20世纪80年代那样突出，但是，通过高考进入城市依然是很多"乡下人"改变命运的重要机会。所以，在《新结婚时代》（王海鸰，2006）里，面对两个儿子同时考上大学的局面，父亲就会产生因无力同时供应两个大学生而难过、愧疚的心情。也只有在这样的意义上，我们才能理解，何建国兄弟两人通过抓阄决定谁上大学是一件多么残酷的事情。也是在这样的意义上，我们才能理解通过作弊上了大学的何建国为什么忏悔一生，口口声声说是自己偷了哥哥的人生！

二 幸福远非想象中的那样美好："进城"
　　成为"乡下人"的一个魔咒

如果把近二十年文学创作中"进城""乡下人"的幸福感与 20 世纪 80 年代进行对比，我们将十分遗憾地发现，在中国现代化事业持续推进的过程中，"进城""乡下人"的幸福感并没有随之增长。甚至可以说，在"进城""乡下人"幸福感的天空上，蓝天白云的景观逐渐成了一种幻象，阴云密布却更像是逐渐逼近的现实。

（一）"城里不是家"——第一代农民工"进城"后的生命状态

虽然大部分第一代农民工并没有试图融入城市的愿望，但是，作为常年的居身之地，恐怕他们还是希望在城市里能够找到"家"的感觉，毕竟"诗意的栖居"是每一个人内心深处的愿望。然而，严峻的现实却反复告诉他们："城里不是家"。不仅不是"家"，在大多数时候它反而成了"乡下人"的一个噩梦，一个明知是噩梦却又不得不做的噩梦。这样一种残酷的现实可以从第一代农民工"进城"之后的生命状态中得到表现。

1. 城乡对比中的"幸福"

在 20 世纪 90 年代早期，"进城""乡下人"在看到城市生活以后，依然会像 20 世纪 80 年代一样对城乡之间巨大的差别感到震惊。在城市，他们为自己"乡下"的生活感到屈辱和难过；回乡后，则在乡亲面前"夸耀"他们"进城"之后的"幸福"。

"他们在城里卑微至极，回到家乡面对自动集合而来的听众，他们才又找到自己，自尊心得到极大满足。他们其实很少谈到自己打工的经历，讲的多是一些外面世界的奇闻花事。这些事有的是听来的，有的是在下流小报和书刊上读到的，他们愿意把这些事说成是亲见亲历，把自己打扮成颇有经历的传奇式人物。"（刘庆邦，2003：91）这样的"幸福感"不免让人想起阿Q进城之后回到未庄的炫耀，想起陈奂生进城之后在村里的"待遇"。这种"幸福"充满了讽刺意味，更充满了辛酸与无奈。

但是，他们的这种"夸耀"并不仅仅是一种虚荣，也并非完全如阿Q

那样的精神胜利法。在这"夸耀"的背后，隐含的是对自己"进城"经验的否定——"进城"明明没有给自己带来幸福，却又不甘心自己的失败；还有对家人内心幸福感的慰藉——如果把自己"进城"的遭遇真实地呈现给亲人，这对他们又是一种怎样的打击！或许，这也应该被看作一种幸福，一种充满了辛酸与悖论的幸福。

"以前那些打工回来的人，无论男女，说的都是城里人怎样对他们客气，自己在城里又是如何的风光，为了印证，有的男人还穿上西装，女人则在耳朵上挂一个花三五块钱买来的铜圈（她们把这叫耳环）。我以前把那当成虚荣，现在我不这样看，那绝不仅仅是虚荣，也不仅仅是把梦想当成真实的自欺欺人，而是为给守在家里的亲人一颗踏实的心。"（罗伟章，2007：134）

然而，随着现代化进程的逐步推进以及"进城""乡下人"的逐渐增多，即便是这样一种可怜的幸福，也在历史的发展中逐渐消失。20世纪80年代，甚至20世纪90年代初期，"进城"的"乡下人"相对较少，虽然他们在城市里未必能够获得幸福，但是，"进城"的机会却能够使他们在城乡对比之中拥有一种"进城"的自豪感与幸福感。然而，到了20世纪90年代中期以后，几乎所有的"乡下人"都有了"进城"的机会，进了城的"乡下人"回乡之后自然没有了通过对比得来的"幸福"。他们的收入虽有增加，但是付出的代价也更加惨重：城市里留下了越来越多的"乡下人"的眼泪、血汗、肢体、生命，还有人格与尊严。

2. 人格尊严受到伤害

与他们在自己家人面前的"夸耀"形成反差的是，"乡下人进城"之后，大多数时候非但不会受到尊重，往往还会遭受人格尊严的伤害。

在新时期以来的文学作品中，有两个细节值得注意。一个是"乡下人进城"之后的"桥头待雇"，一个是"乡下人"在企业里的"集体下跪"。

"乡下人""桥头待雇"时被人像牲口一样挑来拣去的场景，在《平凡的世界》里有过描写，二十年后，同样的情景又出现在贾平凹的小说《高兴》中。在"桥头"上等工作的"乡下人"，手里拿着各式工具，眼巴巴地等待城里人前来招募。"招募人不是老板就是包工头，如面对着一群牲口，要问你的年龄，要看你的身份证，要量你的身高，要测你的力气，然后在你屁股上一拍，就像是相骡相马，你，要了！"（贾平凹，2007：313）

第二章　"乡下人进城"，一种宗教，或者一个魔咒

对"集体下跪"的描写可能与 1995 年发生在珠海的孙天帅事件有关。二十年来被迫给老板下跪的"乡下人"不知有多少，但是能像孙天帅一样拒绝下跪并受到社会关注的则少得可怜。

《被雨淋湿的河》（鬼子）里，服装厂老板在没有任何理由的前提下，要求工人集体下跪。迫于生计，除了陈晓雷，他们没有任何反抗，齐刷刷地跪在了老板面前。当尊严与生存遭遇的时候，尊严只能让步。

这样的情景在小说《我们的路》（罗伟章）里也同样发生，一家磨石厂的农民工为了微薄的工资，在老板的无理要求下被迫给老板下跪。

或许有人会指责这些农民工身上的奴性，反问他们为什么不知道反抗，这些天真的人却从来没有想过：反抗又能如何？这个社会里像孙天帅一样幸运的"乡下人"能有几个？很多时候不是他们不知道反抗，而是反抗之后没有任何用处，反而可能变得更糟。《被雨淋湿的河》中的陈晓雷不就是这个下场吗？为了要回父亲被拖欠的工资，他试图通过法律途径进行反抗，但是，非但工资没有要回，反而为此搭上了自己年轻的生命。

3. 性生活匮乏与养儿育女

"乡下人""进城"之后面临一个严峻的问题：性生活无法得到正常的满足。一份农民工的问卷调查显示：农民工在性生活上的匮乏已经到了不容忽视的地步。"已婚夫妻因打工而两地分居，长期没有性生活时，24% 的男性、33% 的女性'整夜睡不着'。39% 的男性、55% 的女性农民工通过'给家里打电话'来度过漫漫长夜。"（晓雨，2006）这种现象在《平凡的世界》中已经有了初步的揭示，近二十年的文学创作更是把它作为一个十分重要的问题进行了集中表现。

《幸福票》（刘庆邦）可以说是专门揭示这一问题的小说。煤矿老板为了激励矿工，规定每月能够出满勤的，发一张"幸福票"，矿工可以凭它到歌舞厅嫖娼，一张"幸福票"一次。过后，歌舞厅再拿这些"幸福票"到矿上领钱。据说，一张"幸福票"可以领到 300 元钱。主人公孟银孩不舍得花掉自己的"幸福票"，因为一张"幸福票"几乎等于一亩麦子的收成、上千个鸡蛋的价钱，把它卖了可以帮女儿交学费、帮儿子盖房子。"他把身份证与幸福票包在一起，是利用身份证的硬度和支撑力，对比较绵软的幸福票提供一种保护。是身份证沾了幸福票的光，有了幸福票，身份证才跟着提高

了待遇。幸福票关系到人的幸福，可见一个人的幸福比身份更重要。"（刘庆邦，2009：256）

其实，这已经不仅仅是性生活匮乏的问题了，对于孟银孩来说，与生活中的责任与负担相比，性生活的匮乏已经不再那么重要，为了履行自己的责任，承担生活的重负，他必须放弃自己的性生活！

《高兴》（贾平凹）中的主人公刘高兴平时靠手淫解决性生活问题。五富和黄八则选择到那种极其简陋的露天舞场去找暗娼，十块钱一次。暗娼同样来自"乡下"，住在城墙的破窑洞里，黄八喜欢上的那个女人甚至患上了乙肝。

随着第二代农民工的出现，这种情况发生了一些变化。第二代农民工外出打工时很多尚未结婚，这时候他们就可以从同样打工的异性中找到身体和精神的慰藉；一些年轻夫妇在尚未生育时也可以选择一起打工，或者即使生了孩子，也可以把孩子留在农村，性生活的问题也可以解决。这些现象在打工文学中都有不同程度的体现。但是，问题依然存在：不少工作并不同时适合两性，比如建筑工地，几乎没有女性，这里却是农民工最为集中的地点之一，这里的农民工，其性生活问题就很难解决。

与之相关的就是"进城""乡下人"孩子的问题。如果把孩子留在农村，就产生了现在十分突出的一个社会问题：留守儿童。如果将子女带在身边，则产生了农民工子女的入学问题。不知有多少"乡下人"曾经设想把孩子接进城市，在城里读书。但是，残酷的现实是：城市不接纳这些"乡下人"，同样不接纳这些"乡下人"的孩子。

小说《草根儿》（曹保印）揭示的正是上述社会问题。跟随父母"进城"打工的蚂蚱，很长时间内不能入学，因为城市里的学校不接纳农村来的孩子。蚂蚱只能跟着一个流浪儿捡破烂，"闯荡江湖"。菊儿姐费尽心机在一座废弃的厂房内办起了一所简陋得不能再简陋的"打工子弟学校"，没多久就被教育局查封，说是不符合办学条件。城里人的逻辑其实就是不想让农村的孩子"进城"读书：不接纳他们进入公办学校，也不给他们专门办学，"乡下人"自己办起了简陋的学校，又将其查封！在这种情况下，这些孩子除了留在农村，又能如何？后来，城里人不得已而妥协，允许"打工子弟学校"存在，却又千方百计刁难。其实，即便是城里人不刁难，这些"乡下人"的孩子在"打工子弟学校"所受的教育又怎么能够与城里人的孩子相比？

4. 毁灭

这里的毁灭包括两种形式，一种是身体伤亡或身陷囹圄，一种是道德沦丧或丧失人格。大部分"乡下人""进城"之后，主要从事两类工作，男性出卖苦力，女性出卖肉体。这两种生存方式都很容易导致人的毁灭。第一种毁灭是显而易见的，因为他们从事的工作既艰苦又危险。第二种毁灭也是一种必然。当"乡下人"依靠辛勤劳动、遵纪守法无法获得应有的人生幸福的时候，他们必然以邪恶的方式报复社会，而报复社会的结果又只能是毁灭。女性"进城"出卖肉体也几乎成了一种宿命：当辛勤工作换不来幸福生活的时候，当年轻的心灵面对外界的威逼利诱的时候，出卖肉体也就成了"自然"的选择。

（1）身体伤亡或身陷囹圄

《泥鳅》（尤凤伟）中的国瑞和陶凤。"进城"之初，他们都希望能够保持自己原有的生存法则，希望凭借双手追求自己的幸福。但是，城市的生存法则不允许他们如此。这里所说的城市生存法则包括城里人对"乡下人"的文化偏见和歧视态度，包括一些专门针对"乡下人"的不公正的社会制度。在如此严峻的现实面前，他们依然希望能够坚守底线。面对富姐的诱惑，国瑞依然爱着陶凤，依然关心与他一同"进城"打工的农民兄弟，依然牵挂留守乡村的兄长，即便被人利用，他也从来没有想过出卖良心。然而结局如何呢？他被人利用，被人出卖，被这个城市冷酷地送上了刑场。陶凤比国瑞更能坚持自己内心的原则，但也正是因为她的这种坚持，致使她无法接受发生在自己身上的一切，最终精神崩溃。

《神木》（刘庆邦）中的元清平、元凤鸣父子。他们怀着追求幸福的心走进城市，对赵上河和李西民充满信任，满怀感激，以为自己在城市里找到了温暖，有了心灵的依靠，却无论如何也没有想到，自己的生命竟然就是他们挣钱的工具！

《大嫂谣》（罗伟章）中的胡贵。按说，他算是个"进城"之后获得成功的"乡下人"。靠着勤劳与诚信，不仅发家致富而且做了包工头，却从不嫖娼，不找情人，而且为人仗义，从不拖欠农民工工资，对投奔他的乡亲也从不拒绝。但是，就是这样一个被评为劳模也毫无愧色的"乡下人"，为了跟城里的老板讨要工资，只能在人前装孙子，喊人"亲爹"！在这种情况下还无法维护"乡下人"利益的时候，他只能诉诸暴力。也就是因为暴力，他彻底失去了自由与幸福：多年来挣下的家业瞬间失去，家人又重新回到已经破败不堪的老家，自己则身陷囹圄，没有了人身自由！

（2）道德沦丧或丧失人格

《泥鳅》（尤凤伟）中的蔡毅江不就是这样的吗？生殖器官挤坏了，交不来押金医院不给医治；找老板要钱，换来一顿打骂；与公司打官司，被法院判处败诉。残酷的现实只能让他放弃原有的生存法则，走上报复社会的道路，同时也就走向了道德与良心的毁灭。让未婚妻卖淫养活自己；指使别人强奸了蔑视"乡下人"并拒绝给他治病的女医生；组织黑社会搞垮自己原来老板的公司。然而，这样的报复又能带来什么呢？无疑，只有毁灭。

《家园何处》（刘庆邦）中的停。本为"进城"打工，最终却被威逼利诱做了小姐。人格尊严丧失之后，"她利用自己年轻和身体素质好的优势，使一个貌似强大的男人现出了软弱的本质。男人的迅速溃败，使她获得了某种满足和幸灾乐祸的快意，她便故意夸大她的优势，显示所向无敌的能力，对所有的男人穷追猛打。她这种干法，暴露了她排斥和敌视城市的初衷，实际上，她在自觉不自觉地报复着城里的男人"（刘庆邦，2003：142）。然而，在报复城市的同时，她也逐渐丧失了自己。

5. 返回农村，城市里没有"乡下人"的幸福

有些作家越来越发现"乡下人进城"寻找幸福是一条无法走通的道路，城市里没有他们的幸福。在这种情况下，作家把"乡下人"幸福的希望寄托在返回农村。从逻辑上来讲，这是一条道路。但是，从为数不多的作品来看，这条道路好像也充满了理想化甚至乌托邦色彩。

在长篇小说《农民》（李一清）中，原本因为联产承包责任制拥有了土地而欢天喜地的牛天才，却在20世纪90年代被家破人亡的严峻现实逼上了"进城"之路。在农村失去幸福的牛天才在城市里也没有找到属于自己的幸福。于是，在小说的下篇，牛天才再次回到家乡。此时，在县委下派干部以及年轻力量的共同努力下，牛天才的家乡走上了幸福的康庄大道，小说里的描述简直就是一幅社会主义新农村欣欣向荣的景象。但是，从文学创作来看，下篇是整部小说最为失败的一部分，它的失败不是因为它为"乡下人"描述了一幅幸福的美好前景——没有人会拒绝幸福，而是因为这幅前景在与中篇的苦难经历进行对比的时候，让人感到是那样苍白无力，那样虚无缥缈，也来得那样容易。或许，它仅仅是作家美好的理想。

如果说在《农民》（李一清）里，回归农村寻找幸福仅仅是一种理想，那么，在《受活》（阎连科）里，茅枝婆带领乡亲从城市退回受活庄则带有明显的乌托邦色彩。读完这部小说，我们能够感受到阎连科对现实怀有一种深深的绝望。在他看来，无论是以前的革命还是现在的现代化进程，都不仅没有使受活庄人走进幸福的"天堂"，反而使他们屡屡遭受劫难。只有那个与世隔绝的受活庄才是他们真正的人间天堂。或许，我们可以批评阎连科的受活庄不过是个"乌托邦"，是个"桃花源"，是个逃避现实的梦想。然而，在现实中，我们又去哪里寻找这人间的"天堂"？

6. 故乡可望不可归

在发现了城市里并没有"乡下人"的幸福以后，一些作家以浪漫主义情怀为"乡下人"描绘了属于他们的幸福"天堂"——返回农村。虽然这幅图景充满了理想化甚至"乌托邦"色彩，但它毕竟还是一幅图景。然而，另一些现实主义的作家却又告诉我们：返回农村也并没有想象中的那样容易。因为现实的羁绊、经济的压力或者故乡人文环境的恶化，他们已经无法回去，或者短暂的回归之后又不得不再次离开。对于他们而言，故乡几乎成了一个可望而不可归的所在。

在《太平狗》（陈应松）里，最让人心酸的就是太平一次次回忆它在神农架的幸福生活。它始终不能明白主人程大种为什么放着那么幸福的生活不过，非要到城里来忍受这样非人的待遇以致命丧城里。"这是孤独的时刻。它想念山岗。黑沉沉的森林。奔流汹涌的峡谷。到处柔嫩的苞谷茎秆。它想念日落时分。早晨。这是什么地方啊？主人程大种为何要将我带向这儿，让我遭受九死一生、暗无天日的日子。孤独。离别。无法交流。灯火像星空一样，带着诡异和狞笑，无声地跳动在大地的深处。更远的地方是什么呢？于是，太平像一只狼一样嗥叫起来。它哭泣似的悠长的声音在夜晚的上空刺入城市的心脏。连它自己也说不清为什么会有这样的声音。是呼唤，还是哭泣？是长叹，还是悲号？"（陈应松，2010：240）其实，程大种又何尝不想念神农架的老家？在即将死去的时候，他在被子上的红花碎点中看到了自己的老婆，并向她诉说自己的悲惨遭际。可是，活着的时候为了卑微地生存下去需要在城市里卖苦力，死后也只剩下一缕青烟在城市里飘荡。回归故乡也就成了一个永远无法实现的梦想。

在《我们的路》（罗伟章）中，"我"因为五年没有回家，下定决心回归故乡，并表示再也不会离开。然而，没过多久，因为家庭生计实在困难，"我"只能违背前言，再次踏上"进城"之路。"从没出过门的时候，总以为外面的钱容易挣，真的走出去，又想家，觉得家乡才是世界上最美的地方，最让人踏实的地方，觉得金窝银窝都比不上自己的狗窝，可是一回到家里，马上又觉得不是这么回事了。你在城市找不到尊严和自由，家乡就能够给予你吗？连耕牛也买不上，连付孩子读小学的费用也感到吃力，还有什么尊严和自由可言？"（罗伟章，2007：171）

"乡下人"为了追求幸福走进城市，却发现城市里没有属于自己的幸福；在城市里找不到幸福的时候，希望能够回归故乡，重新过上贫寒而温馨的生活，但是，想要回去的时候却又发现，要么现实根本不允许自己回去，要么故乡已经不再是自己的故乡。在这个时候，对于这些"进城"的"乡下人"来说，幸福又在哪里？

（二）"乐不思蜀"与无法进入——第二代农民工"进城"之后的生命状态

如果要整体概括第一代农民工在城市里的生活状态，似乎可以这样表述：他们为了寻找幸福进入城市，却发现城市里没有属于自己的幸福；不得已，希望能够回归故乡，然而，故乡竟也成了一个可望而不可归的所在。于是，他们只能在城乡之间并不幸福地徘徊。

与第一代农民工相比，第二代农民工在城市里的生存状态是：他们或者因为与故乡之间情感的隔膜，或者因为思想意识、生活方式的变化，与故乡之间的距离越来越远。对于故乡，他们不是可望而不可归，而是"乐不思蜀"。他们回不去了，也不想回去。但是，因为社会体制、经济因素、社会心理及个人能力等方面的原因，他们又无法真正融入城市。于是他们就成了在城市里漂泊的"乡下人"。

第二章 "乡下人进城",一种宗教,或者一个魔咒

1. "乐不思蜀"

第二代农民工"很少或没有具备务农的经验和技能,甚至很多都没有基本的农业常识,对农村没有太多的感情,而对城市生活却充满着强烈的向往。这些使得他们以成为一名'城里人',从而脱离农业脱离农村为最大目的。所以,他们不再留恋和兼营土地,根本不打算再回农村"(朱光婷、杨绍安,2009)。

《白斑马》(王十月)的叙事主人公"我"始终有一种漂泊感。"在外流浪日久,你渐感无限倦怠。用现在的流行话说,你已是奔四的人,你无家可归,你需要一个归宿,你过惯了过客的生活,渴望成为归人。"(王十月,2009:81)但就是在这种情况下,他也不愿回归故乡,而是把家暂时安在了深圳与广州之间的木头镇。这种情感选择突出显示了"乡下人进城"之后与故乡之间的情感隔膜。

《二的》(项小米)中的小白从生活习惯到价值观念都实现了"进城"。"那一次的回家,使小白更加坚定了一定要留在城里的想法。老家是实在回不去了。不仅仅是冬天没有暖气的像冰窖一样寒冷的房子让她受不了,没有热水洗澡让她受不了,拌黄瓜买不到沙拉酱让她受不了,没有电话用受不了,更让她受不了、让她窒息的是跟家乡人的无法沟通。"(项小米,2007:159~160)但是,在经济上,在身份上,她又无法"进城"。如此一来,小白要么成为一个漂泊在城市里的"乡下人",永远生活在城市的边缘;要么忍受生活习惯与价值观念上的不适应,再次回到农村。但是,她还回得去吗?

2. 无法进入

虽然第二代农民工是"最有市民化意愿和亟需市民化的群体"(刘传江、徐建玲,2007),但是,社会体制的制约、经济上的压力、个人能力的有限以及城市居民的拒绝接受,使得"第二代农民工在一定程度上依旧被排斥在城市生活之外"(戚浩,2011)。

《白斑马》(王十月)中的桑成是个在政府机关从事文字工作的打工者,因为身份的原因,一直没有得到转正的机会。他跟女朋友在橡胶林做爱的时候,城管突然闯入,从此,他得了阳痿,女朋友被劳教以后也不知所终。他一直希望能够进入深圳,融入深圳,但是,结果就像他的阳痿一样,根本

"无法进入"。绝望的桑成选择了自杀。

来到西安打工以后，刘高兴一直希望做个城里人。为此，他竭力培养城里人的生活习惯，与同样来自农村的五富保持身份上的差异。可是，五富却告诉他说："城里不是咱的城里，狗日的城里！"（贾平凹，2007：147）垃圾收购站老板也说："刘高兴呀刘高兴，你爱这个城市，这个城市却不爱你么！你还想火化，你死在街头了，死在池头村了，没有医院的证明谁给你火化？你想了个美！"（贾平凹，2007：227）最后他终于发现自己骨子里还是个农民。"在这个时候我才知道我刘高兴仍然是个农民，我懂得太少，我的能力有限。"（贾平凹，2007：412）

《谁能让我害羞》（铁凝）是一个象征，一个寓言。送水少年就是一个一直都不自信，都很自卑，一直都想在城里人面前寻找自信与尊严的"乡下人"的象征。那个高贵的、冷漠的对送水少年充满厌恶之情的女人则代表着"乡下人"心中的城市。送水少年为什么一次次想在这个女人面前表现自己？穿上西装，换上皮鞋，扎上围巾，带上随身听，这是干什么呢？连那个女人都感到奇怪。少年之所以如此，就是要在女人面前表现自己，寻找自信，摆脱自卑。他送水之后跟女人要水喝，而且第二次提出要喝矿泉水，他告诉女人他们的矿泉水都是密封的，女人如果有事可以给他打传呼，他每天可以送六十桶水，这些让人看来感到可笑的举动，仅仅是想证明自己的价值，卑微的"乡下人"想向他心目中高贵的城里人证明他自己的价值。

但是，最后他还是失败了，他无法向城里人证明自己的价值，他无法在城里人面前找到自信与尊严。"乡下人愿意认同城里人的价值标准，却遭遇阿Q不准姓赵的厄运。"（徐德明，2005）这就是小说的名字所揭示的东西：谁能让我害羞？答案竟然是一只手枪！这只手枪怎么会让少年感到害羞呢？因为他没有手枪，他只有一把低档的小刀！这把小刀怎么能跟女人的高级手枪相比呢？

有意思的是：这支手枪竟然是假的！这不也是一个隐喻和讽刺？什么能让"乡下人"（少年）害羞？让"乡下人"感到自卑、害羞的东西竟然是假的！这是不是在隐喻城里人的高高在上其实并不真实？是不是在隐喻"乡下人"的自卑其实也是一个虚无的悲剧？

(三) 挣扎于城乡之间——从农村进入城市的知识分子的生命状态

与农民工相比，从农村进入城市的知识分子似乎应该幸福很多，难道不是吗？他们不仅接受了现代文明教育，培养了现代思想意识，养成了现代生活习惯，而且大多还拥有了体面的工作，不错的收入，城市的户籍，似乎真正成了地地道道的城里人。然而，与农民工一样，他们在城市里也并不如我们想象的那样幸福。正如李敬泽在评论罗伟章小说中的叙述者时所指出的，"他艰难困苦地从乡村出走，他满身伤痕，很难说他喜欢他所走向的外面的世界，在新世界里他并未找到幸福"（李敬泽，2006）。只不过，对农民工的幸福感产生影响的主要是经济上、体制上的因素，而影响这些知识分子幸福感的，除了经济因素之外，更主要的还是来自文化的冲突。

1. 经济的压力

在 20 世纪 80 年代，这些知识分子从农村进入城市，有了正式工作与城市户籍之后，似乎一切都有了保障，无论如何他们的生活也比"乡下人"要好。所以，在《平凡的世界》中，田润叶、孙兰香、田福军这些从农村进入城市的知识分子在经济上根本没有负担。但是，到了 20 世纪 90 年代后期，尤其是进入 21 世纪以后，情况发生了很大变化。从农村进入城市的知识分子开始面临严峻的经济压力。择业机制越来越灵活，失业的可能也越来越高，生活成本更是节节攀升，而相应的社会保障却没有及时跟上，再加上他们在城市里社会关系、社会资本的稀缺，还有农村老家的经济牵绊，通过高考千辛万苦进入城市的这些知识分子，已经很难感受"进城"带给他们的幸福。

《大嫂谣》（罗伟章）的叙事主人公"我"通过高考进入城市，但是，在城市里"我"活得并不幸福。这不幸福主要来自经济压力。"我"的经济条件不仅在城市里属于底层，就是在农村老家，也赶不上没怎么上学的胡贵。在城市里，"我"的收入微薄而不稳定，妻子更是为了推销保险而跑断了腿，赔尽了笑脸。因为经济困难，回到老家，大哥与"我"交流的时候语气中都充满了不屑，他甚至不让"我"告诉乡亲自己是个作家，怕丢人。

电视剧《北京爱情故事》（陈思成导演）中的石小猛，以优异的成绩从云南考入北京,无论是学业成绩、专业素养还是个人的奋斗精神,他都不比自己的好朋友程锋逊色。但现实的情况是,无论他如何优秀、如何努力,他都根本无法与程锋相比,即便是程锋的父亲入狱之后,他留给程锋的财产也绝不是石小猛辛苦一辈子能够挣来的。程锋可以以程家公子的身份在一个又一个女孩之间游刃有余,而石小猛甚至不能给自己心爱的姑娘一个安稳的居所!在这强烈的现实对比中,在这强大的经济压力下,"乡下人"石小猛又该如何寻找幸福?

2. 心理与文化的纠结

与经济压力相比,更为普遍也更为形而上层次的问题是:这些"进城"之后的"乡下人"始终处于一种心理与文化的纠结之中,这样一种纠结甚至伴随他们一生,对他们"进城"之后的幸福感产生了巨大影响。经济条件或许还可以随着时日的推移得到改善,心理与文化上的冲突则很可能一辈子都解决不了。

(1) 故乡的牵绊

有句话说"有老家可回的人是幸福的",不知道说这句话的是城里人还是"乡下人"。城里人回老家或许的确充满了幸福,但是,如果说"乡下人"回老家也全都是幸福的,则恐怕只能说是一种浪漫的抒情。

为了供应子女读书,农村的父母甚至家里的兄弟姐妹,往往付出了巨大的代价。一旦进入城市,这些农村来的孩子就对家人产生一种亏欠心理,觉得他们为自己付出了太多,就会用一生的时间去回报他们。"那哪儿叫回报呀,说是一辈子都还不清的债也不过分。"(王海鸰,2006:3)这不仅仅是一笔经济账,它还包括内心的愧疚与情感的牵挂。大部分时候这种回报都是自觉自愿的,但是,慢慢地它也有可能演变为一种沉重的负担。

"老家,一个母亲般的字眼。她本该是个让人魂牵梦绕的地方,我的生命,我的童年,我充满梦幻般的心灵历史就是从那里开始的。遗憾的是,这些年我远在他乡,被她紧紧连在一起的却不是亲情,不是眷恋,而是惊恐,是伤痛,是一堆没完没了的麻烦。"(荆永鸣,2008:440)

产生这种心理的不仅有《老家》(荆永鸣)里的"我",还有《新结婚时代》(王海鸰)里的何建国。即便是何建国没有"偷走"他哥哥的人生,老家人对他提出的那些要求他也很难拒绝:想一下啊,你在北京享受幸福生

第二编
第二章 "乡下人进城",一种宗教,或者一个魔咒

活,父母兄弟还在老家受苦受穷,他们对你提出一些要求,你怎么能够忍心拒绝?不能拒绝,即便是因此委屈了自己,委屈了妻子,即便是因此与妻子发生冲突也在所不惜。这里面不光是亏欠心理,还有对故乡亲人的感情。但是,在这种时候,老家人的这些要求已经对何建国这样的"乡下人"的幸福产生了消极的影响。

(2) 城乡文化冲突的夹板

《新结婚时代》(王海鸰)里有句话,很能表达从乡村进入城市的知识分子的这种心理状态,"何建国所有的难处,全在这里:他了解此地也了解彼地,他属于此地也属于彼地。身处两地之间,他时时要做一下非此即彼的选择题"(王海鸰,2006:63)。

"进城"之后,这些"乡下人"在农村与城市之间左右为难。对于农村的一些思想意识、行为习惯,已经接受了城市现代文明的他们,理性上完全明白它们已经"不合时宜",但是,农村人不明白。同时,作为从农村走出来的知识分子,对于这些从城市标准来看已经"不合时宜"的东西,他们能从情感上充分理解,但是,城里人不能理解。反过来,对于城里人的一些思想意识、行为习惯,作为已经适应了城市生活的他们,心理上已经能够接受,但是,农村人无法接受。同时,作为从农村走出来的知识分子,他们希望城里人在面对"乡下人"时能够稍作改变,更有人情味,但是,城里人不这样认为。在这种情况下,这些进入了城市的"乡下人"就成了城乡文化冲突的"夹板",他们的幸福感也就在这种冲突中被消耗殆尽。

举例来说,《新结婚时代》中,嫂子的娘家爷爷去世,家人提出让何建国带着顾小西一起回家哭丧。在理性上何建国很明白,这根本就是八竿子够不着的事情:嫂子的娘家爷爷去世,跟自己的妻子有什么关系?但是,他能理解家人提出的要求。嫂子是为了给自己长脸,显示自己婆家人的身份。这样,事情就变成了嫂子的事情,嫂子的事情就不能不管。于是,他想方设法动员妻子跟他回去。但是,也就是因为这样一件为了脸面和感情的举动,使得顾小西母亲去世的时候也未能与女儿见上最后一面,后来竟然导致了他们的离婚!

再如,为了何建国的哥哥的工作,何建国的父亲专门到顾家拜访,当着顾小航的面,他希望亲家能给他一个答复,让顾小航给儿子换一个好一些的

101

工种。但是，亲家并没有像他希望的那样给他一个爽快的回答。这让他很不理解，也很看不起自己的亲家，认为他是一个没一点魄力的男人。在他看来，老子让儿子办事还不是天经地义、手到擒来的事情？其实，他不理解城市文明中父母与孩子之间的平等关系。这时候，夹在父亲与岳父之间的何建国就不免左右为难，想尽办法两头解释、两头宽慰。到头来还得两头受话，其间的委屈恐怕也只有自己理解。

三 我在哪里错过了你？

——影响"乡下人进城"幸福感的因素

对于三类不同的"乡下人"，影响他们"进城"之后幸福感的因素也不完全相同。在接下来的部分，我们将分别论述。

（一）影响第一、二代农民工幸福感的共同因素

虽然第二代农民工在某些方面已经与第一代农民工产生了差别，但是他们之间依然存在不少相同的地方。在这一部分，我们把两代农民工放在一起论述。有关第二代农民工的独特因素，我们放在第二部分。

1. 经济地位、文化水平的低下

这可以说是导致"乡下人进城"之后无法体验人生幸福的一个重要原因。如果不是因为经济困难，他们大多不会背井离乡，踏上陌生的"进城"之路；他们无须从事繁重艰苦、条件恶劣的工作；他们也用不着在城里人面前充满自卑，甚至给人下跪。如果不是因为没有文化，他们不会在繁华的城市面前手足无措；他们不会如此轻易地受到各种诱惑而上当受骗，甚至走上歧途；他们也不会无法理解城里人的生活世界。

同时，经济困难与缺少文化二者之间也是一种互为因果的关系。经济困难使他们失去了接受教育的机会，缺少文化使得他们"进城"之后只能从事繁重艰苦、条件恶劣而又收入不高的工作。有调查显示，"无论工龄如何，学历对收入均有正向影响。随着学历增高，农民工收入增加的幅度也更大"（任远、陈春林，2010）。

2. 工作生活环境的恶劣

《太平狗》里有一句话，是程大种城里的姑妈说给他听的，"男的出来当苦力，女的当鸡，不是死在城里就是伤残在城里"（陈应松，2010：218）。这话听起来十分刺耳，但是，我们不得不承认，这句恶毒的话却一针见血地揭示了当下很多"乡下人进城"之后的生存状态。这样的生存状态十分严重地影响了他们的幸福感。

在大量文学作品中，我们发现，大多数"乡下人进城"之后，从事的工作基本上固定在这样一些领域：建筑、路矿、拾荒、污染严重的化工企业、劳动密集型企业、服务业、色情业。这些工作要么收入不高，要么比较危险、伤害身体，要么以出卖肉体、出卖人格尊严为代价。有学者对1012位农民工进行问卷调查发现：在工作的稳定性、劳动与财产的安全性、拖欠工资、失业、法律保障、临时性福利、制度化福利等很多方面，两代农民工的工作生活环境都令人担忧（钱雪飞，2009）。

3. 制度性歧视

由于我国对现代化理解的偏差，我们曾经出台了不少专门针对"乡下人"的不公平的社会制度。这些制度曾经严重地影响了"乡下人进城"之后的幸福。

"暂住证"曾经是一个令"进城""乡下人"闻之色变的名词。从法理上讲，现行的暂住证制度有违宪之嫌。《中华人民共和国宪法》规定"中华人民共和国公民在法律面前一律平等"，"而暂住证制度实际上人为地通过外来人和本地人的区分将国家公民分为三六九等，人为地造成公民在居住、教育、就业等等众多方面的权利不平等"（刘武俊，2006）。这一充满歧视与不公的社会制度曾经引起了轰动全国的"孙志刚事件"。它给"进城""乡下人"带来的心理与人身伤害在文学作品中也得到了不同程度的表现。

在《国家订单》中，就是因为没有暂住证，城市治安员就可以像审问嫌疑犯一样审问"进城"务工的"乡下人"（王十月，2009）。在《白斑马》中，就是因为没有暂住证，桑成与女朋友在橡胶林里做爱的时候，城市治安员就可以像追捕犯人一样追捕他们，以致桑成因此阳痿，他的女友也因此不知所终（王十月，2009）。在《愤怒》中，就是因为没有暂住证，马木生的妹妹马春就可以被公安人员抓进收容所，遭到警察轮奸，并被卖进色情场所。KTV的老板在胁迫马春卖淫的时候，一语道破了暂住证制度的本质："你们算什么人？为什么你们被收容？还不明白吗？你们是农村人，不是这个城市的人，这不是你们的地方。"（北村，2004：65）"暂住证问题的本质是城市管理与服务外来人口的问题，也是政府如何对待为城市建设作出贡献的劳动者的态度的问题。"（刘武俊，2006）这不仅关乎"乡下人进城"之后的幸福，更关乎和谐社会的构建。

4. 资本的剥削

在"乡下人进城"务工的过程中，被无故拖欠、扣押工资的现象就像他们随时有可能受到人身伤害一样普遍。在更大的经济危机来临的时候，最先受到伤害的也是这些在城市里讨生活的"乡下人"。2008年全球金融危机给中国经济发展带来巨大影响，很多企业面临停产、停工、倒闭、破产的困境。"在这一过程中，农民工成为最直接受冲击的群体，大量的农民工因为失业而返乡。"（甘卫星、朱光婷，2010）"2009年4月，中央农村工作领导小组办公室公布失业返乡的农民工占到现有农民工总数的15.3%，约达2000万人。"（邓秀华，2009）

在《我们的路》（罗伟章）中，老板为了让农民工春节后依然到他的工地打工，就无故扣押了"我"和工友们两个月的工资。《大嫂谣》（罗伟章）中的胡贵为了向老板讨要被拖欠的工钱最后身陷囹圄。《草根儿》（曹保印）中的农民工给医院盖了好几个月大楼，却没拿到一分钱工资，就是到了工地断炊的地步，老板依然拖着不愿给钱。《被雨淋湿的河》（鬼子）里，在采石场打工的"乡下人"每个人都会被扣押两个月的工资，以免他们忍受不了工作的劳累而逃走。《故乡在远方》（罗伟章）中的陈贵春在工地上干了半个月，被老板一脚踢开的时候，不仅没有拿到一分钱，反被抢走50元作为他的餐费！

《国家订单》（王十月）中的张怀恩、小老板，《九连环》（王十月）中的林小玉、六指，他们的苦难更多来自经济危机。当经济危机来临的时候，老板首先想到的就是自保，这时候，"进城"打工的"乡下人"就往往成为他们自保时的牺牲品。

5. 文化隔阂与观念歧视

由于历史原因，中国城乡之间在文化观念方面存在较大的差异。"大凡落后、保守、歧视的观念似乎都源于农民，也适合农民；而大凡进步、创新、高尚的精神似乎是城里人的专利。因此，城里人脑海里便形成这样一种思维定势，即认为农民总是墨守成规、因循守旧、安于现状、害怕冒险、思想固执、狭隘，缺乏开拓进取精神，甚至把'中国的根本问题是农民问题'这一关涉国家发展和治理的根本性问题，也歧视性理解和归结为'农民的问题'或'农民出了问题'。"（张瑞琴，2005）这种差异一方面使得城里人在"乡下人"面前产生一种居高临下的审视甚至是歧视的态度，另一方面又使得"乡下人"在城里人面前往往感到自卑甚至猥琐。

《家园何处》（刘庆邦）中的停和她的乡亲走在城市的街道上，"她们看人家躲躲闪闪，人家看她们却是锋芒毕露"（刘庆邦，2003：113）。《二的》（项小米）中的小白在城市里做保姆，主人竟然不允许她把"我"说成"咱"。程大种带着太平狗在城市坐电车的时候，车上的城里人都用厌恶鄙弃的口吻指责太平是一只又脏又臭的疯狗。为了证明太平不是疯狗，程大种把自己的手塞进了太平的嘴里，紧挤它的两排牙齿，让它咬自己的手指。"程大种的手指终于凿穿了，血从指头流出来，狗嘴里全是红津津的血，人血，乡下人的血。"（陈应松，2010：220）

（二）影响第二代农民工幸福感的因素

除了与第一代农民工相同的因素之外，影响第二代农民工幸福感的主要因素还有以下两点。

1. 教育缺失与不良诱惑

与第一代农民工相比，第二代农民工受教育的程度普遍提高，但是，与城里人相比，他们又显示出明显的教育缺失。这样，就使得第二代农民工不甘于像他们的父辈那样在十分恶劣的环境中工作生活，却又无法进入更高层次的工作生活环境。挣扎于两个层次之间的他们往往产生焦虑与不安。在这种情况下，城市里的灯红酒绿、堂皇富丽都会对他们产生诱惑，加上他们年龄相对较小，自制力相对缺乏，在这种情况下很容易走上歧途。

在《大嫂谣》（罗伟章）中，大嫂的大儿子清明从小娇生惯养，养成了一些不良习性，到城里打工，又不愿像胡贵那样吃苦，不愿脚踏实地，从零做起。为了发财，为了自己的城市生活更加舒服，他全然不顾父母的艰辛，家庭的困难，外出十几年从未给家人寄过一分钱，反而想方设法从父母那里骗钱去搞传销。这样的例子在第二代农民工中并不少见。

2. 融入的欲望与社会的阻碍：他们无法融入城市

第一代农民工无法融入城市，但是，因为他们自觉"城里不是家"，基本上没有融入城市的欲望，所以，社会体制的阻碍对他们的幸福感影响不大。但是，第二代农民工就不是这样，因为文化水平、思想意识、生活方式的原因，他们在情感上更接近城市，所以，他们"进城"之后很多都会产生融入城市的愿望，但是，宏观的制度限制、昂贵的市民化成本、弱势的社会关系网络和有限的个人素质都成了阻碍第二代农民工融入城市的因素（刘程，2010）。当社会体制与经济因素使得他们的愿望几乎无法实现的时候，他们的幸福感就会受到巨大的影响。

（三）影响从农村进入城市的知识分子的幸福感的主要因素

1. 经济压力

20世纪90年代，尤其是社会福利制度改革以来，城里人的生存环境发生了巨大变化。在城市里处于中低收入的阶层，其幸福感与之前相比似乎非但没有提高，反而出现了不同程度的下降。主要原因在于，当福利保障逐步社会化以后，城里人的生存成本几乎成倍增加，而中低收入阶层收入水平的提高与生存成本比较起来则相对缓慢。从农村进入城市的知识分子大多属于中低收入阶层。

2. 文化冲突

在中国城市化进程中，越来越多的"乡下人"开始理解并逐步接受城市文明。"乡下人"开始学习像城里人一样思考问题、看待世界，学习像城里人一样经营自己的生活。但是，悠久的乡村文明不可能也不应该迅速从"乡下人"的生活中完全消失。无论以何种方式进入城市的"乡下人"，他们的身上都不同程度地流淌着乡村文明的血液。如果城里人不能理解乡村文明，并把所有的乡村文明全部否定为愚昧落后，城乡之间的文化冲突就不可避免，"乡下人进城"之后的幸福感也就会大打折扣。

3. "启蒙"与"浪漫"的消失

20世纪90年代中期以来，原本存在于城市与乡村之间的"启蒙"与

"浪漫"的逻辑"全部不复成立，城市不能提供启蒙式的精神前景，乡村更不是浪漫主义的精神家园"（李敬泽，2006）。

中国文化正在逐步实现由现代向后现代的转型，城市里"启蒙式的精神前景"也逐步让位于狂欢式的消费文化。从乡村进入城市的知识分子逐渐发现自己原本追求的幸福在城市日益高涨的消费主义浪潮中逐渐变成了远去的帆影。

当城市文明不再给他们提供"精神前景"的时候，故乡农村也不再是回忆中"浪漫主义的精神家园"。在城市文明强大的入侵势力之下，传统的乡村文明逐步萎缩，乡村生态遭到前所未有的破坏。这样的乡村如何还能给他们提供诗意？

在这个城市不能提供"精神前景"、故乡也已经不再是"精神家园"的时代里，从乡村进入城市的知识分子无奈地发出"被分裂的认同折磨着的声音"（李敬泽，2006）。

第三章 同一个世界，同一个梦想

——我们如何实现共同幸福？

■ 上海大学文学院／徐洪军　曾　军

在第一章和第二章中，我们以新时期以来的大量小说文本为分析对象，探讨了三十年来文学创作对"乡下人进城"幸福感的抒写。根据戈德曼文学社会学的同构理论，文学作品可以作为有意义的结构看待，而戈德曼研究人文科学方法的根本原则是基于人类的行为总是具有意义的结构这一假设。这样一来，中国近三十年来的现实主义文学作品为我们描述的文学世界与我们所处的现实社会之间就应该存在一定程度的同构关系。在这样的理论前提下，我们有理由认为，我们在第一、二章中分析的"乡下人进城"的幸福感问题应该可以成为我们反思现实问题的经验依据。

20世纪80年代，我国提出让一部分人先富起来，先富帮后富，最终实现共同富裕。经过近三十年的社会实践，这一理论的确极大地刺激了我国的现代化进程，推动了我国经济尤其是城市经济的飞速发展。但是，随着现代化进程的逐步深入，贫富差距逐渐扩大的现实却使得"共同富裕"的目标显得是那样遥远。与"共同富裕"比较起来，"共同幸福"是一个更高层次的追求。富裕可以在很大程度上帮助我们实现幸福，但是，富裕却永远不能等同于幸福。除了物质的满足之外，幸福至少还应该包括文化的平等、人格尊严的平等以及内心世界的诗意与丰盈。

那么，在承认贫富差距尤其是城乡差距存在的前提下，我们如何实现"共同幸福"？因为幸福是一个涉及个体差异的概念，在这里，我们不能也不想探讨每一个社会成员之间幸福感的差别如何消除，我们只希望能够从社会层面上尝试分析如何实现城乡之间的"共同幸福"。从总体上来讲，我们认为，要实现城乡之间的"共同幸福"，必须纠正对城市化的片面理解，进一步加快农村现代化的步伐，进一步加快社会主义新农村建设，真正落实城乡一体化战略。如果仅仅实现了城市现代化，那么，我们的现代化还远不完善，因为，没有实现中国最大多数人的现代化无论如何也谈不上完整的现代化。而且，一个良好的城市生态也需要一个良好的农村生态来养护它。

随着对现代化理解的逐步深入，政府在这些方面也作出了积极努力。有学者统计，"十一五"期间，我国出台的有关农业和农村的主要政策法规多达 213 条，包括《中共中央国务院关于推进社会主义新农村建设的若干意见》《中共中央国务院关于切实加强农业基础建设进一步促进农业发展农民增收的若干意见》《中共中央国务院关于推进农村改革发展若干重大问题的决定》《中共中央国务院关于加大统筹城乡发展力度进一步夯实农业农村发展基础的若干意见》等（宋洪远等，2010：358~370）。

具体而言，以下几个方面或许应该成为我们今后努力的重点。

一 取消专门针对"乡下人"的歧视性社会制度

"乡下人进城"之后，影响其幸福感的因素很多：有经济的，也有文化的；有现实的，也有历史。经济上的差距与文化上的隔阂，很大程度上是历史原因造成的，改变起来也不是一朝一夕的事情。这两个方面我们放在后面分析。但是，在现实的社会制度层面，我们认为改变起来应该没有那样困难。历史也告诉我们，很多专门针对"乡下人"的社会制度，除了给"乡下人"带来沉重的经济的、文化的伤害之外，对社会发展的作用并不如想象的那样巨大。而且，随着社会发展的逐步深入，一些相关制度也已经废除，例如，因孙志刚事件而遭到全国人民一致讨伐的《城市流浪乞讨人员收容遣送办法》。所以，如果要从整体上逐步实现城乡之间的"共同幸福"，专门针对"乡下人"的带有歧视性的不公平的社会制度应该尽快废除，类似的制度今后也不应该再次出现。"只有在一个基本公正的社会里，个人幸福才有实现的可能；只有生活在这个社会中的成员感到

人生存在幸福的可能性,这个社会才有可能被称为是公正的。"(高兆明,2001:129)

在这里,我们以暂住证制度和户籍制度为例,说明问题的症结所在以及政府在这些方面的努力。在打工小说里,暂住证成了很多"乡下人"在城市里寻找人生幸福的制度羁绊,成了他们人生历程中永远无法抹去的阴影,甚至成了他们失去年轻生命的直接或间接原因。《白斑马》(王十月)中的桑成因为暂住证失去了自己的女友,《愤怒》(北村)中的马春因为暂住证被警察收留、轮奸、卖进色情场所。现实社会中这样的例子恐怕更是普遍存在。所以,孙志刚事件之后,在全国人民的讨伐声中,《城市流浪乞讨人员收容遣送办法》被废止。

城乡二元户籍制度是暂住证制度产生的根源,更是影响"乡下人进城"幸福感的巨大制度障碍。因为历史原因而产生的城乡二元户籍制度,从制度层面将占中国80%以上人口的农民变成了二等公民。背负着农业户口的"乡下人""进城"之后,无论是他们自己还是城里人,都很自然地将他们看成低人一等的人。在追求人生幸福的时候,这些"进城"的"乡下人"不自觉地就产生了自卑心理,这一原本就不公平的制度使他们在"进城"追求人生幸福的道路上困难重重,举步维艰。

高加林"进城"淘粪,因为自己"乡下人"的身份,遭到张克南母亲歧视性语言的攻击,这种情形使高加林的内心充满了辛酸与无奈。"他鼻根一酸,在心里想:乡下人就这么受气啊!一年辛辛苦苦,把日头从东山背到西山,打下粮食,晒干簸净,拣最好的送到城里,让这些人吃。他们吃,屁股一撅就屙尿,又是乡里人来给他们拾掇,给他们打扫卫生,他们还这样欺负乡下人!"(第109页)也是因为户籍的原因,他虽然比自己的同学黄亚萍、张克南还要优秀,高中毕业时,却只能看着他们在城里参加工作,自己却不得不回到农村参加劳动。还是因为户籍的原因,当他通过"走后门""进城"参加工作之后,虽然把工作做得是那样出众,最后却还是被撤销城市户口,送回所在大队。

孙少平,一个跟高加林一样有知识、有思想、有能力的农村青年,也仅仅因为是农村户口,而不得不在追求幸福的道路上充满自卑,小心谨慎。《农村弟弟》(鬼子)中的一撮毛为了获得城市户口费尽心机甚至最终为此

第三章 同一个世界，同一个梦想

失去生命。《农民》（李一清）中的大苹果，因为是农村户口，女儿要在城里上学就必须每年缴纳几千元的寄读费。为了获得城市户口，她卖了自己的肾脏在城里一条十分偏僻的胡同买了一套二手的小房子。

20世纪90年代以来，随着中国城市化进程的加快，农民工的户籍问题越来越成为制约城市化发展的一个重要因素。第一，它阻碍了城市的发展，阻碍了农业现代化，不利于我国农业人口城市化的顺利进行。第二，它抑制了劳动力和人才的自由流动，不利于形成统一的劳动力市场。第三，它使得农民无法享受与城里人平等的公民待遇。第四，它遏制了消费市场的进一步启动。第五，它不利于对流动人口进行有效管理（田炳信，2003：36~37）。因此，近二十年来，全国各地以至中央政府一直在探索改革现有户籍制度。1992年，温州推行"绿卡制"；1993年，上海推行"蓝印户口制"；1995年，深圳施行"蓝印户口制"；1997年，国务院批转公安部《关于小城镇户籍管理制度改革的试点方案》，农村人口可以有条件地落户小城镇；1998年，国务院批转公安部《关于当前户籍管理中几个突出问题的意见》，户籍制度进一步松动；2001年，国务院批转公安部《关于推进小城镇户籍管理制度改革的意见》，小城镇户籍制度改革全面推进（田炳信，2003：29）。"从2000年开始，中央政府的有关文件表现出对农村劳动力流动的积极支持和鼓励，明确提出改革城乡分割体制，取消对农民进城就业的不合理限制的指导性思路，被称作城乡统筹就业的政策。并且这种政策倾向既明确且稳定，在从那以后每年的相关政府文件中加以强调，并明确写进2001年公布的'第十个五年计划纲要'和2006年公布的'第十一个五年规划纲要'中。并且这种对待劳动力流动的鼓励政策，通过改善流动人口的就业、居住、子女教育和社会保障等条件，逐渐成为可执行的措施。这些政策变化，归根结底是中国政府对于现实中制度需求所做出的积极反应，因而是顺应经济发展阶段性变化要求的。"（王美艳、蔡昉，2008）但是，在逐步放宽城市户籍制度的过程中，中央政府也发现了一些问题，"有的地方不顾当地经济社会发展实际情况，片面追求城镇规模城镇化速度；有的地方不分城市类别不顾城市综合承载能力，一味放宽落户城市的条件；有的地方擅自突破国家政策，损害群众切身利益"①。因此,为了城市化的依法健康有序进行和户籍管理制度改革的顺利推进,2011年2月26日,国务院办公厅下发了《国务院办公厅关于积极稳妥推进户籍管理制度改革的通知》,规定:小城镇户籍制度依然采取"最低条件,全面放开";中等城市"取消限额,条件准入";北京、上海等特大城市则"筑高门槛""合理控制"。从这一文件可以看出,由于城市承载能力的限制,我国户籍制度改革还有较为漫长的路程要走,但是,继续放宽城市户口限制直至最终取消城乡二元户籍制度应该是中国城市化进程的大势所趋。

二 投入更大的精力进一步加强农村经济建设

今天的学术界一般认为先前那种以牺牲农村为代价的城市现代化是对现代化理解的偏差,但是,这种偏差至今依然存在。城市现代化单极发展的现象从来没有像今天这样突出。把城市化片面地理解为城市现代化的观念在社会上至今还有很大的影响。"城市化本义是指一国或世界范围城市发展的有规律性的一般趋势,通常表现为城市人口及范围的扩大和城市人口比重的提高。但是这些人口标志只从一个侧面反映了城市化特征,不能只以这些标志来推断城市化。""发达国家进入七八十年代以来,出现大城市中心人口向边缘地区和邻区扩展的现象",恰恰是"发达国家城市化的继续和广化、深化的表现"。现在"世界城市化的一般趋势是全方位城市化",而我们的城市化却已经因为"只注重现代化、城市化的外表,因而出现了个别城市人口过度膨胀和过度城市化问题"(胡苏云,1990)。有学者已经指出,个别城市的过度城市化应该成为"一个值得注意和预防的问题"(李良玉,2009)。

同时,"中国的现代化能不能最终实现,要看广大农村的现代化能不能实现。因此,中国的现代化首先必须是农村现代化"(卫忠海,2008:275)。我们不能仅仅只看到城市的飞速发展,却有意漠视农村生态日益恶化的严峻

---

① 《国务院办公厅关于积极稳妥推进户籍管理制度改革的通知》,http://www.gov.cn/zwgk/2012-02/23/content_2075082.htm。

形势。"目前威胁农业的两大因素。一是来自耕地的减少，所以我国要实行严格的耕地保护制度。另一个因素是大批青壮年农民从土地上逃离。农业劳动力转移到非农领域是中国城镇化的必然趋势，随着中国工业化和城镇化的发展，还会有更多的人从农村转移到城镇。但是，我们应该看到，这种转移应该以不威胁农业安全为最低限度。"（陆学艺，2011：1）我们现在的城市化从一定程度上来讲依然是以牺牲农业、农村、农民为代价的现代化。在这种城市现代化单极发展的现实中，"乡下人"为了生存就只能"进城"，只要走上了"进城"之路，他们的幸福就只能掌握在城里人手中，这种掌握在别人手中的幸福还叫幸福吗？

"乡下人"为什么"进城"？很重要的一个原因就是与城市相比，农村越来越落后，城乡之间的差别在新时期以来的三十年中变得越来越突出。为了寻找人生的幸福，"乡下人"只能"进城"：第一代农民工为了提高家庭经济水平必须"进城"，第二代农民工为了寻找别样的人生必须"进城"，那些在高考的"独木桥"上苦苦挣扎的农村学生为了改变自身命运也只能"进城"。可以说，"农村广阔天地大有作为"的伟大号召逐渐让人觉得，这只是一个梦想。农村已经无法为农民提供一个有效的生命意义系统。《愤怒》（北村）中的马木生、马春兄妹在农村几乎无法生存，只能背井离乡走向陌生的城市。《农民》（李一清）中的牛天才，勤奋努力却依然家破人亡，为了躲避各种名目的农业税收，无奈逃向城市。《大嫂谣》（罗伟章）中的大嫂，一个将近六十岁的农村妇女，为了供儿子读书，不顾年老体弱，在城市的建筑工地上干着沉重的工作。《我们的路》（罗伟章）中的"我"，尽管下定决心为了照顾妻小艰难的生活而留在农村，但是，沉重的经济负担却逼迫他再次走上"进城"之路。

所以，取消专门针对"乡下人"的歧视性社会制度只是一种过渡，投入更大的精力进一步加强农村经济建设，最终真正实现城乡之间经济的平衡，让"乡下人"再也不必为了生存，为了体验别样的人生，为了改变自己的命运而选择"进城"，才是解决问题的根本。如果有一天，中国的农村与城市真正实现了经济上的平等，"乡下人"在农村就可以实现自己的人生价值，就可以体验现代化的生存方式，"乡下人"又何必"进城"？即便是进了城，又怎么会像今天这样遭受如此的屈辱与不幸？

2005年10月11日，中共十六届五中全会通过了《中共中央关于制定国民经济和社会发展第十一个五年规划的建议》，提出建设社会主义新农村是中国现代化进程中的重大问题，并强调要"坚持把解决'三农'问题作为全党工作的重中之重，实现工业反哺农业、城市支持农村，推进社会主义新农村建设"[①]。建设社会主义新农村的总体目标，胡锦涛同志用"生产发展、生活宽裕、乡风文明、村容整洁、管理民主"20个字做了精辟的概括。其中，"生产发展"和"生活宽裕"都是对农村经济建设提出的要求。有学者指出，"生产发展"具有三个层面的意义。"第一个层面是产业层次，这是生产发展的基础。这里所提的生产发展，不仅仅是指农业生产的发展，而是包括农村非农业在内的生产发展……第二个层面是技术层次，技术层面的核心是用现代农业改造传统农业。第三个层面是农村生产力与生产关系层次，即所谓在注重发展农村生产力的过程中，也要注重调整农村生产关系，使农村经济更加健康、快速发展。"（李云才，2006：57～58）"生活宽裕"就是让农民"老有所养、病有所医、住有所居"，孩子上得起学，收入来源可靠，负担轻，有钱花，生活安定。

我们相信，随着社会主义新农村建设的逐步深入，农民的生活水平会逐渐得到提高，农村可以真正让农民"大有作为"，成为农民追求人生幸福的"广阔天地"。

三 投入更大精力振兴农村教育、提高乡风文明

在社会主义新农村建设的五项目标中，特别提出"乡风文明"，可见，没有文明的农村、农民，就不可能有社会主义新农村的出现。同样，要实现城乡之间的共同幸福，"乡风文明"也必不可少。那如何才能使得"乡风文明"？有学者认为，"不仅要继承和发扬中华民族优良传统，而且要树立讲科学、讲文明、助人为乐的社会主义的新风尚"（李云才，2006：58）。有学者认为，"首先要发展农村文化事业"，"其次，要改变旧风俗，塑造新风貌"

---

① 《国民经济和社会发展第十一个五年规划》，http://theory.people.com.cn/GB/41179/41232/4210880.html。

（王伟光，2006：236）。从实现城乡之间共同幸福的视角考虑，我们认为，"乡风文明"的关键在于以下三个方面。

首先是振兴农村教育。为什么"乡下人进城"之后，男人只能出卖苦力，女人只能出卖肉体？最主要的原因就在于他们受教育的程度太低。"有资料表明，全国4.8亿农村劳动力中，高中及以上文化程度的只占13%，而初中的仍占49%，小学及小学以下的还占38%，其中不识字或识字很少的还占7个百分点。"（王伟光，2006：281~282）由于文化水平太低，他们在工作竞争中必然处于劣势，只能从事体力劳动或者服务行业。第一代农民工自不必说，《到城里去》（刘庆邦）中的杨成方先是在预制厂做临时工，工厂倒闭后只能在城市里"拾荒"。《太平狗》（陈应松）中的程大种，无论是"在几丈深的泥水里挖稀泥埋涵管"，还是在污染严重的化学工厂里做工，他做的都是又苦又累而且充满危险的工作。第二代农民工的情况也并没有多大改善。《神木》（刘庆邦）中的元凤鸣，一个十几岁的少年，因为家庭经济困难，被迫辍学到煤矿打工。《被雨淋湿的河》（鬼子）中的晓雷，初中毕业，他做了三份工作，分别在采石场、服装厂和煤矿。《高兴》（贾平凹）中的刘高兴在第二代农民工里可能是受教育水平最高的，他读到高中，但是，在西安城里，他也只能跟五富一样，靠收破烂为生。男性只能做这些卑贱的工作，那女性呢？《家园何处》（刘庆邦）中的停先在建筑工地上做饭，后来做了妓女；《白斑马》（王十月）中的英子在洗脚城做按摩女；《被雨淋湿的河》（鬼子）中的晓雨先在一家美容店打工，后来被人包养；《我们的路》（罗伟章）中的春妹，先在工厂打工，后来为了能多挣钱做了妓女，被人包养最终却被抛弃。我们看一下他们的命运，其他原因暂且不说，受教育水平的低下成了他们追求幸福的一个重要羁绊。

所以，要实现城乡之间的共同幸福，必须振兴农村教育。我们必须承认农村的教育与之前相比有了很大的进步，无论是办学条件还是师资力量都有了很大提高。但是，在看到成绩的同时，我们也必须面对农村教育日益严峻的形势。生源大量减少使得农村的小学越来越少，很多学校都进行了合并，农村学校的数量急剧减少。"2000年，我国农村小学数为440284所，而到2010年则只有210894所。十年农村小学数量减少了52.1%。"针对这种形势，有学者指出，"学校撤并把部分政府的经济成本转嫁为农民的经济成本、学生的时间成本和安全风险。……调研显示,撤校后学生上学距离平均变远4.05公里,安全隐患增加;住宿生的平均年花费为1157.38元,成为农村家庭的额外开支"①。很多孩子跟随父母到城市上学,城市的学校却总是以这样那样的理由将他们拒之门外。同时,就业形势日益艰难,越来越多的农村孩子早早放弃了学业,跟随父母"进城"打工。农村这样一种严峻的教育形势如果不能从根本上改变,"乡下人"受教育的程度就会永远落后于城里人,在现代化进程的大潮中,他们的幸福必将永远仰仗城里人的"帮助"!

其次是繁荣农村文化事业。农村与城市之间的差距不仅表现在经济上,而且表现在文化生活上。2004年全国文化事业费113.63亿元,其中,农村30.11亿元,仅占全国文化事业费的26.5%(王伟光,2006:285)。"'十一五'期间,全国文化事业费和文化设施建设投入大幅增长。截至2009年,全国文化事业费总计超过900亿元,年均增幅25.28%,是'十五'总和的1.81倍。"②但是,与全国文化事业费快速增长相比,农村文化事业费在全国文化事业费中所占的比重增幅却比较有限,2006年,农村文化事业费在全国文化事业费中所占的比重为28.2%,2007年也是28.2%,2008年是26.8%,2009年是29.4%。③原本在文化上就落后城市很多的农村,在文化大发展时期,在全面推进社会主义新农村建设时期,文化投入的经费却一直不到全国文化投入经费的1/3,这种形势对于实现城乡之间的共同幸福是一个不利的因素。

很多年轻的"乡下人"之所以下定决心"进城"寻找别样的人生,其中一个原因就是农村文化生活与城市相比太过落后。所以,要真正全面推进社会主义新农村建设,就应该在文化大发展的大好形势下,进一步加大对农村文化生活的扶持力度,进一步加大农村文化事业费的投入比重,最终实现农村文化事业的真正繁荣。

再次是保护农村优秀传统文化。从理论上我们都明白,健康健全的现代化绝不会将传统的乡村文化拒之门外,甚至将其埋葬,但是,在现实中我们

---

① 《农村小学数量十年减5成 "撤点并校"引争议》,http://edu.cnr.cn/yw/201205/t20120521_509659877.html。
② 《全国文化事业费截至2009年底总计超过900亿元》,http://news.qq.com/a/20100423/000434.htm。
③ 《"十一五"以来我国文化事业费投入情况分析》,http://www.cssn.cn/news/143580.htm。

却又真的在做这样的事情。今天的乡村已经没有了昂扬的生命,年轻的血液早已消耗在了城市化的大潮之中。乡村的生态日益恶化,早已不是"浪漫主义的精神家园"。乡村里的传统文化也正逐渐退出历史的舞台,在城市文化车轮的碾压下逐渐失去了自己的生命。当乡村文化逐渐衰退,城市文化逐渐成为当下唯一的话语形式的时候,对城市文化相对陌生,身体里依然流淌着乡村文化血液的"乡下人",在面对城里人的时候,只能产生自卑甚至猥琐的心情;相反,城里人在面对"乡下人"的时候则不可避免地带上一种骄傲与审视的表情。这个时候,城乡之间如何实现"共同幸福"?所以,从文化上来讲,为了实现"共同幸福",对优秀的传统乡村文化必须进一步加大保护与宣传力度,让整个社会都能认识到它们的价值,并且从理性上接受它们。如果传统的乡村文化与现代的城市文化具有同等的社会地位,城里人也就不可能再以文化的优越感审视"乡下人","乡下人"也就不会再因为文化上的自卑心理在城里人面前躲躲闪闪。

  21世纪以来,我国加大了对非物质文化遗产保护的力度,相继出台了一系列相关法规文件,如《全国人大常委会关于批准〈保护非物质文化遗产公约〉的决定》(2004)、《国务院办公厅关于加强我国非物质文化遗产保护工作的意见》(2005)、《国务院关于加强文化遗产保护的通知》(2005)、《国家级非物质文化遗产保护与管理暂行办法》(2006)、《中华人民共和国非物质文化遗产法》(2011)等。这些措施在很大程度上起到了对包括农村优秀传统文化在内的中国优秀传统文化的保护、继承和发扬的作用。但是,从实现城乡之间共同幸福的角度,以及从传承中国优秀传统文化的角度来看,只有这些还是远远不够的。从文化起源来看,韩国和日本的很多传统文化都受到了中国传统文化的深远影响,甚至是从中国传过去的,但是,现在韩国和日本在传承本民族的传统文化方面做得都比我们好,很多优秀的儒家文化在韩国和日本都保存得很好,而且与普通民众的日常生活密切相容。在这样的文化氛围中,城里人在文化上就不会对农村人日常生活中的传统文化持排斥或贬低的态度,加上农村人对现代文明的接受,城乡之间在文化上就能实现相对的平等,这距离城乡之间的共同幸福也就前进了一大步。但是,我国的情况距离这种情形还有不小的差距。一方面,农村在现代文化教育、文化经费投入方面已经远远落后于城市;另一方面,很多在农村社会依然保留的优秀传统文化被视为愚昧落后的东西，不仅被城市抛弃，而且也导致了农村人在文化上的自卑感。所以，在这一方面，我们应该学习韩国和日本，加大保护包括农村优秀传统文化在内的中国优秀传统文化，加强传统文化、现代文化之间的对话和交流，逐步实现城乡之间文化上的平等，从文化方面逐步实现城乡之间的共同幸福。

综合来说，在"乡下人"为了幸福还必须"进城"的时候，我们应该取消专门针对"乡下人"的歧视性社会制度，使他们在城市里追求幸福的时候，不会受到制度性伤害，并能够得到制度的保护。从根本上来讲，我们应该投入更大的精力进一步加强农村的经济、文化、教育等方面的社会建设，真正落实城乡一体化战略，加快社会主义新农村建设的步伐，最终实现农村社会与城市社会的真正平等。在这样的社会中，"乡下人"才能够在自己的家园中自由地追求幸福。在这样的社会中，才能真正实现城乡之间的"共同幸福"。

我们希望这不仅仅是一个梦想。

我们期待这一天早日到来！

第三编

宗教信仰与幸福感：都市佛教信仰的回潮

（成　庆）

导论：中国历史脉络中的宗教观与幸福观

上海大学历史系／成　庆

对于当代中国人而言，"幸福"似乎已经成为一个相当现世与世俗的议题。假如向人询问"幸福"问题，一般的答案大多会指向两个维度：一是物质的丰足、人际关系的和睦等现世的层面；二是民族、国家的集体幸福层面，即国家的富足、安定乃至强盛，这种集体主义的"幸福感"自然存在历史原因，使得中国人往往将个人的幸福与国家、民族的幸福联系在一起。要理解这样一种国家、民族的共同体幸福感，首先要考虑晚清以来的社会、政治变局，只有观察晚清以来的东西交涉与现代化的转型，尤其是20世纪的革命风潮，我们才可以通过历史的回溯来理解当代中国人幸福观的变迁过程。

但是，这就是中国人"幸福感"的全部内容吗？纵览中国历史，对于"幸福感"的理解其实有着丰富的内容，不仅仅停留在温饱富足的层面，也不只存在民族、国家等共同体的幸福感，还存在更高的"超越精神追求"的层面。这种"超越精神追求"体现在哪些方面呢？粗略而言，可从精英士大夫和民间百姓等不同社会阶层来看。于士大夫而言，入世兼济天下基本构成了他们的最高人生目标，因此"内圣外王"成为衡量士大夫成就的标准，也是其人生意义的归宿所在；而对于民间百姓来说，则以三教合流的民间信仰来提供生命幸福的最终理由与目标，如佛教的往生西方、道教的羽化成仙等。

正是出于以上的考虑，本研究所要考察的"幸福感"，试图从"幸福"一词的历史含义入手，大体将幸福感分为物质、社会以及宗教三个层面。在物质层面，一般指涉人们所熟知的个人乃至家庭的衣食丰足、财物富饶这一层面，这也符合一般幸福感的最基本认识；在社会层面，则是指较大范围的社会共同体，乃至国家、民族对于当下生活以及未来希望的普遍满足感，如世俗性的祈福以及人与人之间的和睦温情，均代表了某种共同体意义上的幸福感，这种幸福感落实于社会共同体的"共通感觉"，但不一定完全奠基于物质丰饶的基础之上，传统中国乡村社会的少欲知足生活，就体现了这种共同体意义上的幸福感；在宗教层面，则是从根本上超出了现世的世俗目标，从人的终极意义角度来阐述生命的幸福问题，即生命如何得到解脱，如何获得终极的幸福（鲍吾刚，2004：7~11）。

值得注意的是，这三个层面的幸福感并不是截然分开的，而是相互交错、相互杂糅的，甚至彼此之间常常难以区别，因为世俗性与神圣性在个体身上经常以一种非常复杂的形式表现出来，不能完全清晰地区别开来，因此上述三个层面只是某种"理想类型"的区分，并不是说在具体的个人身上，这种幸福感的获得是严格按照这三个层次表现出来的。

正因如此，本研究在考察上海都市佛教与幸福感的关系时，除了揭示出宗教的超越性对于个体的某种生命提升作用之外，也想揭示出宗教信仰在满足个体的幸福方面所掺杂的"世俗"性，也正因此，宗教在提供个人生命幸福感的方面，常常也混杂了物质、社会的层面，使得宗教本身在提供终极幸福感方面的特点常常被弱化，甚至是扭曲。

那么具体而言，对于历史上的中国社会而言，宗教到底扮演了什么样的角色和功能，它又为历史上的中国人的日常幸福感提供了怎样的资源呢？

要回答这个问题，不得不从两个角度来梳理中国传统社会中的宗教。第一，是中国文化中的宗教性问题，即中国文化中有哪些可以被认为具有宗教特质的内容，就这一点而言，必须考察儒、释、道三家的关系问题；第二，则是要考察中国传统社会中，宗教在提供这些资源方面的运行机制和功能，以梳理宗教信仰在提供幸福感方面的具体作用。

首先，中国的传统思想当中，到底哪些部分存在宗教因素？如果观察当下的信仰状况，我们无疑会感到十分疑惑，今天的中国人还有信仰吗？每每有逾越道德底线的社会新闻发生时，公众不禁都会追问同样的问题。从常理上看，如若国人有信仰，至少在平均道德水准上不至于如此频频地触及良知底线；但若说国人无信仰，我们却又同时看见道观、寺庙里香客如云，祈福求财者云集。

要观察中国人的信仰观,或许还是不得不从这看似悖论的景象入手。早在17、18世纪,欧洲的传教士就对中国人的信仰观迷惑不解,莱布尼兹认为中国人相信神灵,但有人却说中国人其实只是常识理性的民族。后世学者则据此将中西信仰之争划分为"外在超越"与"内在超越",以此表明国人的信仰逻辑与西方并不一致,难以用西方人格神的模式来为中国信仰观定下标准。

不过这种比较,大体仍是以儒家为中心,而较少考虑到佛教、道教信仰的内容,如中国传统的道教信仰即有"道家"与"道教"的区分,二者既有思想上的关联,也有历史实践上的差异,更有"修仙"与"修道"的不同脉络,这都是在以儒家为主导的正统论背景下所难以理解与观照到的。[①]如果从中国思想史角度来回顾,儒家的发展一直和佛教及道家密切关联。从汉代独尊儒家开始,官学确立,儒家内部的今古文之争基本上只是学术内部纠葛,而董仲舒用阴阳之说来诠释"天人关系",利用灾异来诠释现世帝王政治行为的妥当性,实际上具有很浓厚的阴阳家意味。汉魏更替,大一统政权松动,士大夫的思想便开始活跃,魏晋的名士风流与好谈玄学,就是由于从关注政治回归到关注私人生活,由此生发出对人性的重新理解,释放出被压抑的个人欲望或心灵自由,凭借对老庄之学的崭新诠释再度界定自我。但这些道家玄学讨论基本无涉现实政治,而是诸如声无哀乐论、养生论、言尽意论、才性论、圣人有情无情论等话题,南渡之后,佛理开始与玄学交错,从此玄学开始走向没落(罗宗强,2005)。

后来被奉为宋学先驱的韩愈,最大的思想特色也就是排挤释老之说。不过儒、佛、道三家合流之势,在当时却难以被韩愈等反佛之士阻挡,部分原因是开国帝王大多都曾利用过佛教。宋太祖政变立国之后,也曾借助过佛教的受禅谶言来获取政治上的正当性,如麻衣谶言与定光佛出世的传说流行,所以有宋一代,政教关系基本融洽(刘长东,2005)。儒家试图排挤佛、道,虽然无法摆脱与佛、道合流的大趋势,但是仍会有抗拒之心。例如,程颐就

[①] 关于中国道教思想内部的复杂脉络及其与儒释二家的关系,可参看《道教史丛论》(潘雨廷,2012)。潘雨廷先生强调道教在中国传统文化的地位与影响,并试图将其与儒家、佛家并列起来对待,这显然挑战了传统的"儒家正统论"。

说:"释氏之学,又不可道他不知,亦尽极乎高深,然要之卒归乎自私自利之规模。"(程颢、程颐,2004)而另一方面,儒家士大夫虽重现世,讲究事功,也需有环境配合,一旦入世之路受阻,难免也会出现心灵意义的危机感,期望归老田园,拾林泉之志,转向佛、道二门寻找出路。因此程颐也对此表示无可奈何,"儒者而卒归异教者,只为于己道实无所得,其势自然如此"。

韩愈试图扭转魏晋以来纠结的佞佛与废佛之争的趋势,重新确立以现世政治秩序为根本的儒家道统,其背后的关键点,在于重新恢复儒家所强调的现世意义感与政治生活的地位。正如钱穆所言,宋明儒接近秦儒,重事功,而隋唐文人则近似"宗教师",轻事业,轻成就。一般而论,佛家以"了生死"作为最终目标,虽不能化约为"避世",但其信仰的根本着眼点,显然不在此世的政治与社会事务。① 正如此,所以钱穆才会认为范仲淹、胡瑗此类入世的士大夫具有宋学真精神。但对于儒家而言,要回到现世,不仅要面对伦理纲常、礼乐政制,也同样需要为世间政治、社会秩序寻找伦理基础,即要在佛道之外确立儒家自身独特的"道",否则无以解释道德人心的根源,儒家的修身齐家治国平天下也就失去了其基础。正是儒家的这种"中庸"性格,导致从隋唐五代直到北宋,三教合一基本上是士大夫的倾向,"以佛治心,以道修身,以儒治国"逐渐成为士大夫的共识。但是问题在于,佛、道二家均有自己完整的缘起和合观②,与宇宙观,与儒家之间存在难以圆融的紧张感,因而宋代要想复兴儒家,就不得不认真应对佛、道二家的挑战。一

---

① 关于中国佛教的意趣问题,则是另外一个复杂且值得深究的问题,如汉地虽兴大乘佛法,强调自度度人的菩萨道,但实践上偏于避世修行,显现的却是"小乘"旨趣。因此太虚大师曾批评汉地佛教是"说大乘教,行小乘行"的"自修自了",可见汉地佛教的一般特征。另外值得强调的是,余英时认为,宋代诸多高僧大德均积极入世,一反我们所习见的佛教"避世"的特征,之所以宋代儒家辟佛,乃是在"道"的问题上出现分歧,而非"出世"与"入世"之争。不过笔者认为,此处可能值得进一步分析,因佛教谈入世,与儒家的入世不可相提并论。佛教的根本旨趣,在于"解脱生死",虽会参与政治,但只是在教权不敌王权的背景下的不得已之举,正如晋代道安所言,"不依国主,则法事难立",其最终目标依旧是出世。因此余英时或许简化了"出世"与"入世"的内涵,只看到宋代高僧参与世间事务,而忽视了佛教的根本旨趣与儒家的分别(余英时,2001)。

② 佛教的缘起和合观乃是指世上任何事物都不是孤立存在的,且不具备本质意义上的自性,而是依赖各种条件和合而生,此种缘起和合观与道家、儒家的宇宙观及世界观存在本质上的差别。

124

些士大夫开始排释融道，试图结合更具现世色彩的道家来做说明，尤其在熙宁变法之后，逐渐发展出周濂溪发端、朱熹综合而成的天道论。

由此可知，中国传统的儒、释、道思想在士大夫精英群体中经历了漫长且错综交织的过程，一方面佛教、道家的宗教性格被儒家正统所压抑，但是另一方面儒家也吸收了其他两家某些方面的宗教特质，使得儒家的实践与义理也沾染了丰富的宗教性。秦家懿就充分注意到传统儒家，无论是朱熹还是王阳明思想中的"宗教"面向。用秦先生的表述就是："笔者一向认为，中国性理学思想，与西方宗教思想，尤其是本于所谓'神秘经验'的思想，有接近处。"（秦家懿，2011：3）

在考察当代上海都市佛教信仰与幸福感的问题之前，以上梳理皆是为了表明，在理解当代都市宗教信仰时，不能假设当下的宗教信仰是某种单一和纯化的形态，而是混杂了大量三教杂糅的因素，也混杂了大量世俗化乃至消费主义的特质，正是在这种混乱无序的状态中，宗教的特殊角色得到了凸显，它与普遍的社会心理也存在有待仔细分梳的复杂关系，而都市人的幸福感则成为这种联系的核心。

第一章　信仰的挑战与幸福感的重塑：
新时期的中国佛教

■ 上海大学历史系／成　庆

一　新时期佛教的革新与困境

1949年新中国成立之后，面对一个有着上千年宗教传统的国家，新政权势必面临如何平衡革命党与宗教信仰之间的关系问题，但此时最为担心的并不是佛、道这样的本土宗教，而是被认为有着"帝国主义背景"的基督教。例如，周恩来在1950年4月13日的"全国统一战线工作会议"上如此说道：

> ……我们对宗教界民主人士是以他们的民主人士身份去联合的。允许宗教信仰自由是一件事，邀请宗教界民主人士参加政协或各界代表会是另一件事，后者是以政治为标准的，不管他是牧师还是和尚。我们的政策，是要保护宗教信仰自由。但各地基督教、天主教中发现混进有帝国主义的间谍，他们有帝国主义的国际背景。对这个问题，我们只反对帝国主义，不牵连宗教信仰问题。我们主张宗教要同帝国主义割断联系。

由此可见，对于当时的传统宗教而言，从中央政策上看，其实并不像基督教那样因为有"帝国主义"背景而面临太大压力，而是作为统一战线的重要部分继续存在。但是在实际生活中，佛教信仰的确受到革命运动的影响，例如，1950年第6期《现代佛学》上就刊登了新中国成立初期上海许多寺庙开始出现买卖佛经的情况，甚至"作为废纸论斤出售"，但这种社会思潮的变化还并不是最根本的焦虑，而在于佛教作为传统宗教信仰，虽然在政策上属于统一战

第一章　信仰的挑战与幸福感的重塑：新时期的中国佛教

线的一分子，但是在涉及教理、教产、制度乃至僧团的治理方面，其实都必须面临一个与新政权磨合的过程。1950年1月，时任民革中央副主席的陈铭枢在"欢迎上海佛教同人的座谈会"上就强调：

> 有怎样性质的社会就有怎样性质的宗教。任何宗教徒从历史上看都是随时代而不断地蜕变。尤其佛教，释迦牟尼因反对当时的婆罗门教，才创造佛教，更是一个典型的例子。同时佛教本身也鼓励改革，禅宗即其代表。

在这段时期，除开时势之外，佛教本身也受到革命运动所带来的"乐观主义气氛"的冲击。当时著名的僧侣巨赞法师就曾撰文《从个人主义到集体主义：论佛教革新运动中的困难与问题》，文中提到，"我深深的感觉到，佛教徒（包括出家僧尼、在家男女居士在内）的思想与行动大都（不足完全）暮气沉沉，缺乏朝气"（巨赞，1950）。因此巨赞法师提出佛教要走向一种"人本的集体主义"，放弃过去的"封建的个人主义"，来适应新社会的发展。

与新中国成立初期的许多知识分子的态度一样，佛教内部对新政权虽有疑虑，但也受到革命运动的理想主义的感染，例如，巨赞法师就曾在给毛主席的信中谈到"佛教为何要受到保护"，他认为佛教尽管也曾腐化、利益化、封建化和迷信化，但与共产主义一样，是"无神论"，也是试图实现"无私"，这与革命的时代精神是根本一致的。

"无神论"、"无私"以及"菩萨道"精神，当然是佛教的基本精神，但在革命运动来临之时，佛教也不得不取其教理中的相关部分做一番调和，来与新的共产主义意识形态相适应。落实在具体的应对方面，就是在政治上表现为合作。在赵朴初的协调下，上海佛教界在上海解放前就已经做好政权更迭的准备，1949年，赵朴初多次前往圆明讲堂、玉佛寺，向圆瑛法师、明旸法师传递共产党的宗教政策，说服与稳定佛教界。这无疑起到了良好的效果，圆瑛法师在上海解放之后曾说："佛教徒应适应时代的需要，与时代并进！"（明旸，2004：262）可见，新时期下的佛教界内部，基本上是以"顺应时代变革"，甚至主动"革新佛教"作为方向的。经过一年筹备，1953年成立的中国佛教协会一方面体现出新政权的统一战线政策，另一方面也反映了佛教界内部借此更新自身的某种乐观理想。

但是这种佛教的自我革新显然需要意识形态的指导。在1950年第3期

《现代佛学》上，我们可以看到马列主义关于宗教的文章。该文章介绍了《社会主义与宗教》以及《宗教问题逻辑》这两本书，重点介绍了列宁关于宗教信仰的观点，指出宗教信仰自由是马列主义的基本观点，但是科学唯物主义显然是社会主义国家的指导性意识形态，从这个角度而言，宗教信仰虽然是私人的自由，但是不能反过来影响国家的政治制度。

可以明显感觉到，这一时期的中国佛教，一方面在政治上表现合作的姿态，一方面也在教理上努力地协调自己与马列主义的差异。例如，在1950年第6期《现代佛学》上，当有人问到恩格斯、列宁对宗教信仰的批评时，杂志回答道："佛教的产生既和别的宗教不同，所以建成共产主义无限美好的社会之后，佛教也不能失共存在的基础。非但不能失共存在的基础，反而因为社会是无限的美好了，佛法当更加兴盛。"虽然可以感受到这段回答所表达的立场，但显然，新的意识形态带来的挑战已经是迫在眉睫，"迷信化""封建化"等标签此时虽然还未直接针对佛教，但佛教界已经感受到观念的冲突与困境，佛教亟待依赖革新来完成与社会主义的磨合。

不过这一磨合过程最终因为"文化大革命"的发动而宣告终结。1969年，时任中国佛教协会领导人的赵朴初，写下一首表达自己心中郁闷之情的词："弥天花雨落无声。花痕还是泪？"

二 为己祈福：隐藏的信仰

如导言所论，中国传统佛教信仰因三教合流之故，在大众信众中间常难以辨识出清晰的佛教信仰，并且由于中国传统信仰的模糊性，因此无论是士人阶层还是普通民众，佛教居士群体往往不像僧伽那样具有那么稳定的信仰忠诚感，其经常游离在儒、释、道，甚至民间信仰之间。例如，曾有西方人对中国的佛教居士做过如此的观察：

> 居士一般都是有教养的人。他偏爱穿体面的青、灰或赤褐色中式长衫，仪态嗜好显示他对祖国传统文化的素养。他通常是位诗人、画家、哲学家或玄学家，而且还可能像个历史学家，另外还懂得中医。看到居士们比几乎任何受过教育的人群都更醉心于中国的传统，人们就会惊叹

第一章 信仰的挑战与幸福感的重塑：新时期的中国佛教

> 印度宗教在本质上是多么地中国化了。（霍姆斯·维慈，2006：215）

如果这只是针对那些崇信三教合流的绅士阶层的话，那么乡村的普通百姓对于佛教的信仰显然更缺乏明确的制度化身份，而多是在各种信仰之间快速流动，他们普遍具有宗教感，但不能被完全归纳于某一种形式化的宗教系统之中，也正因此，杨庆堃将这种情况分析为"作为一个整体的社会环境充满了神圣气氛"，但缺乏一种普遍制度性的宗教形式（杨庆堃，2007：274~276）。

新中国成立之后，尽管佛教信仰仍被允许，但是由于意识形态的关系，民间的宗教活动受到一定的限制。1955年，一位印度学者访问中国。他描述道，除开广东，许多寺庙中都没有几位礼拜者。不过这样的情况其实也有许多特例，例如，1956年的佛诞日，上海就曾举行过两周的大规模法会，有数万人参加，不过令人遗憾的是，此后再也没有类似规模的佛教法会了。这也部分说明，中国佛教已经基本进入一个漫长的低迷期，民众的信仰生活已经受到社会转型的重新塑造。

在上海、北京这样的都市，年轻人因受社会主义意识形态教育和社会的普遍氛围影响，开始普遍对宗教失去兴趣。根据Holmes Welch的调查，他在1962年曾访问一位年轻的北京佛教徒。这位佛教徒出身于穷苦的工人家庭。他对Welch说："现在的年轻人已经对宗教没有任何兴趣。"而另一位受访的上海工程师也认可这样的观察，不过他也补充道，在三年"大饥荒时期"与"文化大革命"初期，许多年轻人因为社会的动荡又返回到宗教，开始思考为什么发生这样的政治变动，这使得他们对宗教保持了一定的兴趣，不过这种兴趣并不持续（Holmes Welch，1972：301）。

这一调查基本反映出新中国成立后到改革开放之前佛教信仰的基本形态，即民间信仰因为与进步的革命观和社会主义思潮有所抵触而开始萎缩，年轻人则受到新观念（如唯物主义）的影响开始远离宗教。但这是否说明这段时间内佛教信仰完全停顿呢？恐怕也很难给出明确的结论。1965年以前，就上海而言，市民仍在比较自由地参加各种佛教信仰活动。例如，有上海市民回忆，1959年，一旦遇到佛教节日，在上海的街道上仍然随处可见香火。1962年的佛诞日，在上海的玉佛寺、静安寺也还涌入大量的信徒，尽管政府一再地控制佛教的节日活动，但至少在上海，在1963年之前，仍有各种比较大规模的佛教法事活动。同一时期的福建等地,民间信仰甚至又开始出现复兴的趋势,甚至许多干部都参与其中。直到"文化大革命"时期,传统宗教的厄运才最终来到,上海的一些大寺院,如玉佛寺、静安寺纷纷关闭,信仰生活停顿,都市宗教信仰从此处于一种非常萧条的状态。

在这段时期内的为数不多的佛教活动中,大部分信众基本上流于烧香、抽签、祈福等公开的宗教活动,相比新中国成立前,上海的各种讲经会大为减少,佛教本身的教育功能基本陷入停顿。这个时期的佛教信仰,在提供生命意义和幸福感方面的功能,只局限于年老的佛教信众,或者是一般缺乏教育的民众。工人、干部乃至年轻学生的精力主要都集中到各种政治运动与生产运动当中去了,政治运动的兴奋感显然占据了其生命的全部,他们对于打上"封建迷信"标签的佛教,已经失去了了解的兴趣,这一点在"文化大革命"中的"破四旧"中表现得更为明显。从早期的冷淡、疏离到后来的反传统文化的激进态度,其实背后隐藏了一条佛教信仰逐渐远离社会生活的历史脉络。

但是,传统中国人对于佛教的信仰,不仅存在信仰的层面,也有社会功能的需求,例如,对去世亲属的祭奠、超度,均要依赖寺庙来完成。1962 年,外国游客还在玉佛寺看到五六场超度法事正在同时进行(Holmes Welch,1972:305)。这样的需求也使得佛教信仰仍然借助这样的仪式潜藏在上海这样的都市中,比如,根据 Welch 的访问,有一位上海中年女性信徒,在"反右运动"之后,因为担心公开进入寺庙上香的风险,转而在自家厨房里燃香供佛,后来当供香越来越难请到之后,她甚至就在桌前默默祈愿,除了家人,旁人都不知道她仍在坚持佛教的功课(Holmes Welch,1972:331)。这表明,即使在政治运动的最高潮,在上海市民中仍然存在大量的佛教信徒沉默地实践他们的信仰,但这种实践显然被波涛汹涌的政治运动遮蔽得严严实实。

这种信仰生活的"内卷化"与"私性化",当然是无奈之举,这反映出佛教信仰在社会主义初期的基本处境。20 世纪 40 年代,静安寺的常住僧侣有 100 人,到 1955 年,则只剩下 30 人,而另外一个上海的名刹玉佛寺,则从 300 人骤减至 60 人。僧侣的减少不仅体现出宗教信仰与新社会的一些难以调和的地方,也意味着那些需要信仰来为自己祈福、消灾,乃至提供生命意义的佛教徒们,不得不暂时远离过去常常逗留的寺庙,将自己的信仰活动转向自己的厨房、卧室,乃至自己的内心之中。

第二章 蛰伏的信仰与幸福感的迷途（1978~1999）

上海大学历史系／成　庆

一　坚冰的融化：宗教政策与佛教的复苏

1977年7月22日，赵朴初写下一首耐人寻味的诗——《四海欢·十届三中全会新闻公报发布之夕喜作》，"春节家家储爆仗，都为今朝大鸣放"（《赵朴初年谱》，2008：163）。赵朴初先生之所以有感而发，乃是因为就在前一日闭幕的十届三中全会上，通过了《关于王洪文、张春桥、江青、姚文元反党集团的决议》，对于"文化大革命"这场运动的最终定性，使得中国佛教最危急的一页终于翻过。

就在此前的1969年，即"文化大革命"爆发的第四年，上海玉佛寺的200余位僧众已经被陆续遣散完毕，只剩下真禅法师等5位法师留居寺内，依靠糊纸盒为生。而同是沪上名刹的静安寺，"文化大革命"期间寺舍被占，僧众还俗，住持被驱离。古刹龙华寺在此期间甚至成为飞机修造厂的仓库，全寺几被完全毁坏，后因寺中立有一尊毛主席像，才幸免于难（谢力文：2010）。

在社会秩序最为混乱的十年间，上海的佛寺受到了非常严重的破坏，基本上无法开展任何的宗教信仰活动，僧人还俗，寺舍被占，佛教的主体——僧团已在这场运动中跌到了一个低谷，而且宗教的相关管理组织也基本上陷入停顿，除开北京、天台山等地寺庙因日本佛教访问团前来参访而仍保留一些基本的佛教活动外，在上海的主要寺庙基本上无法看到任何与佛教信仰相关的公开活动，公众的信仰生活已无法在公共空间里看到。

因此，在这样一场浩劫之后，如何让佛教自身重建成为首要且急迫的任务。佛教界内部与赵朴初等佛教管理者从1978年起就积极地筹划佛教的复兴。虽然中国佛教协会的职能当时还未完全恢复，但在1978年11月19日，赵朴初就来到江苏镇江，与金山寺的茗山长老讨论江苏佛教的复兴工作。会谈中，赵朴初曾问到："镇江还有多少僧尼？"茗山法师答道："大约四十人左右。"赵朴初遂说："僧尼人少，也可吸收男女居士参加。"（茗山：2002：14）僧尼人数的危机在当时是一种普遍情况，居士群体虽有一定的数量基础，但宗教政策的不明朗，使得他们基本上仍处于"地下"状态。例如，当时赵朴初还问道："镇江有居士和居士林么？"茗山法师回答道："居士是有的，大多数都不愿意公开暴露居士身份。"（茗山：2002：14）虽然这段对谈讨论的是镇江的佛教状况，但事实上，当时整个国家的佛教信仰都进入一种害怕暴露的潜伏状态，这一部分的信仰者数量也由于"文化大革命"的冲击与唯物主义的改造教育大为减少。在接下来的几年内，赵朴初及各地僧团所做的主要工作，就是重新恢复僧团的教育制度，筹办各地的佛学院。

1980年12月16日，中国佛教协会第四届全国代表大会在北京召开。这次会议修改了中国佛教协会章程，通过了《中国佛教协会第四届全国代表会议决议》。在会议上，统战部部长张执一和国务院宗教事务局局长肖贤法作了主题发言，其中提到"宗教活动（如烧香、拜佛、念经）和宗教组织本身的事情，应由宗教徒和宗教界人士自理"（《法音》，1981：23）。这可被视为20世纪80年代宗教政策的重大转变，即让僧团及佛教协会恢复自我组织的独立功能。也正因此，在法律上保障信仰自由则成为恢复宗教的重中之重。在与茗山长老的会谈中，赵朴初斩钉截铁地强调："居士可以公开信佛，也可以重建居士林，也可以谈论佛学！告诉他们，宪法规定信仰自由。中央领导一再说：要落实宗教政策。叫他们不要怀疑！"（茗山：2002：14）

宗教政策的放松在佛教信众中间自然引起了比较强烈的反响，例如，上海玉佛寺在传达中国佛教协会第四届全国代表会议的政策决议后，随即就举行了隆重的腊八节纪念仪式，有大量信众参加（《法音》，1981：36）。经过真禅长老的劝说，1981年，有100多名僧侣陆续返回玉佛寺。尽管如此，上海僧团教育事业的恢复仍较为缓慢，上海佛学院迟至1983年才正式开学，而在之前几

第二章 蛰伏的信仰与幸福感的迷途（1978~1999）

年，以玉佛寺为例，主要仍以修复庙宇、装金造像和流通佛经为主，僧团教育的制度化还未真正形成，一般信众的信仰教育基本处于停滞状态。上海居士林林长郑颂英回忆道："经历'文革'后，三藏宝藏，多付劫火。而当时，宗教出版的政策尚未颁行，我们不得不试探着先用誊抄、油印、打印等等办法，艰苦地逐步踏上合法印经、广布流通的道路。"（郑颂英，2001：101）

在这样缓慢的恢复过程中，过去被压抑的佛教信仰也逐渐借助宗教政策的缓和而释放出来，但这部分群体基本上为年龄较大的居士群体或一般信众。1981 年 6 月，上海市佛教协会开始举办"佛教基础知识讲座"，陆续有 100 多人参加，而玉佛寺的海岛观音像的开光仪式，则有 500 余人参加（《法音》，1981：45）。玉佛寺甚至还恢复了"佛七"的传统修行活动。按照 1981 年 11 月的统计，在不到两年的时间内，前后造访玉佛寺的人数约有 30 万次，不过这中间国外游客占据了很大一部分，这是因为玉佛寺还是上海的旅游景点，因此其人流量不能完全反映上海的信仰状况。不过仍然要注意的是，由于江浙一带过去都是佛教兴盛之地，因此上海本地信众常有在邻近省市礼佛上香的习俗。例如，在《茗山日记》中，可以看到多处上海香客前来拜访、请教佛法的记载，这充分说明上海佛教信众的信仰活动其实包括江浙一带的地理区域，并不局限上海一地。无论如何，在 20 世纪 80 年代，以上海这座城市的规模而言，这样的信仰群体数量显然还较为微弱，还不足以支撑起一种社会性的信仰现象。

又如，在邻近上海的扬州，1980 年 1 月 15 日，当茗山长老与十余位僧众为圆寂的禅慧长老封缸安葬时，一路有群众围观，有路边的群众说，"十几年未见僧尼送葬了"（茗山，2002：67）。虽描述的是江苏省的情况，但上海佛事活动境况也相差无几。例如，著名的上海居士林在"文化大革命"中停止活动，迟至 1987 年才逐渐恢复，可见"文化大革命"后上海民众的佛教信仰的恢复速度十分缓慢。

从有限的佛教信仰人群来看，除开前面所分析的那样，"文化大革命"期间的信仰压抑，使得大量传统的信众都转入地下，甚至放弃佛教信仰，而佛教僧团被破坏也使得弘法基本无法进行，佛教信仰被普遍认为是"封建迷信"，年轻人基本没有机会、也不愿意接触佛教，这甚至影响到 20 世纪 80 年代年轻僧人的培养与吸纳。从传统信众来看，许多人接触佛教，大体上可分为几种情况：一是长期稳定的佛教信仰传统（或个人，或家族）；二是因为某些个人生命的变故（如亲朋离世、亲朋或自己患病）而开始接触佛教；三是宽泛意义上的祈福心理，这种心理虽然会涉及佛教信仰，但常常表现为一种"三教杂糅"的信仰形式。

第一类信教人群以当时上海的一些居士为主体，这些人大部分是在新中国成立前皈依佛门，受过良好教育，并且具备正信佛法的居士。例如，1987年恢复的上海居士林的林长郑颂英，他出身于佛教家庭，年轻时即勤读佛经，20世纪40年代末曾在上海与陈海量、方世藩、李行孝、徐恒志等居士组织佛教青年会。"文化大革命"之后，以郑颂英为代表的居士在佛教的恢复过程中发挥了相当积极的作用。这样的居士群体具有相当程度的佛法知见，对于佛教教理有相当的认知，因此其宗教性也是最为纯粹的。对于他们而言，如何在世俗生活中获得生命的解脱是信仰的最高目标，他们所追求的幸福感具有超越与出世的特征。

与郑颂英类似的还有徐恒志、李钟鼎等居士，他们同样出生于20世纪初，在"文化大革命"结束后基本都是70余岁，所受的佛法教育基本上都在新中国成立前。"文化大革命"后，他们致力于将佛教的弘法和教育纳入正信的轨道，而与一般的民间信仰区分开。在修行的法门上，他们多以净土法门为主，并且对前来请教的上海居士基本上都是以劝修往生为主要目标，这代表着上海佛教在20世纪80年代存在一股比较纯粹的修行潮流。这一群体基本上是以超越世俗、力图通过佛法的修行实现生命解脱作为目标，其幸福感的获得具有相当的出世性格。

值得注意的是，在这段时期，上述上海居士修行与佛法的水准比较高，与当时全国的佛教信仰者都有比较密切的交流与书信来往。根据书信记录，当时徐恒志、李钟鼎通过书信与全国各地的学佛者都有交流，而且交流内容基本上是以修行的知见和方法为主。例如，李钟鼎当时与身在河南的齐志军有频繁的通信，讨论的都是关于修行的内容，而且齐志军还多次来沪登门请教佛法修持的问题。[①] 徐恒志居士与全国各地信众也有大量的通信往来，根据粗略的统计，来信地域包括安徽、河北、河南、杭州、北京、西安、九

---

① 可参看《齐志军与元音老人书信集锦》，电子版。

第二章 蛰伏的信仰与幸福感的迷途（1978～1999）

江、无锡、天津、宁波、吉林、浙江平湖等地。① 再如，顾兴根居士，他是民国时期上海著名的唯识学范古农居士的弟子，1996～1999年，他在上海的居所开授唯识学及佛法课程，参加学习的信众来自各个阶层，大多数信众有比较好的教育背景，其中有高校老师、企业职员等。但是这样的教理学习，在当时的上海佛教界非常少见，基本上只有一些有着良好教育背景的人前来学习，可见当时上海的这一居士群体在全国范围内也有相当的影响力，几乎可成为全国佛教的一个中心，这其实也是民国时期上海作为中国佛教中心的传统的延续。

第二类信众群体本身并无明确的佛教信仰传统，但由于自身的某些变故，如疾病、家人的故去、生活、事业上的挫折等，而转向佛教信仰。这些信众大多是因为某种生活的逆境而开始信仰佛教，因此他们的信仰特征往往具有"出离""急迫"性，并且有切实的目标，也常常会有某些特殊的"感应"体验。

例如，在20世纪80年代，上海长江图章厂职工吴凤珠喉咙处长了肿块，害怕手术治疗，于是听从其母的建议，带一瓶茶叶到普陀山梵音洞朝拜观世音菩萨，回来后将随身所带的茶叶泡水饮下，肿块第二天就消失了。这一"灵验"体验使得吴凤珠皈依佛教，成为笃信的居士（郑颂英，2001：162）。在佛教信众中间，此类"感应"事件非常广泛，甚至是他们信仰的重要支撑。总结此类"感应"事件的类型，大抵分为"因果报应""轮回的证明""治病满愿""求子得愿""往生瑞相"等。对于这类居士群体而言，信仰佛教的目标比较明确，要么是受到周围人群的影响，要么就是自己的遭遇与佛教比较亲近。他们大部分都以修"净土法门"为主，即以去世之后"往生西方"为目标，这类居士在日常生活中大部分以"共修"为主，也会参加某些寺庙的集体法会与放生活动。他们对"感应"的真实性笃信不疑，且大多具有亲身或亲闻的体验，在这类居士中间，经常流传着"求观音得子""持咒念佛治病""念佛往生"等故事，这些故事经过不断的流传，形成非常强烈与稳定的信仰氛围。

分析这一群体的信仰心理，他们首先具有一种强烈的厌离现世的心态，

---

① 可参看徐恒志《书简节录》，电子版。

许多信众对人世的各种不如意有着充分的体验,如疾病、生死等,从而对俗世生命的幸福充满怀疑,试图寻找另外一种对生命幸福感的解释。正是在这一点上,佛教给予他们一种解答,他们由此可以将生命的幸福感建立在对未来"净土世界"的目标上,从而有了安稳的信仰方向,反过来也让生命的苦痛与挫折有了安顿之处。也正因此,这类居士群体尽管大多集中在中老年年龄层,且主要集中在一般市民阶层(如一般工人、小业主、自由职业者、家庭主妇),但他们拥有比较强的宗教情感与团体,幸福感反而更为明显,这种信仰群体的壮大也是20世纪80年代佛教复兴的重要基础。

第三类信众是佛教信仰群体中最为宽泛的一类。他们对于佛教的教理与方法基本都缺乏必要的了解,仅仅抱着最简单的祈福心态前往寺庙烧香拜佛,这一类人群同样也会出入道观、土地庙或其他民间信仰场所,对于他们而言,佛教与其他传统民间信仰不存在本质性的差异。考察这类信众的心理,这类人群对幸福的理解一般集中在世俗层面,如祈求财富、美满婚姻或事业发达之类,尤其是当上海进入经济发展的高峰期时,这类"求利型"的宗教信仰模式不仅是20世纪八九十年代上海的信仰特征,也是传统中国人信仰的一种习惯模式。

也正因此,上海佛教界十分强调"正信",对这种只为自己谋利的信仰行为提出批评,但中国佛教长期以来与民间信仰杂糅,因此这种信仰习惯在20世纪八九十年代的上海仍然十分流行。

二 科学主义与特异功能:"气功热"背后的信仰误区

相较佛教在"文化大革命"后到20世纪90年代初的艰难发展,这段时期出现了一次席卷全国的"气功热",最终这股"气功热"发展成为一场泥沙俱下的闹剧,以几家气功组织的组织者纷纷出国而告终。

从"气功热"的背景来看,直接起因是为了满足当时医疗保健的需求。新中国成立初期,国家对中医、气功治疗疾病的政策支持,使得气功成为领导人支持、群众欢迎的补充治疗手段。1955年11月,中华人民共和国卫生部部长李德全同志在中国中医研究院开院典礼上颁发了对"气功疗法"等三项治疗手段的奖状和奖金,从政府的角度公开鼓励气功治疗手段。许多中央

第二章　蛰伏的信仰与幸福感的迷途（1978~1999）

领导也为气功的推广做出各项指示或题词，如当时的国家主席刘少奇，就曾关注气功治疗法。到1959年，全国已有200多家医疗单位开展气功疗法，气功在这一段时期内，成为全民性的医疗与养身措施。在这段时期，上海的气功也发展得较快。1957年7月，上海气功疗养所成立，当时共有20张床位，工作人员30人，其中医务人员20人，之后增设了武康路气功门诊。上海气功疗养所曾获得卫生部的表扬与奖励。1960年，该所还举办了"全国气功师进修班"。

根据该所编写的《气功疗法讲义》，我们可以看到类似这样一些具体案例：一名36岁的男性编辑乐某，因胃疼用西医治疗未见效果，转入气功疗养所进行治疗，经过练习该所的"放松功"，该名患者逐渐产生气感，并有比较明显的好转，两个月之后，该患者的十二指肠溃疡痊愈（上海市气功疗养所教研组，1958：45~46）。

这一股气功医疗热潮因为政治运动而宣告中断。"文化大革命"结束之后，"气功热"重新开始回潮，这种回潮显然还与当时的领导人的支持有很大关系。1979年，中央领导人接见气功汇报团并观看气功表演。1980年11月7日，北戴河气功疗养院落实政策恢复名称，恢复全国医疗气功师资班并招生。次年，中国中医气功科学研究会成立。1986年，曾被撤销的上海气功疗养研究所恢复为上海气功科学研究所，但不再设立医疗床位。

随着气功体制化进程的深入，各种气功杂志也如雨后春笋般地涌现，《气功》《气功与科学》《中华气功》《中国气功》《东方气功》《气功与体育》都是当时"气功热"背景下涌现出来的杂志。据上海某高校的教师回忆，当时气功杂志泛滥成灾，而且许多都是免费发送，在上海的高校中随处可见类似的杂志，当时高校中学习气功的人数也相当可观。据统计，全国气功功法共有700余种，气功师数以万计。练习气功的人高达6000万，不仅是北京、上海、广州这种大城市，"气功热"的高潮期，甚至波及边缘的县乡一级，足见这股"气功热"的影响之深远。

如果说"文化大革命"之前的"气功热"，其目的主要是弥补当时医疗资源的短缺，那么"文化大革命"后的"气功热"则掺杂了对"信仰"的某种潜在需求。因为在整个20世纪80年代的"气功热"当中，一方面，气功开始与各种"特异功能"的实验结合，演变成一种带有科学实验性质的人体科学；另一方面，"气功热"也带来一种令人惊讶的社会现象，即某种近乎民间宗教的迷狂性。

在当时的"气功热"中，争议最为激烈的就是"气功"所引发的"特异功能"是不是"科学"。这一论战吸引了气功师、科学家、媒体人的介入，成为20世纪80年代最为热烈的论争之一。从整个事件过程来看，随着媒体关于"气功热"、生命科学、特异功能的报道，关于"气功"的讨论演变为一场"科学"与"伪科学"的争论。

1979年3月11日，《四川日报》报道了一则"大足儿童用耳朵识字"的新闻，随即引发全国的热议，许多媒体陆续跟进，将这一新闻看作"生命科学"的新发现，随后在全国各地陆续发现有相似特异功能的案例，使得这股热潮不断地升温。1980年2月4日，上海科学会堂举行了首次"特异功能讨论会"，公开做了大量特异功能实验，这也是上海"气功热"大潮中一次具有里程碑性质的事件。

对于公众而言，"气功热"背后蕴含的信息其实各不一样。"气功"兼具养生、医疗，乃至"准信仰"的特色，因此这股气功热潮的接受者们，其实也各自拥有不同的动机与目的。大量的气功爱好者事实上非常看重的是"养生"与"医疗"的作用，这一方面是由于改革开放之后经济逐渐恢复正常，公众开始对健康以及寿命更加重视，这种世俗性的幸福认知，使得养生成为非常流行的时尚。例如，在1991年的《气功杂志》上，就曾刊登过上海著名电影演员秦怡练习气功的体会，"人不可能有青春永驻。相貌随年龄变化，这是任何化妆品也掩饰不了的。但人应该保持青春的活力，保持豁达的情绪，这就是延缓老化的重要因素……如何达到这种平和心境呢？那就是练气功。我力争在这种精神愉悦中变得年轻"[1]。翻阅20世纪90年代的各种气功杂志，当中最重要的内容就是关于"养生"与"医疗"，而且当时在杂志上刊登的各种气功疗效的读者来信中，范围遍布全国各地，从北京、上海、广州等大城市到村一级的农村，都有大量气功的练习者。

在1991年的《气功杂志》上，刊登了一篇署名为上海吴泾热电厂王克智的读者来信，描述了他通过练习"空劲气功"治疗好"鹅掌疯"这一皮

---

[1] 参见《秦怡的气功造诣》，《气功杂志》1991年第2期。

第二章　蛰伏的信仰与幸福感的迷途（1978~1999）

肤病。① 又如上海化学工业专科学校的钱华，也利用"内丹功"，治愈了自己多年的哮喘。② 类似种种，在当时的各种气功杂志上随处可见，这恐怕也代表了当时上海练习气功者的一种普遍的动机——养生治病。因此，当时的各种气功培训班也是层出不穷，以1991年上海市黄浦区气功协会的一则招生启事为例，该培训班培训的是"黄龙爪气功"，面对全国实行收费招生，一期15日，学费高达80元。按当时的工资水平来看，收费相当可观，而此类气功培训班在当时的上海，乃至全国都相当常见，其中较大规模的，甚至有可能发展为全国性的气功组织。各种函授班也如雨后春笋般涌现，以1990年第3期《气功杂志》为例，就刊登有"中华气功进修学院"、"内劲一指禅函授班"及"空劲气功函授"的招生广告。类似此种培训班，在上海等地甚至深入校园。据上海某师范院校职工回忆，1997年左右，在该师范院校的礼堂里，经常举办各式气功培训班，培训人员"头顶信息锅"，接受气功师的指令，个个"如醉如痴"，且参加者多为中老年妇女。③

整体来看，当时的气功练习大部分是以"生命科学"的形式来进行推广，这显然因为"科学"是比较能够为社会所普遍接受的符号系统，但仔细分析则不难发现，当时的气功修炼方法其实广泛融合了佛教、道教乃至武术的修行技巧，其修行的方法与目标与正统佛教和道教均有相当大的差异。

整体来看，对于"气功"和"特异功能"，当时的科学界、气功界乃至宗教界都有自己的解释。气功界人士将此现象视为某种"神秘化的意念能力"，而科学家们则将此视为"生命科学"的未知领域。不管如何，这场争论表面上是"科学"与"伪科学"的相互纠缠，从社会层面来看，则是"文化大革命"期间长期被压抑的宗教信仰需求，以一种"类科学主义信仰"的方式释放出来，澎湃汹涌，不可遏制。

因此，重新审视当年的"气功热"，需要从养生与信仰两个层面去观察。回溯到新中国成立后的第一波"气功热"，当时主要目的集中在保健养

---

① 参见《空劲气功治疗鹅掌疯》，《气功杂志》1991年第7期。
② 参见《内丹功治疗哮喘》，《气功杂志》1990年第1期。
③ 对上海某师范院校教师S的访谈。

生与医疗治病的层面。唯物主义教育基本上将人的生命视为某种自然主义式的过程，即死亡是不可避免的事实，人对此无能为力。例如，毛主席曾对护士长吴旭群说："我死了，可以开个庆祝会，你可以上台讲话。你就讲，今天我们开这个大会，毛泽东死了，我们来庆祝辩证法的胜利，他死得好，人如果不死，从孔夫子到现在，地球就装不下了。新陈代谢啊！沉舟侧畔千帆过，病树前头万木春。这是事物发展规律。"（李敏、高风、叶利亚，2009）这段话虽只能代表毛泽东对"生死"的看法，却也能间接表明当时在马克思唯物主义的意识形态下，"生死"的观念逐渐单一化，尤其是在新中国成立后受到教育的一代，对于"生死"的看法大部分倾向于自然主义式的观念。

不过这种自然主义式的生死观并非只是来源于唯物主义，在中国的思想传统中，也潜藏着这样的观念。例如，在汉代就曾存在两种生死观的对立：一为自然主义式的观念，即死亡不可避免，人也无法改变；一为死后生命仍然延续的观念（余英时，2005：78）。认为死后生命仍然延续，在汉代主要是以道家的看法为主，佛教进入中土，直至三教合流之后，佛教的轮回说与道教的生命不息之说在民间信仰层面杂糅在一起。而近代的"科学主义"乃至唯物主义的意识形态教育在1949年之后逐渐被广泛接受，持不同生命观的其他宗教受到限制，对于一般民众而言，最为直接的改变就是重新回到"自然主义式"的生命观。

那么，为何人们进入20世纪80年代之后，如此关注养生，甚至将幸福感主要建立在身体健康的基础之上？这种对肉体生命的强烈关注显然有其历史、社会原因。"文化大革命"结束后，政治意识形态上的松动，使得过去那种政治信仰主宰社会生活的局面开始有所改变，尤其是改革开放后，大家逐渐在政治生活之外开始发现社会、私人的空间与生活方式。在这个时候，个人生命信仰的"真空"因为政治激情的退潮而突然展现出来，于是大家开始将注意力集中在健康、医疗等与生命紧密相关的领域。在革命运动的理想主义弥漫整个社会的时候，人们的幸福感并不聚焦在衣食住行上，或者说这种世俗的物质欲望在改革开放前被长期抑制。尽管我们在众多的回忆中了解到，在那个短缺社会中，仍然存在比较强烈的物质欲望，如陈丹青回忆20世纪70年代末时的上海："一年一度，家家户户会在春节领到特许的食品票

第二章 蛰伏的信仰与幸福感的迷途（1978~1999）

证，人群盯着菜场案板冰冻的整猪、鸡鸭、黄鱼、乌贼……开秤了，队伍纠结形同暴动：鸡鸭总有大小，每户一份，没选择，凶悍的男女奋勇抢夺，声嘶力竭：'我操你的老娘啊、操你阿妹！'"（北岛、李陀，2009：61~62）这种对于食物的渴望在当时其实是普遍存在的，但没有进入公共舆论中，因此并没有形成普遍的社会共鸣效应。当改革开放的程度逐步深入，以经济发展为导向的政策开始确立，尤其是1985年邓小平公开提出"让一部分人先富起来"，政府为了发展经济，而间接地肯定了物质利益与世俗价值，这无疑给社会释放出追求物质幸福与欲望满足的空间，从20世纪80年代开始发展商品经济，到1992年"南方谈话"，进一步深化改革开放，都在不断地刺激这种对于物质利益的欲望与需求。

正是在这样的氛围下，人们对于健康、寿命的关注变得异常强烈，"气功"所具有的养生与医疗效果也自然在这种狂躁的气氛中被不断地放大，甚至不再满足于充当一种医疗保健的辅助手段，而要成为一种与自然科学对抗的"类科学体系"。因此在"气功热"达到高峰时，也同时伴随着一场"科学"与"伪科学"的激烈争论。此时，气功已不仅仅是一种医疗和养生的辅助手段，在"气功"的旗帜下，已经汇聚了各种各样"类宗教"的情绪。

这种宗教感的渴求被释放出来后，因为佛教（或其他宗教）尚在恢复过程当中，无法吸纳与转化这种宗教感，许多邪教组织便借此获得发展。例如，在1995年，上海市就曾取缔过一个名为"被立王"的邪教组织。这一组织以基督教及其他传统民间信仰为教义核心，宣说"末日理论"，吸收了上海市10个区县的300多名信众（尚钟，1995）。在这一期间，依附"气功热"而成立的各种气功组织数不胜数，这种大规模的群众行为，显然已经不仅仅停留在气功的养生层面，而是带有某种民间宗教色彩了。

在"气功热"与气功组织达到最高潮的时候，佛教显然很难发挥应有的澄清作用，尽管在当时上海的佛教杂志上曾刊登过多篇"气功"、"特异功能"与佛教信仰关系的文章。例如，在1992年的《上海佛教》上，就曾刊登过劳绍仪的《学佛者谈气功》，除了厘清佛教修行方式与气功的差异之外，这篇文章还重点批评了追求"特异功能"（佛教的神通）的倾向，并指出佛教修行者不能受到"特异功能"的吸引，而转到气功的修习中去（劳绍仪，1992）。在1990年的《气功杂志》上，刊登了一篇张天戈采访巨赞法师的文章，其中提到佛教当中没有"气功"的修持方式，佛教的禅修与气功存在很大的区别。这篇文章中尤其提到，"搞宗教气功显然不当，而搞气功宗教更是值得警惕，防止把气功引入迷途"（张天戈，1990）。在1992年的《上海佛教》上，我们也发现这样一封读者来信，信中记述一名信众受"气功"误导，并且被人以修习藏传佛教为名骗取财物的经历。[①] 如此种种，都可看出，在20世纪八九十年代的全国各地，"气功热"开始偏离本意，逐渐发展为各种形式的"气功宗教"，而且还夹杂了许多骗局。原本追求养生的气功，却由于信仰的偏执化，而演变成一种迷狂的"类宗教"。

从养生到"类宗教"，背后其实反映了当时中国的某种信仰危机。人们从一种高度政治化的情绪中抽离出来，转而开始追求现世的幸福感，而这种幸福感最直接的来源就是健康延寿。这种对于肉身的强烈关注背后，反映了中国人强烈的"自然主义生命观"，即相信此世的生命最为重要，死亡的问题则通过延长寿命的种种方法加以搁置起来。但是养生与延寿被不断地强化与极端化，则发展成一种带有强烈宗教性的狂热，认为"气功"所引发的"特异功能"能够让人们发现另外一个"神秘世界"，从而将现世的一切都神秘化。但这些狂热者或许不清楚，他们本是去追求此岸或彼岸的幸福，却最终走向了幸福的反面。

---

① 参见《我该怎么办》，《上海佛教》1992年第1期。

第三章 消费主义的焦虑与寻找幸福：佛教信仰的悖论（2000～2010）

上海大学历史系／成　庆

一　白领梦的幻灭：中产阶层的佛教信仰

经过 20 世纪八九十年代佛教信仰的恢复与酝酿，加之经济的发展与社会结构的转型，目前，中国佛教信众的社会结构已经发生了很大的变化，这种社会结构的转变主要与年龄、社会阶层等指标密切相关。按照中国社会科学院陆学艺及其课题组在《当代中国社会阶层研究报告》中所作的分类，经过改革开放和市场经济的发展，中国社会大抵可以分为以下十大阶层：国家与社会管理者阶层、经理人员阶层、私营企业主阶层、专业技术人员阶层、办事人员阶层、个体工商户阶层、商业服务业员工阶层、产业工人阶层、农业劳动者阶层、无业失业半失业者阶层。在这些阶层中，个体工商户阶层、办事人员阶层、专业技术人员阶层、私营企业主阶层（部分）构成了中产阶层的主体，他们拥有部分或少量的社会资源，大部分可称为"白领"阶层。从年龄跨度来看，这个新兴阶层主要在 25～40 岁这一年龄段，基本上属于 20 世纪 90 年代后进入大学的年轻一代。

从 20 世纪 90 年代中期开始，中国的社会结构出现了一次重要的转折，即改革开放所形成的快速变化的社会结构逐渐稳定下来，形成某种固化的社会阶层。社会精英阶层、中产阶层、底层的流动开始减缓，但是从现实情况来看，中产白领的经济地位在贫富两极化的背景下其实逐渐在降低。

对于这一阶层而言，幸福感具有相当的世俗性，其生活的目标也主要集中在日常消费、住房结婚消费、子女教育消费以及旅游休闲消费方面，这些消费类型也基本符合发达国家的中产阶层对于物质层面的"幸福生活"的定义。基本上，上海白领阶层所追求的主要"幸福目标"仍然比较明显地集中在经济层面，这种"物质利益"的幸福感取向是典型的后发国家在经济成长期间的共同点，尤其对于中国这种从物质短缺社会向丰裕社会过渡的国家，对于"经济福利"的过度依赖可谓是正常的社会转型特征。

随着上海城市化的深入，白领阶层开始面临越来越大的社会压力，如住房、教育等成本的提升以及竞争性的加剧。在2005年之后，上海的白领阶层普遍面临一种强烈的危机感。从表面来看，这种危机感来源于经济上的不安全感，即收入无法或者很难支撑起中产阶层对生活的种种想象。据本研究所做的一个相关调查，在161位20～40岁的受访者中，有73%的受访者表示，幸福感的最主要因素是"平和、健康的心理状态"。① 这无疑透露出一个重要信息，即上海白领阶层的幸福感取向重心已经从简单的经济收入、事业发展、他人的承认等方面，开始倾斜到心理层面。

根据上海市人口计生委的调查报告，在所调查的人群中，有96.3%的来沪人员表示喜欢上海，41.0%的来沪人员表示在沪生活工作比在老家时更幸福；40.4%的来沪人员表示其幸福感和在老家差不多；仅有4.5%的来沪人员认为在沪生活工作不如在老家幸福。值得关注的是，高学历人群的幸福感却相对较低：大学本科及研究生学历的人群表示不幸福的比例分别为8.0%和10.0%，而小学及以下的人群仅为3%左右。② 从这份调查数据中，可以明显地看出高学历人群的幸福指数相对低学历而言偏低。这说明：白领阶层等受过较高教育的群体，幸福感反而不高；而低学历等更注重经济收入的阶层，则相对拥有比较明显的幸福感。

这样的数据背后，无疑反映出一个非常迫切的境况，那就是物质丰足虽然仍然是幸福感的重要指标，但是对于受过高等教育的白领阶层而言，这种幸福感显然无法满足他们的心理需求。大量白领阶层在这个转型过程中虽然获得了物质消费方面的直接利益，却因都市的高速转型产生了大量心理危机与问题。因此，一些研究将都市白领的幸福感命名为"伪幸福"。根据中宏

---

① 根据本研究所做的"佛教信仰与都市生活幸福感"调查。
② 参看上海市人口计生委的《来沪人员社会融合与居留意愿状况调查主要结果》，http：//www.shanghai.gov.cn/shanghai/node2314/node28898/node28924/node28927/u8ai28510.html。

第三章 消费主义的焦虑与寻找幸福：佛教信仰的悖论（2000~2010）

保险发布的 2009 年《中产家庭幸福白皮书》，在经济最为发达的北京、上海、深圳、浙江等省市，幸福指数反而较低。地产业带来的房价飙升令很多家庭感到痛苦，由于经济上的压力，需要更多的工作时间与精力去缓解这种负担，但这又是建立在牺牲健康、家庭交流的基础之上的。因此可以看出，白领中产阶层因各种类似原因实际上缺乏足够的幸福感，也自然引发了大量的心理问题。

如何缓解这种心理焦虑？对于上海的城市白领人群而言，这无疑是一个迫切的现实问题。正是在此背景下，白领阶层开始反思这种都市的生活方式是否为理想的"幸福生活"，许多年轻人在这样的氛围下开始接触佛教信仰。

在这种回潮过程中，有一个普遍的趋势，即新兴知识阶层接触宗教的比例在快速上升。以佛教为例，上海的一些年轻心理咨询师开始接受佛教的禅修训练，并将其用于心理咨询过程，这一趋势也是部分借鉴了国外心理咨询的某些新兴经验；另外一个趋势就是新兴佛教信仰者的结构开始年轻化，有大量年轻人开始接触并信仰佛教。笔者于 2011 年去成都文殊院进行调查，寺庙在暑假针对青年人举行的夏令营不仅有年轻职员、大学生参加，甚至已经开始出现一些中学生。当问及为何参加佛教夏令营，受访的中学生回答说，"对佛教很感兴趣，并且在这里能够找到归宿感"。今天中国的佛教"回潮"，显然跟年轻人能够轻易地接触各种宗教有密切关系。

从上海白领阶层的佛教信仰来看，在信仰方式方面，这一群体由于受过良好的现代教育，因此在佛教的信仰方式上与 20 世纪八九十年代的上海佛教信仰群体有很大区别。其信仰形式大抵可以根据藏传佛教、南传佛教以及汉传佛教三大系统来进行分类。

根据笔者对上海白领阶层中藏传佛教信仰者的调查，这一群体对于藏传佛教的接触，部分来自近年来在云南、四川、西藏、青海甚至印度等地的旅游经验。由于亲眼目睹和体验了藏区百姓的宗教虔诚，以及地处偏远的藏地所具有的少数民族的神秘色彩，许多长期接受现代教育的年轻白领受到了强烈的震撼，在生命意义层面获得了不同的体验，反过来则进一步对都市中忙碌、冷漠的生活方式表现出怀疑。

举例而言，广州一位网名为"扎西拉姆·多多"的年轻自由职业者，因对藏传佛教感兴趣，从 2005 年开始频繁前往西藏和印度朝圣。从她自己的叙述中，表现出一种强烈的对"灵性生活"的向往，这无疑是新一代年轻佛教徒的普遍特征，即对单一的"物质主义"与"世俗生活"不满。她这样写道："我会希望有一个什么样的将来？我有没有考虑过自己真正想要的将来？如果社会对你没有期待，你会如何期待你自己？你有没有听到过自己内心最微弱而又最真实的那个小声音？"[1] 这段话反映了新一代年轻人对单一"规划人生"的反思，他们对于幸福感的理解不再停留在衣食住行的基本满足，而扩展到了对人生意义的追问："什么样的人生是有意义的？什么样的人生才是自己想追求的？"这一代年轻白领阶层虽无法完全脱离都市化生活，却开启了另外一种追求幸福的方式，即通过宗教与灵性的方式去回答幸福感问题，这也是都市佛教迅速兴起的重要原因之一。

但值得注意的是，在亲近藏传佛教的年轻都市白领群体中，能够真正成为体制化宗教徒的数量有限，大量对藏文化的亲近者最后并未成为虔诚的佛教修持者，而只是成为藏传佛教文化的"消费者"。虽然这种信仰现象代表了上海都市白领人群对于物质层面的幸福感降低的一种自然反应，但这一群体大多仍注重心灵的慰藉与抚慰层面的幸福感。而这当中的许多体制化佛教信众并不满足于阅读佛法的普及书籍，而会接受正式皈依，并且定期进入藏地的寺庙参加共修法会、放生等活动，在上海也开始形成某些半固定的共修团体，但由于上海相对缺乏藏传佛教的宗教活动场所，因此上海白领藏传佛教信徒基本上以居士共修团体为主，虽有小规模的共修与学习，但是仍未形成明显的潮流。

南传佛教对于上海的影响主要集中在近五年。南传佛教之所以在近年来能进入中国大陆，而且影响一大批佛教信仰者，有多方面的因素。一是南传佛教僧团行持相对朴素，修行方法也较容易入手，因此较为适合现代都市人，部分汉地佛教僧团也引入了南传佛教的禅修方法。二是南传佛教的修行方法在20世纪70年代以后被大量地引介到欧美社会，其禅修方法与心理学等学科结合得十分紧密，因此西方的心理治疗也广泛引入南传佛教的修行方法（如正念禅修）来进行辅助治疗。尤其是中国台湾地区佛教

---

[1] 扎西拉姆·多多：《被遗忘的时光 之 火车之遇》，http://blog.sina.com.cn/s/blog_53cd30c901009q3k.html。

第三章 消费主义的焦虑与寻找幸福：佛教信仰的悖论（2000~2010）

界已经翻译介绍了大量南传佛教的著作，而这些著作近年来也通过汉传佛教与出版流通而被大陆所了解。正是在此大背景下，大陆佛教界近年来逐渐开始引入南传佛教的禅修方法，并且结合心理治疗的方式去弘法。例如，葛印卡在广东、沈阳、福建设立的内观禅修营，在江西宝峰寺、苏州西园寺设立的南传禅法禅修营。在这当中与上海佛教信仰者的关系比较密切的则是苏州西园寺，他们将心理治疗与禅修结合得也最为紧密，吸引了大量上海白领阶层以及心理治疗师定期参与。有一位上海模特形象培训师如此描述她在西园寺的禅修心得：

> 在工作中发现女性容易生起烦恼，她们的内心往往有很多痛苦。此后我皈依佛门，也学习心理咨询，希望找到解决烦恼的方法。以前我的手经常会疼痛，在禅修营中，"微笑练习"让我的手基本上痊愈了。我感觉到微笑好像会呼吸，让关节变得柔软，使疼痛减轻。这七天像是一次充电，我获得了很大的能量。（《人世间》，2010：72）

这段描述无疑表现了一位普通的都市白领阶层学习南传佛教禅修的动机与体验。分析参与南传禅修的上海白领群体，除了少部分为虔诚的佛教信徒之外，大部分人都有不同程度的心理焦虑或其他生理及心理疾病，试图通过平实简易的南传禅修方法来缓解这些症状。据研究者对参加苏州西园寺南传禅修的一位上海瑜伽教练 S 的口头访问，她曾患有长期的精神抑郁，因此开始接触佛教。她参加过各种南传禅修营，经过此类学习，大大缓解了抑郁症状。她认为，南传佛教的禅修方法让自己的生活恢复了意义感，自己的事业也更为顺遂。[①] 但是上海缺乏固定的南传佛教修行道场，因此修习者基本属于短期的共修，或者是去国内寺院，乃至缅甸等南传佛教国家的道场进行学习，从信众数量上而言，相对藏传、汉传信众而言，数量上也更少一些。

相比上海白领阶层中流行的藏传及南传佛教信仰，汉传佛教的回潮显得并不突出，但传统的净土信仰传统依旧在年长居士当中十分流行，而且在年轻的中产阶层当中也拥有一定的信仰者，但这基本上属于比较虔诚的

---

① 2010 年 7 月 14 日在苏州西园寺对 S 所作的访问。

体制化佛教徒，对于皈依、持戒、修行方面实践得比较严格。他们接受佛教信仰的途径，主要来自家庭的信仰传统，或因为朋友、同事的引介。例如，一位上海的青年白领居士 S 如此回忆她的信仰经历："十来岁时，外婆就带我去庙里拜佛，从小听她开着念佛机念佛。我们一大家子只有我和她信佛。今年她 86 岁了，越发精进了，上午念，下午也念。"不过由于上海的净土信仰仍然以年老居士为主，因此修持这类传统修行方式的年轻白领阶层信众数量并不多，且因其与主流文化相对隔绝，因此基本属于比较保守、内敛的传统修行风格，带有很强烈的"内卷化"与"私性化"的信仰特征，他们介入社会的方式基本上集中在放生、印经等方面，与主流社会存在一定的疏离感。

这一类信仰群体因为带有强烈的正统宗教性格，因此其活动也基本上维持传统的修行形式，如周末共修念佛、放生等，在上海就有菩提寺等传统道场经常举办针对这一类信众的活动。由于这一群体在信仰上比较纯粹，因此他们对于幸福感的理解，基本上会集中在纯粹的修行解脱层面。在上海的这一部分居士群体中，宗教的超越性和神圣性是他们获得幸福感的主要来源。

除开这一类传统化的体制化佛教徒之外，在如今的传统文化热背景下，大部分汉传佛教的亲近者的信仰常常会以"泛文化"的形式表现出来，如在上海白领阶层的佛教信仰者中十分流行茶道、香道等。笔者曾访问一位上海执业律师 W，询问他对于汉传佛教的理解，W 如此回答："中国传统文化，如儒家、道家以及佛家，从本质上都是一致的，目标都是获得终极的意义。"[1] 由此大约可以观察这部分群体的信仰动机与基本观点，他们大多是传统文化的拥趸，带有某种复古的文化趣味，对儒、释、道三家大体持有"三教合流"的看法，而不刻意突出某一家的特征，佛教的部分在其中虽占据主要的内容，但往往会掺杂其他两家的看法。这一倾向其实表明了当代佛教信仰的某些现实状况，即大量的汉传佛教信仰者其实是"泛传统文化"的信仰者，他们并不是追求纯粹的佛教信仰，即追求出世的超越性，而是想转化佛法的这种出世性格，将其作为一种世俗化的文化形态。这种潜在的动机，其

---

[1] 对 W 的访谈，2012 年 4 月 20 日。

第三章 消费主义的焦虑与寻找幸福：佛教信仰的悖论（2000~2010）

实带有某种新兴阶层的"文化消费"目的，他们对佛教的信仰带有某种随意性，与前面所描述的相对保守的体制化佛教徒存在比较明显的差异。根据笔者观察，这一类信仰者虽然常常进入各个寺庙参加各种活动（如佛学夏令营、禅修营），但往往充满了"泛文化"的特色，宗教感方面则相对较弱，这是一个寄居在佛教信仰内部的"泛宗教消费群体"，其数量、规模非常巨大，也是白领中产阶层中热衷传统文化的主要人群。

这种对佛教的"泛文化"信仰，使得他们大多会热衷于与佛教相关的生活方式，如与现代环保理念结合的素食潮流。在上海，目前已经有"枣子树""吉祥草""功德林""五观堂"等素食馆。在这当中，除了"功德林"是在1922年由佛教徒创办的老字号素食馆，其他均为2000年之后开设的新兴素食馆。2001年开张的上海"枣子树"素食馆，就曾掀起过一阵白领中产阶层的素食风潮，但"枣子树"相对而言较少带有佛教信仰的特征。而于2004年成立的"五观堂"素食馆，则相对带有比较明显的佛教特色，店内有大量与佛教相关的书画装饰，根据笔者的调查，这里经常举办佛教徒的共修活动，而且因为此处的风格非常接近中产阶层的审美趣味，因此其主要顾客都是中产白领人群。总体而言，上海的素食文化相比中国台湾地区等佛教兴盛地区而言，还未形成明显的潮流，但已经开始表现出新兴社会中产阶层的某种独特文化符号，尽管这当中更多带有现代"健康环保"的色彩，但客观上也使得传统佛教的素食生活方式逐渐为都市新兴社会阶层所接受。①

总体而言，进入21世纪之后，上海的佛教信仰进入了一个快速发展期，尤其是中产阶层群体，在经历了一个收入快速增长的过程后，开始感受到经济快速成长与城市化的某些弊病，如都市化的人际关系淡漠、竞争压力过大、婚姻爱情问题等，试图寻找新的解释和出路。这一阶层具有良好的教育背景与经济条件，大多会从文化消费、娱乐体育等方面寻找排遣的出路，但是另外会有一些人开始到宗教信仰当中寻找答案。一些对异质文化比较敏感的年轻人，往往会因为藏地自然环境的原始以及藏族少数民族的文化特色，

---

① 关于素食文化在当代中国都市中产阶层佛教信仰中所扮演的角色，可参看 Lizhu Fan and James D. Whtiehead，2011。

而对藏传佛教产生浓厚的兴趣。这类白领阶层对幸福感的理解，基本表现为怀疑物质主义，对都市中机械循环的生活方式存在强烈的厌倦，对追求"灵性生活"有着强烈的愿望。藏传佛教不仅在信仰上能够提供一个指引，而且还往往让他们能够直接感受到藏地的宗教氛围与独特文化。尤其值得注意的是，由于藏传佛教从 20 世纪开始在西方产生了一定的影响，因此大量的藏传佛教的僧侣将西方世界传授的佛法通过中国台湾佛教界的翻译重新回流到大陆，这使得受过良好现代教育的上海白领阶层在无法掌握藏语的前提下，能够迅速接纳并且崇信藏传佛教。

对于另外一部分宗教感与文化敏感度稍弱的白领人群而言，他们深刻体验到自身及家庭乃至社会的不和谐，尤其是个人事业、家庭生活中的某些挫折，需要行之有效的心理治疗来缓解各式各样的心理疾病，如抑郁症、失眠等。南传佛教的禅修方法因为较少具有本土化的文化及宗教色彩，而往往受到这一部分人的亲近。但这一群体的信仰色彩相对较弱，且大多目的性比较明确，主要是为了缓解心理压力，获得平和、健康的心理状态。对心理健康的关注，南传佛教修行方法的实用，让他们能够轻易地切入，但值得注意的是，这一群体的宗教性格相对较弱，对宗教的实用性理解往往相当强烈，一旦他们的心理问题得以缓解，往往就会疏离体制化佛教。

除开因为传教、家庭信仰传统等原因而信仰佛教的虔信居士群体外，大量亲近汉传佛教的都只是佛教文化的消费者，他们往往对传统文化具有强烈的亲和感，试图通过佛教文化来建立自己的文化趣味与生活方式，从而也往往容易淡化佛教信仰的宗教性格。在这部分群体中，佛教的超越性格显然较弱，他们对世俗化的物质目标也相对比较看重，基本属于佛教文化的同情者，而非虔诚的笃信者。这一群体的数量相对较大，在佛教文化的传播中扮演了相当重要的角色，但他们对于幸福感的理解更多地具有世俗化的特色。

二 权力与财富的焦虑：社会精英群体与佛教信仰

在当代中国佛教信仰回潮中，有一个比较引人注目的现象，那就是"明

第三章 消费主义的焦虑与寻找幸福：佛教信仰的悖论（2000~2010）

星佛教信仰"。虽然较少有明星在电视等公众传媒上公开自己的佛教信仰，但是借助微博及其他网络媒体的传播，大量明星的佛教信仰开始为公众所了解。在这些明星当中，比较出名的有王菲、李连杰、陈晓旭、张国立、陈坤等。这些明星信仰佛教的动机与初衷各不相同。毫无疑问，他们是当代社会中财富、影响力上升最快的社会群体之一，但是恰恰在这一群体中，佛教信仰发展得尤为明显。为什么社会精英群体会迅速投入宗教？明星们为什么会选择佛教？

按照传统现代化理论，随着自由经济的发展与现代教育的深入，传统宗教大多会逐渐式微，沦为社会多元文化体系中的一部分。但这一理论显然难以解释东亚社会在20世纪以来的宗教复兴热潮，如韩国、中国台湾地区在经历了20世纪六七十年代的经济起飞之后，都出现了一股宗教复兴的社会运动，如韩国的基督教、中国台湾地区的佛教及民间信仰等。[1]

对于中国大陆而言，这一波经济的高速发展，也同样面临宗教的一波复兴热潮。这一现象的出现，首先是因为社会结构的快速转型使得维系社会道德、价值共识的传统基础迅速瓦解，而新的社会阶层与结构却还未充分建立，在这种环境下，人们往往会陷入一种原子化的生活状态，与周围的社区无法形成有机的联系，这种社会组织的空心化，导致伦理、道德因失去社群支撑而开始急剧恶化。在这一过程中，社会精英群体虽然在物质财富与社会地位方面获利最大，但是他们的压力感与危机感又常常表现得更为明显。这个新兴的精英群体虽已形成，但仍处在急剧变动的阶段，财富的涨落、心态的失衡，都使得这个阶层在现实与心理层面上处于一种极度焦虑的状态中。例如，影视明星佟大为坦言曾有过这样的心路历程，"有一段时间也感到内心的迷茫。成名得太快了，有时候仿佛措手不及。纷繁复杂的生活让他开始茫然，如何对待功名利禄，成了他当时最需要解决的心灵和思想问题"[2]。世俗利益的强大诱惑力及其短时间的快速积累让人生意义问题顿时凸显出来，

---

[1] 中国台湾地区佛教的复兴虽然有经济腾飞的原因，但也与其社会的民间信仰基础未被大规模政治运动摧毁有密切的关系。经济的发展与中国台湾地区佛教的正相关关系，主要体现为受过良好教育的新社会阶层及知识阶层大规模接纳佛教信仰。参见昭慧法师《当代台湾佛教的荣景与隐忧》，http：//www.hongshi.org.tw/articleCview.aspx? nono=121。

[2] 《佟大为：我有一颗信佛的心》，《大都市》2006年6月号。

这是许多社会精英群体（包括明星群体）在社会转型期间普遍面临的心理问题，虽然同样也存在许多因经历生命中的重大变故而痛感人生无常的个案，但就时代的普遍特征而言，许多明星趋入佛门的直接原因是纷杂的世俗生活所带来的心理不安。这些"不安感"或许是一种事业上的焦虑感，或许是对不断追逐财富的厌倦，等等。根据"当前我国思想道德、文化多元、多样、多变的特点和规律研究"课题组对企业家群体所做的调查，当被问及宗教信仰的人数上升的原因是什么，有77.2%的人认为是"寻找精神寄托"，有48.2%的受访者认为是"对现实不满"，有36.8%的人认为是"主流思想教育不够"，有23.7%的人认为是"受周围人影响"（樊浩等，2012：619）。寻求精神寄托其实是在财富积累与社会地位到达一定程度之后某种心理失衡的自然反应。

本研究在对上海精英群体的佛教信仰做调查访问时，选择了公务员（包括正处级、副厅级的公务员）、民营企业家以及资深律师作为访问对象，重点对两名公务员、三名资深律师、两名企业家进行了问卷调查和现场访谈。

按照陆学艺的研究，社会精英群体大概包含国家与社会管理者阶层、经理阶层、私营企业主阶层，他们拥有大量或一定的资本或社会资源，在政治、经济、社会领域中扮演着重要角色。具体而言，公务员群体、自由律师群体、私营企业家群体基本可以归纳在这三个阶层当中，被定义为"广义的社会精英群体"。

本研究对上海某法院的公务员L进行了访问。根据问卷结果，他的基本信息为党员、硕士研究生学历。当被问及"是否感到幸福"时，L的回答是"经常感到幸福"。当被问及"最不安与烦恼的问题"时，L的回答是"个人及家庭经济状况问题"和"个人情绪与心理健康问题"。当被询问为何会亲近佛教时，他的回答则是"家庭成员有宗教信仰者"、"个人的兴趣和爱好"以及"受周围朋友影响"。当被问及公务员群体中信仰佛教的情况时，他的回答是，"公务员信仰佛教比较普遍，但一般都是私下相互了解，没有公开"。当被问及信仰的形式时，他回答没有"正式皈依"，而主要是"定期进香礼拜和捐助功德"。对另外一位公务员Y进行问卷调查时，他的回答基本上和L一致。

第三章　消费主义的焦虑与寻找幸福：佛教信仰的悖论（2000~2010）

从问卷结果看，有两个现象值得注意。一是公务员群体中已经开始出现佛教信仰的趋势，这与共产党员不能信仰宗教的规定存在相背之处，这也是许多公务员并未成为体制化佛教徒的原因，即没有正式皈依，而只是私下参与佛教的各种信仰活动。这一现象显然已经引起了相关部门的注意，在《纪念中共中央1982年19号文件印发30周年》的文章中，国家宗教局曾就提出，"宗教对社会的影响日益扩大，人们对宗教的关注显著提高，宗教工作面临一系列新课题新挑战"。其中一个重要的问题就是共产党员能否信仰宗教；另外一个值得注意的现象则是公务员群体的信仰形式，这一群体在参与佛教信仰方面，仍然集中于"进香礼拜和捐助功德"的形式，而比较少地参加教理学习、禅修实践等信仰形式。这间接地反映出，公务员群体参与佛教的目的与动机仍然局限于某种功利性的层面，常常具有比较强的信仰功利性。例如，Y曾告诉笔者，他经常去江浙一带的寺庙上香礼佛，而上海本地的一些企业家与公务员朋友也都会与他一起前往，他们对佛教教理缺乏了解的兴趣，而是希望通过捐助功德和上香来进行祈福，祈福内容基本上都是家庭平安、身体健康与事业顺遂等，在这一群体中，佛教的出世性显得十分薄弱，反而具有强烈的追求世俗利益的特征。

在对上海企业家所做的问卷及访谈中，G的回答基本上与上述公务员保持比较高的一致性，如最感到烦恼的仍旧是"个人情绪与心理健康问题"，虽然被访问的公务员与企业家群体基本都表示对当下的生活感到幸福，但同时又普遍承认存在"心理健康问题"。这种看似矛盾的回答，其实暗示了社会精英群体虽已拥有一定的社会地位和物质财富，享受到过去短缺经济下难以想象的"幸福感"，但这基本上偏重于物质消费方面，即在衣食住行方面得到了充分乃至过度的满足，但同时也产生了新的心理问题。这些心理问题到底包含哪些内容？

在对公务员Y某的访问中，当被问及"为何信仰佛教"时，他的回答是，"衣食无缺后，反倒感觉生命失去了意义，不知道怎么活了"。同样，在对另外一名民营企业家J进行访谈时，她虽然在事业上发展顺利，却因为婚姻危机，在心理方面存在比较明显的焦虑。正是这样的处境，使得她迅速地与宗教信仰接近，但是她自身选择佛教并非出于理智的自觉选择，而是受到周围朋友的影响，因此对佛教信仰的看法仍然处于一种比较模糊的"祈福"

心理层面。

　　这一部分社会精英所表现出来的这种生命意义的危机感与信仰需求，没有大规模地出现在经济短缺的改革开放前期，反倒是出现在经济高速发展之后，大概有两个方面的因素。一是改革开放初期的那种发展主义的乐观主义精神，基本上让这种生命意义的缺失感难以凸显出来，人们仍然处在一个比较强烈的追逐财富与物质幸福的氛围里面。二是因为这一波经济的高速发展，虽然造就了新的社会精英群体，但同时又带来了强烈的公平争议与道德质疑，使得他们对这个快速变化的体制产生一种不安定的忧虑感。这种矛盾的社会心理造成了精英群体拥有了丰厚的财富与社会地位，但同时会产生强烈的不稳定的社会预期。这种不稳定预期也使得这部分群体的佛教信仰往往带有强烈的扭曲性格，如强烈的祈福与神秘化特色。

　　这种混淆与杂糅的信仰特征并非没有历史的传承背景，在中国的传统民间信仰文化中，一直都具有这种三教合流、三教杂糅的特色，这种性征也在这一波宗教复兴的过程中重新凸显出来。在传统社会中，虽然存在儒家学说的正统，但在日常社会生活中，三教杂糅基本上代表了中国民间信仰生活的基本生态，杨庆堃就认为，"低估宗教在中国社会中的地位，实际上是有悖于历史事实的"。这里指的正是"三教合流"式的民间信仰。而葛兰言也对此有相似的观察，他观察到，儒、释、道三家在社会生活中相互错杂，相互借用，乃至混淆。

　　笔者在对这些公务员、企业家及律师进行访问时发现，在这部分群体中，大部分人对佛教教理几乎缺乏必要的正统见解，而多与传统民间信仰的观点接近，即具有比较明显的祈福与神秘化特色，这使得他们的佛教信仰难以与一般民间信仰区分开，相较白领中产阶层的佛教信仰而言，甚至具有更明显的功利特征。

　　如何看待社会精英群体的佛教信仰现象与幸福感问题？从一方面看，这部分群体受到了良好的教育，许多人对传统文化持有一定的好感，[①] 而佛教信仰

[①] 传统文化的复兴是佛教信仰回潮的一个有力助因。在对受高等教育的青年群体所做的调查中，当被问及"如果说应该有一种文化成为主流文化，应该是哪一种文化"时，只有3.7%的人选择"宗教文化"，却有高达40.4%的受访者选择了"中国传统文化"，这也间接证明，佛教在这一波"传统文化复兴"的潮流中其实间接地获利（樊浩等，2012：808）。

第三章 消费主义的焦虑与寻找幸福：佛教信仰的悖论（2000~2010）

中的文化意涵（如禅文化）吸引了部分对传统文化感兴趣的群体，但是他们对佛教的信仰意涵（即出世的面向）缺乏真正的了解，反而更容易接纳民间信仰中将佛教神秘化、世俗化及功利化的思想，将佛教要么视为个人身份的"文化符号"，要么视为祈求现世利益的工具。从另一方面来看，社会精英群体的幸福感内涵从经济成长初期的"物质取向"开始转向了更深层的"意义取向"与"精神取向"，后两者的取向虽然不完全与宗教重合，却与宗教信仰开始有交叉的部分。虽然在这个过程中，社会精英群体在选择宗教信仰时，常常出现盲目与无序的状况，如只注重宗教的功利性与神秘性，而较少理解宗教的根本精神。但这种状态却反映出这个社会的精英群体已经开始与宗教信仰有了密切的接触，在这个过程中，宗教该如何回应这样的需求，以及政府该如何面对这样大规模的信仰回潮，都将是未来需要面对的重要议题，而个人幸福感的强烈需求，也必须在这样的背景下得到妥善的安置。

总体而言，在考察上海社会精英群体的信仰状况时，从信仰者的教育程度、信仰动机以及信仰形式角度综合来看，基本上具有三个特征：一是信仰的盲目性。整体来看，社会精英的佛教信仰因佛教教育传统的缺失而越发显得盲目与冲动，尽管他们普遍具有较高的教育水平，但是因为佛教教育近些年来一直举步维艰，对于社会的弘化严重不足，因此当这些有着良好教育的社会精英群体开始具有信仰需求时，所展现出来的却往往是比较盲目的状态。二是信仰的功利性。这一波经济的高速发展所激化出来的社会精英群体的信仰冲动，带有强烈的解决问题的需求，往往与崇尚祈福的民间信仰相混淆，而与佛教的旨趣相背离，这一类信仰，往往沦为依附于佛教形式的民间信仰。三是佛教信仰的隐秘化。中国的宗教政策尚未放开共产党员信仰宗教，使得大量担任政府公职的公务员虽有佛教信仰的需求与行动，却只能处于私人与隐秘的状态，虽然政府再三强调共产党员不能信仰宗教，但是事实上，在上海的公职人员中已经存在信仰的"潜流"，这种趋势如何发展，尚有待观察。

上海作为国际化的大都市，在经济社会的发展方面已经取得相当的成果，但是伴随着都市化的发展，也显现出后发地区在高速发展之后的一些"现代化症候"。比如：人际关系的疏离，唯物质主义与消费主义的单一化价值观，道德共识的瓦解，等等。这使得都市人群普遍产生一种精神上的"无意义感"与"焦虑感"。而社会精英群体属于社会转型的受益者,对转型的征候更为敏感,其中一部分人产生了强烈的信仰需求。但这种需求与长期以来宗教信仰社会化不足的现状形成了明显的矛盾。以佛教为例,经过改革开放以来佛教教育的发展,无论是僧团还是居士佛教,都尚未形成面对社会弘化的教育体系与机制。相比民国时期的上海佛教,佛教在社会层面的正面作用尚未得到足够的显发,这种佛教教育的落后现状与受过良好教育的社会精英群体蓬勃的信仰需求之间的反差,将会在未来造成什么样的信仰格局,还需要进一步的观察。但是可以肯定的是,这一个新的社会精英群体所面临的幸福感疑惑,已经重新将宗教信仰议题提上了台面,即作为一个现代化的社会,上海这样的国际化都市需要什么样的宗教信仰,以及以怎样的形式去实践信仰,而信仰与现代化之间又将如何共处与结合,都是亟待反思与解决的问题。

第四章 结论

上海大学历史系／成　庆

改革开放三十余年来，中国经历了相当剧烈的社会、经济转型过程，不仅社会组织结构出现巨大变化，而且民众在行为方式、价值认知、信仰取向等方面也有相当明显的转变。就佛教而言，由于历史的原因，上海佛教在"文化大革命"结束之后处于非常萧条的状况，庙宇大量被毁或挪为他用，僧人还俗情况严重，只剩下非常少的出家人，且僧人教育也基本陷于停顿。例如，龙华寺甚至已经成为飞机修造厂的仓库，而玉佛寺也只有5位出家人。在此情况下，社会上的佛教活动基本停止，居士也只能在家中私下举办信仰活动，一般的泛佛教信仰群体也基本上没有参与类似活动的机会与场所。在这样的背景下，上海佛教基本处于销声匿迹的状况，与社会大众缺乏基本的联系。

"文化大革命"结束后，由于宗教政策的恢复，佛教开始有了合法活动的身份与空间，但由于僧团的萧条，在很长一段时间里，佛教界的重中之重都是恢复僧团组织和僧才教育，虽然上海的各大寺庙也陆续开展了一些法会与佛事活动，如腊八节活动等，但因长期的教育而造成的对于佛教的普遍误解，导致佛教信仰者基本上为早年信仰佛教的居士与一些存在信仰需求的老年信众，此时的上海佛教仍未摆脱边缘、暮气与传统的特色。

在改革开放的初期，与其他城市一样，经济的恢复与发展基本上是上海的主要目标。对普通市民而言，经济的短缺与贫乏是计划经济条件下最深切的体会，但值得强调的是，在"文化大革命"结束之后到改革开放初期，民众中间普遍洋溢着一股乐观主义的情绪，这种乐观的幸福感主要来自政治环境的宽松与人际关系的正常化，这种"去政治化"下的幸福感，主导了改革开放初期的时代气氛。这是一种从政治的限制与窒碍中解放出来的自由与放松，从这个角度来看，改革开放初期的普遍幸福感，其实有一大部分来自政治上的松绑，如20世纪80年代在知识分子中间所弥漫的理想主义情绪，很大程度是因为社会生活的正常化而带来的自由感。①

因此这种幸福感其实来自社会和国家的某种集体情绪，即对国家政治的稳定与正常化的一种希望，这是一种来自共同体的共同幸福体验，这种"共同感"来源于国家与社会的一种普遍变化。② 也正因此，在"文化大革命"结束之后到20世纪80年代中期，这样一种"共同体"意义上的幸福感十分明显，尽管当时的物质也仍然处于比较短缺的状况。

在这样的时代背景下，佛教虽处于复苏的阶段，但在时代的精神方面其实难以切入，因为对于个人、社会、国家的未来期望已经被一种乐观主义情绪所主导，佛教所特具的心理安慰功能在这样的背景下根本难以发挥作用，所以上海的居士也基本上以"文化大革命"前就已皈依的佛教徒为主。他们虽也开展了各种各样的活动，如出版流通、佛法教育等，但佛教在社会上的地位与影响力仍十分微弱。就上海的佛教徒及一般信众（非制度化佛教徒，即非正式皈依者）而言，基本上仍十分强调佛教的超越性，即在生死解脱问题上的特殊意义。这也使得佛教徒群体基本上以年老者居多，另外则是一些因个人、家庭变故而需要得到宗教安慰的信众，数量相对较少。

值得注意的是，从20世纪80年代开始，随着经济的恢复，社会的稳定，突然兴起一股"气功热"，这股热潮的产生，从表面上看，与佛教没有直接关系，实际上反映出在经历了长时期的唯物主义教育与限制宗教政策之后，传统的"三教合流"的民间信仰基本消失，这也使社会生活中不仅缺乏佛教这样的正统宗教，也无法看到"三教合一"的民间信仰形式，正是宗

---

① 20世纪70年代的物质短缺感自然是当时的主要记忆，但是同时更具有普遍影响力的则是政治局势的变化，这是一个刚从"泛政治化"的环境下逐渐淡化政治对社会影响力的缓慢过程，这一过程也极大地影响了当时一般民众的幸福理解，甚至从某种程度上说，20世纪80年代初的幸福感要远强于后来物质丰裕的80年代后期。关于20世纪70年代到80年代过渡时期知识分子的关切与心态变化，可参看北岛、李陀主编《七十年代》，三联书店，2009。
② 这种"社会的共通感"来源于一种集体心理，在现代民族国家的背景下往往反映为一种国民普遍意识与体验，即对国家的发展与变化有着极高的情绪敏感度。这种将个人的幸福感与国家、社会的发展联系起来的表现，其实在后发国家的发展过程中是比较常见的一种经验。

教的全面绝迹,使得改革开放后人们在越来越关注世俗幸福感的同时,自然地将注意力转移到养生、保健,此时"气功"则以一种挑战科学的"准宗教"角色出现在人们的社会生活中,掀起了一股轰轰烈烈的"气功热"。

这样一股越来越激进的"气功热",最终以泥沙俱下的局面收场。其背后凸显出的事实是,在社会逐渐摆脱"泛政治化"的单一气氛之后,个体对于世俗幸福的多元需求开始慢慢显现出来。在经济层面,则有商品经济的迅猛发展得以满足;在身体健康方面,则开始求助各种气功来实现保健及治疗的效果。但是对世俗幸福感的追逐一旦被激化到一种"准宗教"的程度,在经济层面就产生了关于"搞导弹的不如卖茶叶蛋的"的价值观激辩,也出现了将"保健气功"异化为"宗教"的扭曲现象。

之所以会有如此的结果,无疑与社会层面宗教功能的缺失有相当大的联系。佛教在传统社会中所扮演的"祈福""超度"等角色,实际上可以对追逐世俗幸福过度化起到一种有效的心理调节作用。但在宗教缺席的社会转型时期,当物质利益与肉体生命成为个人生活的全部目标时,他们会将此发展为一种"准神圣化"的"世俗性宗教",即过分夸大世俗层面的利益对于幸福感的作用。

也正因此,在整个20世纪八九十年代,经济迅速成长的同时还伴有一种带有迷狂性质的气功热潮,二者形成了一个时代的奇异景象。反观这一时期的佛教发展,则仍处于踟蹰举步的阶段,虽然各种佛事活动也纷纷开展,但由于僧才的缺乏与寺庙恢复的速度跟不上时代的需要等因素,仍然无法开展有效的弘法活动,而各种依附于佛教等宗教的民间信仰则迅速复苏,使得正统佛教反倒受到社会的普遍误解,将佛教寺庙视为民间信仰的一般场所。许多亲近佛教的信众,也不免受到了民间信仰的影响,将佛教仅仅视为祈求世间利益的信仰形式,也使得这一时期的大众佛教信仰带有强烈的祈福与盲目性。

进入21世纪,随着市场化的进一步深入与民众财富资源的快速积累,随着新一代受到良好教育的年轻人的成长,像上海这样的大都市中开始出现了新兴的白领中产阶层以及拥有较多社会财富与资源的精英阶层,这种社会结构的改变显然也在悄悄改变着都市的心理结构,关于幸福感问题,对于新兴阶层而言,显然具有与上一代人不同的意义和理解。

上海的白领阶层普遍具有良好的教育背景与经济条件，追求典型的城市中产的生活幸福标准。但是都市生活成本的快速增长以及职场竞争程度的加剧，使得这一个群体虽然能获得相对较高的收入水准，却不得不面对高强度的工作压力，以及承担为维持体面生活而带来的经济负担。这样的工作及生活压力，使得白领阶层普遍存在一种生存的焦虑感，进而影响到个人的心理健康，抑郁症等各种心理疾病的发生率在上海白领阶层中逐年上升，已经成为一种较为明显的社会现象。

正是在这样的背景下，在白领中产阶层中，近年来逐渐产生对宗教信仰的需求。就佛教而言，在上海的传播大致可以分为三个信仰群体，即南传、藏传及汉传佛教。他们各自都吸引了一定的白领阶层参与，这三系佛教的风格差异，固然能反映出白领中产阶层中存在信仰形态的差异，但从共性来看，这一阶层亲近与参与佛教的直接原因是对都市生活的某种逃避乃至抗拒心理，进而产生了生命的意义危机感。

在这些接触佛教信仰的白领人群中，成为体制化佛教徒的比例并不高，更多的是亲近佛教，对佛教文化有兴趣。这种非皈依的信仰形式其实也反映出中产白领阶层大部分是借助佛教的一些内容和手段，如禅修、夏令营等，来缓解心理危机。

本研究将上海的精英群体定义为拥有较多社会及物质资源的群体，如民营企业家、国有企业管理人员、拥有一定职位的公务员及拥有较多社会资源的自由职业者等。这一群体拥有较多的物质财富与社会资源，但是也普遍存在较为强烈的宗教信仰需求。根据调查与访问的结果，这一群体对于佛教信仰的直接动机，大部分来自一种对社会环境不稳定的自然反应，因此往往具有较强的祈福目的；另外，由于这一群体已经拥有较高的经济和社会地位，因此他们也试图在文化趣味上有更多的发展，而佛教文化则成为他们亲近传统文化的重要内容。

也正因此，这一群体的佛教信仰特征带有强烈的世俗性，常常只停留在燃香礼佛、捐功德的层面，他们较少学习教理，也并不热衷于参加法会，其信仰往往具有较明显的传统民间信仰特征，即为了世间的利益与心理慰藉来参与信仰活动。这一群体物质层面较为丰裕，因此往往会产生强烈的文化消费需要，而佛教文化中的禅、茶道等要素成为他们较为感兴趣的部分，这让他们成为广义的"文化佛教徒"。

总体而言，当代中国社会中的佛教回潮，已从 20 世纪最后二十年的酝酿，演变为 21 世纪第一个十年的迅猛发展。从上海来看，佛教的信仰人群已经从传统的信众群体逐渐扩大到白领中产阶层、社会精英群体，这种信仰人群结构上的巨大变化，也使得上海的都市佛教有了一些新的特色。在宗教回潮的今天，佛教在吸引中产阶层、精英群体方面已经展现出某种强劲的势头，但这背后也反映出当代都市人群心理上的种种危机，虽然经济的发展让社会民众享受到前所未有的物质丰裕感，但与此同时，他们在幸福感方面却产生了新的危机，即对社会及个人生活的安全感、稳定感的不确定，以及因都市生活的冷漠化与疏离感等原因而造成非常严重的焦虑感。这样的普遍心理背景使得佛教等宗教信仰快速进入社会生活之中，并受到了普遍的接纳，恰恰正是这种带有强烈目的性的信仰实践，使得上海的都市佛教信仰常常呈现某种消费主义与世俗化的性格。

这种世俗化的佛教信仰特征背后，反映了社会快速转型期间的一种信仰需求的迅速释放。宗教成为缓解世俗焦虑的"避风港"，但这也让佛教信仰本身过度地沾染了商业化和消费主义的色彩，而今天中国佛教所最常遭受批评的一点，恰恰就是在佛教普遍复兴的同时，其本身所具有的独立性与超越性特质在逐渐弱化与蜕变。不过应该看到，这种信仰特征的变化，对于上海都市佛教的发展而言，不仅是挑战，也蕴藏着自我更新的潜力与希望，只要幸福感的内涵随着都市的发展不断地改变，信仰所扮演的社会角色及功能就势必会持续发挥效用。

第四编
当代居家生活／文化对幸福的引领与影响

（郭春林）

导论：目的理性笼罩下的幸福感

上海大学文化研究系 / 郭春林

一 今天我们为什么关注幸福感？

确实，有关幸福感的话题似乎突然间成为中国社会乃至国际社会关心的问题。党和国家各级政府关注它，有权的和有钱的在意它，经济学家研究它，人文学者关心它，各种形式、各个级别的媒体自然不会放过被如此热议的题材，普通老百姓当然也少不了被参与是否幸福之类的调查，也就常常要面对"自个儿是否真的幸福"这样的问题。甚至，宗教界对幸福感的关心更让我们看到，通过各种途径对当代国人幸福感的关注正逐渐扩展为一种文化实践乃至宗教运动，即使这一运动常常因为宗教政策显现为民间的或者地下状态的形式。但这恰好说明当代民众对幸福的诉求之强烈，无论精英阶层还是普通老百姓，也无论是基督教还是佛教，也无论是城里人还是"乡下人"，似乎都强烈地渴望借助宗教的力量获得心灵的宁静和情感的慰藉，哪怕只是急功近利的要求：虔拜菩萨保佑消灾免难，祈求耶稣赐我强大的内心力量，跪请大慈大悲的观世音指给我摆脱苦难的方向，默祷基督拯救我于现实之地狱的煎熬，自然，更为直接的就是祈求财神爷早日让我升官发财……总之，无论怎样的宗教，它都是因应时代和社会的需要，给现实中无力、无助、无奈的人们以未来的允诺。如果我们将视野扩大一点看，幸福感真还不仅仅是我们自己关注的问题，它也是国外媒体和学术机构关注的对象，无论其善意与否，似乎都在证明着一个现实：当代中国人是否幸福似乎已经不只是我们自己的事情，而是一个全球性的事件。

毫无疑问，这是一个问题。我们为什么在这几年如此关注幸福？外国和外国人为什么也关心我们是否幸福？就笔者视野所及，学术界对此鲜有涉及，更多的目光仍然聚焦在我们究竟是否幸福、幸福的程度怎么样；或从学术上去探讨幸福是否可以量化考量，它究竟是经济学的对象，还是社会学的题目，抑或属于伦理学、道德哲学的范畴，又或者属于公共政治学领域，它是主观的还是客观的抑或是主客观两方面均需考察的对象，等等。其中，最重要的问题当然就是何为幸福，也就是所谓幸福观。这些问题无疑是值得我们关注的，但我们同样不能忽视问题的另一面，那就是，何以在这个时代，幸福会成为被普遍关注的对象。

在相当程度上说，正是因为我们普遍感觉到我们曾经拥有的幸福在这个时代变得越来越少，我们的幸福感在逐渐被吞噬、被剥夺、被压缩。有一个概念和一个调查值得一说。不丹国王于20世纪70年代提出一个与GDP（国民生产总值）相对应的概念——GNH（Gross National Happiness，国民幸福总值），并且以"政府善治、经济增长、文化发展和环境保护"作为衡量GNH的指标。之后这一概念被广泛使用。20世纪80年代的中国一定程度上不会关注这一问题，随后的经济高速增长也使人们普遍而自然地将它弃于一旁。"2004年，中国人均GDP已经是1270美元。1980年以来，中国的GDP以年均9.3%的高速度增长，在东亚创造了新的经济奇迹。"但是，问题很快就暴露了，"据荷兰Erasmus大学的Ruut Veenhoven教授对中国的3次幸福指数调查，1990年国民幸福指数为6.64（1~10标度），1995年上升到7.08，但2001年却下降到6.60。数据表明，即使经济持续快速增长也并不能保证国民幸福的持续增加"[①]。这充分说明了幸福感问题的被关注恰恰是因为我们的社会、我们的生活出了很大的问题，我们不再普遍地感到生活的幸福和世界的美好。可问题究竟出在什么地方呢？我们又为什么要到出了问题之后才关心它？

二 幸福感与价值观危机

这样说，并不意味着以前我们从未关注过这个问题。幸福一直是并将仍

[①] 参见百度百科"国民幸福指数"，http://baike.baidu.com/view/635709.htm。

然是人类投注相当热情思考的问题。但在很多时候，它是哲学家、心理学家、社会学家以及文学家、艺术家，包括经济学家，甚至政治学家们思索、探讨的对象，却并不总是处在时代和社会的核心话题的位置上。在笔者的理解中，当一个时代和社会普遍遭遇价值观危机的时候，幸福才成为人们共同关注的问题。所谓价值观危机，既可能产生在两种或两种以上价值观相互冲突、斗争激烈的时刻，也可能产生在价值真空、价值缺失的时候。但价值真空并不是立刻形成的，所谓"冰冻三尺非一日之寒"，常常可能是这样的情形，曾经有占据绝对主导地位的一元价值论，某种现实机缘和外部强力的破坏，导致其不再有昔日的主导性。然而，也很难说，这一丧失了主导性的价值观就彻底崩溃了，在相当的程度上说，它不过是被边缘化了。同时，另外的价值观，例如原先被压抑的、居于边缘位置的、与之或明或暗地较量着的价值观便乘势而上，成为主导。也就是说，一定意义上，并没有绝对的价值真空的时代。

通常，价值观危机的产生与社会的动荡存在密切的关系，但并不完全对应。并不是说社会动荡必然产生价值观危机，譬如一些特定的战争年代，并没有因此产生价值观危机，相反，看似平静的时代反倒孕育了价值观危机。

为什么价值观产生危机的时候，人们会普遍关心幸福问题呢？其实，说白了，价值观危机的核心就是生活的意义变得模糊了，不确定了，甚至干脆就彻底消失了。人类的生活世界发生了巨大而深刻的变化，而其深刻性最重要的体现就在于人类的生命和生活的意义成为问题。"意义"的问题最简单的表述就是："人为什么活着？""我为什么活着？"更进一步说，"意义"是内在于人的生命之中，在"活着"之中，还是说，它原本就是一个外在的东西？"意义"究竟是上帝赐予我们的礼物，还是惩罚我们的枷锁？继而是"如何活着"的问题。这两个问题常常被割裂开来，但在笔者的理解中，在"为什么活着"中实际上包含了"如何活着"。当你明白活着是为了"什么"时，这个"什么"一定也就同时定义了活着的方法和形式。而两者的被剥离状态也就必然产生手段与目的的分裂。

意义的问题就是价值的问题，"为什么活着"和"如何活着"都关乎幸福，或者说，都在最基本的意义上界定着何为幸福。韦伯就影响人的社

会行为①的因素做过分析与梳理,他将这些因素分成四类:

①目的理性的因素,此时,行为者预期外界事物的变化和他人的行为,并利用这种预期作为"条件"或者作为"手段",以实现自己当作成就所追求的、经过权衡的理性目的;②价值理性的因素,此时,行为者自觉地和纯粹地信仰某一特定行为固有的绝对价值(例如伦理的、美学的、宗教的或任何其他性质的绝对价值),而不考虑能否取得成就;③感情因素,尤其是情绪因素,即由现时的情绪或感觉状况决定的社会行为;④传统因素,由熟悉的习惯决定的社会行为(马克斯·韦伯,2000:31)。

虽然韦伯最后说,"行为尤其是社会行为的指向,很少只表现为上述某一种类型。同时,上述四种类型也绝没有详尽无遗地包括行为指向的所有类型。它们仅仅是社会学为了自身目的而创造的观念上的纯粹类型。实际行为或者多多少少地接近其中某一纯粹类型,或者是多种类型的混合,而后一种情况更为常见"(马克斯·韦伯,2000:34)。但他对目的理性和价值理性的解析,仍然能为我们理解当代中国乃至当代世界所发生的价值观危机现象提供有益的帮助。

纯粹的价值理性行为,指的是行为者无视可以预见的后果,而仅仅为了实现自己对义务、尊严、美、宗教训示、崇敬或者任何一种"事物"重要性的信念,而采取的行动。根据我们使用的术语含义,价值理性行为总是行为者按照他认为是向自己提出的"信条"或"要求"而采取的行为。所以,只要人的行为以这样的要求为方向,我们就把它称为价值理性行为。……价值理性行为在人类行为中所占的比率的高低,在不同情况下尽管可能有明显的差异,但几乎都是微不足道的。然而,正如我们将要指出的那样,价值理性行为具有重大的意义,必须把它作为特殊类型来看待。

---

① 韦伯在开始就定义了他所指的"行为"意涵:"'行为'在这里表示人的行动(包括外在的和内心的行动,以及不行动或忍受),只要这一行动带有行为者赋加的主观意向。"参见马克斯·韦伯《社会学的基本概念》,胡景北译,上海人民出版社,2000,第1页。

第四编
导论：目的理性笼罩下的幸福感

……目的理性行为既不是感情的（尤其不是情绪的）也不是传统的行为。……从目的理性的立场出发，价值理性总是非理性的，而且，价值理性越是把当作行为指南的价值提升到绝对的高度，它就越是非理性的，因为价值理性越是无条件地考虑行为的固有价值（如纯粹的意义、美、绝对的善、绝对的义务），它就越不顾及行为的后果。但是，绝对的目的理性行为，本质上也仅仅是一种假设出来的边界情况（马克斯·韦伯，2000：32~33）。

韦伯对现代性的批判立场已经为我们所熟知，尽管他特别强调作为学术的社会学应该保持中立，可这并没有影响到他对现代性的深刻揭示。尽管我们从上述引文已经看到他对目的理性行为和价值理性行为的不同表现给出了尽可能客观的描述，尤其是对价值理性行为在人类行为中所占比例的高低的判断，但他显然已经敏锐地洞察到价值理性行为在人类的社会行为中的"重大的意义"，因而也就把握到了价值理性行为在人类历史上的重大意义。然而，身处新自由主义强势笼罩下的21世纪之洪流中，我们深切体会到的恰恰是目的理性对价值理性的强劲破坏，目的理性已经成为一个占据绝对支配地位的行为理念和行为方式，价值理性被严重妖魔化、污名化。也正是在这一背景下，"幸福"的问题凸显出来，其间的逻辑实际上不过是穆勒早在百多年前的武断结论的独断式表达。穆勒说："幸福……是唯一可以被描述为一种目的的事情。"（转引自雷蒙·威廉斯，2005：508）也就是说，在"幸福"之外，任何价值都不具备合法性，都是非理性的，因而也是应该被驱逐的。很显然，穆勒所说的"幸福"首先指向个人，即使他也关心大多数人的幸福，但他所理解的大多数人的幸福乃是以个人的幸福为基础的。事实上，这样的结果也就只能是乌托邦以及乌托邦冲动的窒息而死（拉塞尔·雅各比，2007），因为乌托邦毫无疑问就正属于价值理性的范畴。韦伯也正是在这一意义上才深刻领会到价值理性的重大意义的吧。

同样，雷蒙·威廉斯的语词梳理也为这一判断提供了佐证。威廉斯发现，在功利主义（Utilitarian）的理论脉络中，"是否有用"与"幸福"密切相关，而且，随着资本主义的发展，更进一步地将原本属于"实用"范畴的

169

Art（艺术）摆放到了 Utility 的对立面。他指出："他们（按：指功利主义者）很神奇地将 utility 在理论与实际方面的意涵局限于资本主义生产的范围；尤其是将'最大多数人的最大幸福'局限于'有组织的市场'（organized market）——带有 19 世纪常用的抽象意涵——这个范围（被视为一种机制，用来规范此终极目标）。"威廉斯在该词条的释义结尾意味深长地指出："要完全肯定'最大多数人的最大幸福'的原则，有赖其他词汇的出现。"（雷蒙·威廉斯，2005：507~510）虽然威廉斯并没有告诉我们是哪些词汇，但他揭示了功利主义幸福观的实质，不过是少数人追求物质丰裕和精神自由的遮羞布。更重要的是，威廉斯还指出了功利主义幸福观与其财富观之间的关系。韦伯的研究则揭示了新教伦理与资本主义精神之间的内在逻辑关系，两相呼应，于是，财富的积累既拥有了宗教的合法性，也具备了世俗生活哲学的理论根据，更为重要的是，它还享有对社会历史发展动力的解释权，以及对社会历史发展方向的设计权。

三 幸福感与个人主义和消费主义

当"幸福"与"财富"之间建立起上述逻辑关系后，个人无疑成为社会的主导性存在。我们很难说这个"个人"就是一个健全的主体，但当他/她与自我价值的实现发生勾连时，如边沁所说的"一种新信仰"（雷蒙·威廉斯，2005：508）就建立起来，正如威廉斯对 Wealth（财富、资源、大量）的意涵梳理发现的那样，至 17、18 世纪，该词"原先所指的'幸福'（happiness）与'福祉'（well-being）的一般意涵，已经消失且被遗忘了"（雷蒙·威廉斯，2005：515）。其结果也就是马克思深刻的命名：商品拜物教和货币拜物教。拜物教是典型的资本主义意识形态——在"意识形态"作为虚假、隐秘且为统治阶级所垄断的观念的意义上。

但财富的积累与由此获得的幸福感是早期资本主义阶段的主要特点，随着资本主义的不断发展，社会生产力的日益提高，商品（物）的丰富程度不断增进，消费也就自然成为资本主义必须解决的问题，虽然它早就隐含在资本主义的生产逻辑中，但当物的丰富程度尚不足以保证全民消费的时候，财富的积累必然仍是社会的主流。也可以说，资本主义内在的发展动力必然生产出全民消费的欲望;而且,也只有在欲望不断的再生产中,资本主义才能始终保持旺盛的发展之势。这一点通过丹尼尔·贝尔对资本主义社会人的"需要(need)"和"欲望(want)"的辨析可以清楚地看到(参见丹尼尔·贝尔,1989)。然而,吊诡的是,当消费成为主义,资本主义虽然保持着强大的生产力,但其生产关系的生产性却日益受到影响。于是,消费主义甚嚣尘上,深入人心,消费的快感便日益成长为"幸福"。

当消费主义成为一个新的意识形态并进而成为支配性观念的时候,韦伯所讲的价值理性也就逐渐被放逐,以至慢慢从社会行为中消逝。从拜物教到消费主义,看似存在一个很大的沟壑,难以逾越,但实际上都是基于"恋物癖"的逻辑,或者可更准确地用鲍德里亚的"物恋化"概念(参见让·鲍德里亚,2009:74~89)来表述。对物的迷恋,对物的占有,以及对物的象征意涵的占有,也就都被指为幸福,而学术生产也以专业化的方式积极地参与了这一意识形态的建构、生产和传播过程,一个最典型的表现就是对幸福的量化处理方式。幸福可以用一系列看似复杂的数学模型和经济学概念来计算和表达,其名曰:幸福指数。在这个意义上,"幸福"彻底沦为一个纯粹经济学的概念。"时至今日,拜物教的概念则在一个更为简明、经验的层面上被讨论着:物的拜物教、汽车拜物教、性拜物教、休假拜物教等。所有这些拜物教都在分散的、喧闹的、充满偶像崇拜的消费领域中得到了淋漓尽致的显现;拜物教在其中无非是一般思想中对概念的崇拜,这种崇拜竭尽全力地在激烈批判的掩盖之下,隐蔽地扩张着意识形态本身。"(让·鲍德里亚,2009:74)鲍德里亚的深刻之处就在于,他发现了"拜物教"也可以是一种拜物教,对拜物教的批判思想也已经成为崇拜的对象,更有甚者,将这些看似激烈的批判当作是拜物教的当代表现,同时它还遮蔽了拜物教这一意识形态的扩张,亦即成为拜物教的同谋,共同参与了拜物教的传播。

然而,"幸福"并不仅仅是一个经济学对象,实在地说,就现代的、世俗的、日常生活的层面上说,它关乎的恰恰是政治经济学。因为幸福的问题必然关涉社会公正和分配平等的人义。只有这两者有了保证,才能实现真正的和谐,才能让生活在这个社会中的人们普遍地感到舒畅;也只有在感到平等的同时才能真正实现自我的价值。强者为王、赢家通吃的社会只能让极少数强者和赢家感到幸福，这样的社会必定无法保证其稳定。这样的社会要维持稳定，办法只有两个，一是强大的国家机器，一是意识形态。按照阿尔都塞的理论，现代国家的国家机器并非只包括传统意义上的形式，即军队、警察、司法机构等，意识形态也可以作为国家机器的一种形式，而实际上它也确实已经成为现代民族国家政治生活和社会生活中非常重要的国家机器，并且发挥着极其重要的作用。当然，社会上还存在其他的在政府权力之外的意识形态，它们可能是共谋的关系，也可能是彼此颉颃，甚至完全对抗的关系。就强者为王、赢家通吃的社会而言，要维持稳定，必须使社会中绝大多数认同这样的逻辑：强者之所以成为强者，是因为他/她有能力，弱者之所以只能是弱者，根本的原因是自身能力的限制，并且最终在接受这样的观念——知足常乐——的同时接受这样的现实——强者为王就是天经地义。

在这个意义上，消费主义以消费活动中的符号化、象征化手段，进一步强化了上述逻辑，只不过它是以转换的方式，以幻象的效果成功地遮蔽了社会正义的现身，最终实现了与强者为王、弱肉强食的共治。

在价值理性退去，目的理性、个人主义和消费主义占据主导的社会，关注幸福成为必然的结果。而在对幸福的关注中，日常生活必然是其最重要的考量对象。

四　幸福感与空间

就日常生活的范畴来说，虽然幸福是个人对生活的感受，但一般而言，它必定落实到一个空间中。这个空间可以是城邦或国家，也可以是城市或其他形式的共同体，当然，也可以是家庭。就粗浅的印象而言，这个空间似乎在不断地缩小，从最初想象的整个世界，到国家，最终成为家庭的主要关注对象，甚至更小，小到家庭内部的个人居住的一个房间。在相当程度上，我们似乎可以将幸福问题所关涉的空间的缩小看成现代性在这个问题上的体现。

幸福当然与个人的生活感受不可分离，但这一生活感受多少与共同体的社

第四编
导论：目的理性笼罩下的幸福感

会状况相关，而不只关乎个人生活。苏格拉底就说："安提丰，你好象认为，幸福就在于奢华宴乐；而我则以为，能够一无所求才是像神仙一样，所需求的愈少也就会愈接近于神仙；神性就是完善，愈接近于神性也就是愈接近于完善……生活得最好的人是那些最好地努力研究如何能生活得最好的人；最幸福的人是那些最意识到自己是在越过越好的人。"（色诺芬，1984：36、186）这当然是在个人生活的层面上，但在色诺芬的叙述中，我们还看到苏格拉底对正义的关注，"苏格拉底说他一辈子除了考虑什么是正义，什么是非正义，并且实行正义和避免非正义以外，任何别的事都没有做，他认为这就是他为自己所作的最好的辩护"。柏拉图在《理想国》中的表述似乎是一个印证："我们建立这个国家的目标并不是为了某一个阶级的单独突出的幸福，而是为了全体公民的最大幸福；因为，我们认为在一个这样的城邦里最有可能找到正义，而在一个建立得最糟的城邦里最有可能找到不正义。等到我们把正义的国家和不正义的国家都找到了之后，我们也许可以作出判断，说出这两种国家哪一种幸福了。当前我认为我们的首要任务乃是铸造出一个幸福国家的模型来，但不是支离破碎地铸造一个为了少数人幸福的国家，而是铸造一个整体的幸福国家。"（柏拉图，1986：133）也就是说，在古希腊，作为理想的幸福首先与城邦和国家的正义、非正义相关，所谓幸福感乃是基于一个生活在正义的城邦和国家中的人们的感受。而且，苏格拉底对欲求与幸福之间的关系态度也极其鲜明，显然与消费主义时代的幸福观完全相反。

启蒙运动时期自然以理性为幸福的保证，甚至它就是幸福的重要内容。斯宾诺莎就说："我们将力图去履行自己所曾许下的诺言，即去探究我们是否通过自己已有的知识（关于什么是善，什么是恶，什么是真理，什么是谬误以及一般来说什么是所有这些东西的效用），我说，我们是否能够凭藉这种知识达到我们的幸福，即对神的爱（我们已经说过，这是我们的最高的福祉），同时，我们还要探究，用甚么方式可以使我们从自己判定为坏的激情中解脱出来。"（斯宾诺莎，1987：228）将激情区分为好坏两种，通过分类的方式，或者说是知识化的方式确立理性的合法性，并进而在理性的立场中对激情形成压抑，似乎所有来自理性的知识都是正确的。莱布尼茨的话就更直接了："理性和意志引导我们走向幸福，而感觉和欲望只是把我们引向快乐。"（转引自孙英，2004：17）康德则更进一步从哲学的意义上确立其本质属性："幸福是理性存

173

在物在这个世界上存在的条件。"(转引自孙英，2004：18)但有意思的是，斯宾诺莎所强调的"所有这些东西的效用"恰恰将隐含在其中的目的理性的面目透露了出来。这一点无须赘言，在法兰克福学派的思想脉络中，我们可以很清楚地把握到对启蒙主义的批判。值得注意的是，毕竟到启蒙运动时期，关于幸福的讨论也仍然是在一个比较大的空间中进行的。

古代中国没有"幸福"这个词语，但是"乐"和"福"与现代汉语"幸福"中的词义大致相通。比如，"五福：一曰寿，二曰富，三曰康宁，四曰攸好德，五曰考终命"(《尚书·洪范》)；"子曰：'饭疏食饮水，曲肱而枕之，乐亦在其中矣。不义而富且贵，于我如浮云'"(《论语·述而》)；"孟子曰：有三乐，而王天下不与存焉。父母俱存，兄弟无故，一乐也；仰不愧于天，俯不怍于人，二乐也；得天下英才而教育之，三乐也"(《孟子·尽心上》)。"乐"当然包含有快乐的意思，但似乎比较多地指向"幸福"，所谓"安贫乐道"就是。有论者对"幸福"做过比较细致的分类①，如果按照这样的分类，一定程度上说，以儒家文化为核心价值和主流意识形态的中国古代所强调的似乎多为"德性幸福"。

五 现代中国历史脉络中的幸福观

笔者无意也无力在这里对东西方有关幸福的观念进行观念史的考察，但从上述简略的梳理，还是可以看到西方幸福观的变迁无疑与现代性的展开存在密切的关联。也正是在这个意义上说，幸福观是一个历史的概念。如果从这一角度看，对当下中国人幸福观的考察，也就理应置于近现代，尤其是当代中国自身的历史脉络和政治文化背景，及其与社会现实之间的互动关系史中进行考察。

正如有论者已经指出的那样，"我们至今还感叹《红岩》英雄许云峰的经典语言：'为人民的利益而牺牲，能看到胜利的曙光，我感到无比自豪，无限幸福'"(龚益鸣，2011：56)。确实，就近现代中国而言，在革命年代，为人民的利益而奋斗，甚至牺牲，那就是革命者的幸福，也就是所谓利

---

① 孙英在其《幸福论》中，将幸福分为"物质幸福、人际幸福与精神幸福"、"创造性幸福与消费性幸福"、"德性幸福与非德性幸福"和"过程幸福与结果幸福"等四组。见孙英《幸福论》，人民出版社，2004，第29~52页。

第四编
导论：目的理性笼罩下的幸福感

他的幸福观。当然，其中也包含了为民族国家的解放而奋斗乃至牺牲的信念。这两者一直延续到社会主义建设时期。

利他幸福观是对"人为财死，鸟为食亡"的利己主义的克服，但问题是利己主义在相当程度上具有极高的普遍性。然而，中国革命将民族国家的解放目标与共产主义信念相结合所产生的强大感召力最终战胜了普遍的、自私自利的利己主义。虽然就整个人类历史而言，历朝历代都有利他幸福观的实践者，然而，如此大规模且有组织的利他幸福观的实践无疑是20世纪特有的现象，当然也不仅仅发生在中国。而随后的社会主义建设时期，毫无疑问，占主导地位的幸福观仍然是利他主义。自然，我们可以在德性幸福的意义上来理解，但在笔者看来，这样一种利他幸福观绝不仅仅是德性的境界，而是一种世界观的深刻变化，其核心是政治认同。也就是说，在这个意义上，利他幸福观所体现的是一种政治文化或文化政治。雷锋及其所体现的精神就是这一政治文化的典型。

但这一政治认同并不是无条件的，它需要外部环境，更需要内心的力量。要培养"毫不利己，专门利人"的人，从根本上说，实际上关乎对人性和人心的改造。无疑，这样的改造工程绝不可能在一朝一夕完成，也不可能在十年二十年中完成，毋宁说这是一个"漫长的革命"。既因为人性的改造是艰难的，更因为外部环境，尤其是整个有文字记载以来的历史和文化，其间利己主义始终占据主流。也就是说，对人性的社会主义改造要对抗的是整个历史所养成的、有着极其深厚而顽固的积淀。也正因此，在20世纪60年代初中期，才会有关于"青年应该有什么样的幸福观"的大讨论，也就是说，这一大规模的讨论，在相当程度上说是针对改造过程中出现的问题。[1] 蔡翔先生将这次大讨论视为重建乌托邦的努力，并进而指出其与"第三世界"概念的内在关联（蔡翔，2010：354～362）。而我们也确

---

[1] 譬如笔者手头有一册《南方日报》编辑部编的《幸福观讨论集》，收集的就是1963年8月至1964年2月在《南方日报》上发表的幸福观讨论的部分文章，分五个专辑：1. 什么样的生活才是幸福的生活？2. 为革命事业艰苦奋斗是否幸福？3. "美好的感受"就是幸福吗？4. 怎样看待精神生活？5. 怎样看待社会主义的幸福生活？有意思的是，所收集的文章均不是高头讲章式的，基本上都是普通人撰写的，而且对立的观点并置，并不只有一种声音。参见《幸福观讨论集》，广东人民出版社，1964。

实从中看到了被目的理性无限压缩了空间的幸福观在革命的语境中得到了重新拓展。但这一重建乌托邦的实践最终伴随着"文化大革命"的结束而中止，1980年上半年从潘晓来信所引发的关于人生意义的大讨论，及其后20世纪80年代的全面展开，可以说就是其终结。贺照田将其归结为虚无主义在20世纪80年代以来中国人精神史上的重要表征，并通过深入细致的文本细读，深刻揭示了潘晓讨论与20世纪90年代乃至当下中国社会普遍的个人主义话语迅速扩张之间的关联（贺照田，2010），他也同样敏锐地发现了潘晓来信中被那个时代和社会所忽视，乃至被其故事所误读的方面。

与20世纪80年代所开启的新启蒙思潮及其所孕育的个人主义话语密切相关的一个重要方面，就是"家庭"在社会组织结构和社会生产方式中的意义发生了根本的改变。贺照田在其关于潘晓讨论的长文中就已经指出，在原来的社会生活中，组织、亲情、友谊的顺序似乎是个人遭遇困难（包括困惑）时所求助对象的顺序，爱情并没有多少重要性，但潘晓来信则显示了爱情在"文化大革命"结束后日益重要的讯息。"当亲情在潘晓作为一个选项已被排除的情况下，'文革'后期潘晓寻找人生支撑的选项依次是组织、友谊和爱情并不是偶然的，而是和此时的革命构造和此构造所由来演进的历史所塑造的心理感觉秩序密切相关的。而这也为我们理解80年代上半叶特别强调爱情对人生的核心支持意义提供着重要线索。"（贺照田，2010：19~20）

既然爱情已经成为"人生的核心支持意义"，"家庭"也就呼之欲出了。但此时的家庭，特别是20世纪90年代后的家庭实际上既与传统的大家庭不同，也与此前社会主义建设初期的家庭不同，而日益成为资本主义社会所谓"核心家庭"的形式。这里涉及的一个颇为关键的问题是：是否存在社会主义和资本主义两种不同政治、经济制度下的不同家庭模式和家庭观念。恩格斯在《家庭、私有制和国家的起源》中专门讨论了家庭与私有制、与国家的关系，而且，恩格斯还根据这一关系进一步推演出公有制下的家庭形式，他说，"随着生产资料转归社会所有，个体家庭就不再是社会的经济单位了。私人的家务变为社会的事业。孩子的抚养和教育成为公共的事情；社会同等地关怀一切儿童，无论是婚生的还是非婚生的"（马克思、恩格斯，1995：74）。虽然这不能作为马克思主义理论对社会主义/共产主义家庭的系统论述，但从中还是可以看到所有制与家庭之间的内在关系。在这个意义上，社会主义家庭与资本主义家庭显然存在本质的区别。

有学者根据我国的社会主义历史经验，将其归纳为这样三个方面："首先，是家庭的基础发生了根本的变化。……社会主义社会的家庭，是建立在生产资料公有制的基础之上的，从绝大多数家庭来看，其成员都是社会主义全民所有制经济单位或集体所有制经济单位的劳动者，社会主义公有制经济是这些家庭产生和存在的基础。……其次，家庭内部男女之间的地位也发生了根本的变化。……在社会主义社会的家庭内部，男子不再是支配和奴役妇女的统治者，妇女取得了平等的地位……这样的家庭关系，反映了社会主义社会的根本性质，反映了公有制经济的性质，也反映了社会主义条件下人与人之间的相互关系的性质。……再次……社会主义社会的家庭，是完全的、真正的一夫一妻制家庭。"（艾福成，1983：45）

论者进而归纳了社会主义家庭的四个职能："第一，社会主义家庭仍然是人类自身生产的单位……第二，社会主义家庭是社会主义社会的基本消费单位……第三，抚养、教育子女和赡养老人①，这也是社会主义家庭的一个职能……第四，社会主义家庭在培养其成员精神面貌、思想意识和道德情操方面，也起着重要的作用。"（艾福成，1983：45~48）

这样的阐述当然都是正确的，也是有效的，也正因此，对社会主义家庭及其与革命中国关系的梳理和论述也都集中在社会主义婚姻制度、爱情观念及妇女地位等方面。也有论者将社会主义家庭问题纳入现代化及相关的城市化进程中进行考察，指出"现代化历程对传统家庭制度的冲击，就一般意义而言，是工业化（劳动力解放）、城市化（核心家庭化）、现代民族国家兴起（家庭成员国民化）的普遍结果。而1949年后实践国家社会主义制度的

---

① 对抚养子女、赡养老人，存在不同的理解，费孝通将其视为中国文化传统的影响，他用公式表现为"西方的公式是 F1→F2→F3→F4。而中国的公式是 F1←→F2←→F3←→F4（F 代表世代，→代表抚育，←代表赡养）"。西方的简称"接力模式"，中国的简称"反馈模式"。参见费孝通《家庭结构变动中的老年赡养问题——再论中国家庭结构的变动》，《北京大学学报（哲学社会科学版）》，1983年第3期，第7页。也许，对这两种不同的家庭关系模式不能简单地看成源自政治意识形态或文化传统的差异，以沟口雄三重新审视中国传统与现代中国社会主义观念之关系的方法来看，中国的传统中蕴含着社会主义的因子，而社会主义的理念也包含了契合中国传统的因素，两相发明，彼此激发，生成为中国特色的社会主义。

中国，国家对传统家庭的改造，可以说首先是国家为其政治、经济、文化的目标需求所作出的制度选择。但是，在国家目标与它实现目标的实际的政府能力之间，存在着种种无可避免的尴尬情形，这些情形迫使国家不得不将家庭设置为国家—个人关系之间的一个重要结构要素。另一方面，在日常生活中，家庭也实际显示了它具有自我功能再生产的能力。由此，家庭中某些功能被削弱的同时，另一些功能却被不断强化"（陈映芳，2012：338）。作者更进一步分析道，"在社会主义实践时期，由国家认定的婚姻/家庭，成为国家生活资源配置制度与居民个人生活需求之间最为重要的中介。……在城市，由于缺乏'市场'和'社会'的渠道，'单位'与'街道/居委会'这两个国家系统，成为城市居民获得福利保障、生活资源的仅有的两个渠道。而国家配置给'职工'与'居民'的福利资源，几乎都是以'家庭'为基本的消费单位的。"（陈映芳，2012：353~354）但是，笔者总感觉到，这其中还是缺少了点东西。无论是从"生产主义"（参见莫利纽克斯，1983：37）实践的角度观照社会主义家庭观，还是以妇女解放为立场考察社会主义家庭伦理实践，都没有触及社会主义公有制对家庭意义的改造和赋予，尤其是就日常生活层面所展开的家庭生活与政治化的社会生活之间的关系而言，社会主义的家庭无疑有其深刻的独特性，相当程度上说，社会主义公有制实际上重新规定了家庭的意义和边界。遗憾的是，即使在家庭成为社会学重要研究对象的20世纪80年代初，也未见多少有说服力的解释和阐发，包括在晚近的社会学著作中，仍然存在这样的问题。[①] 因此，有年轻学者感叹，她

[①] 参看郑杭生《重视和谐社会建设中的家庭研究》（《社会学研究》2007年第5期）、陈映芳《城市中国的逻辑》（三联书店，2012）第十章"国家与家庭、个人"中的相关论述及张炼红《"生活世界"、"女性解放"与"细腻革命"》（《热风学术》第六辑，上海人民出版社，2012）。譬如，陈映芳就指出："将国家对社会、对家庭的干预，视为社会现代化的一个具有普遍性的机制的思路，可以被用以分析不同意识形态和政治制度下的社会中的家庭变迁。以此为路径，我们可以看到，区别于工业化、城市化对传统家庭制度的冲击，现代国家遵循一定的意识形态或国家目标、社会建设目标，通过制定相关的家庭政策、发动相关的社会运动，对家庭实施改造，这是许多不同意识形态和社会体制的国家都经历过的'家庭现代化'、'个人成长'的过程。"（陈映芳：《城市中国的逻辑》，三联书店，2012，第327页。）但张炼红的论述提供了颇有启发性的思路，从"生活世界"和"主体性"的角度，为考察社会主义家庭打开了一个新的思想空间，虽然她的思考是从当下被边缘化的性别问题出发。

对康有为《大同书》以降的思想、文学文本进行梳理、阅读后发现,"虽然破除旧家庭(关系)已成为时代主题,但至少在象征意义上,和睦公正的大家庭理想并没有真正终结,这两条线索一显一隐,在很长一段时间里一直存在于现代中国的家庭想象之中"(冷嘉,2009:16)。她"仿佛获得了一种与历史相通相生的感觉"(冷嘉,2009)。毫无疑问,20世纪80年代以来这一"大家庭理想"遭遇了新启蒙的冲击,再加上启动于20世纪80年代初的住房制度改革及此后逐渐深化的住房商品化进程,并伴随着住房这一最大的生活资料的私有化过程的展开和深入,私有财产观念与配套的《中华人民共和国物权法》等法律制度的建立,家庭观念也逐渐回归私有制下的内容,并与资本主义的家庭观念相结合而成为社会的主流,人们对家庭生活的想象也随之迅速地被市场及其意识形态所控制和生产。

英国历史学家霍布斯邦如此描述"家"与资本主义及资产阶级之间的关系:"家是资产阶级最美满的世界,因为在家,也只有在家,资产阶级社会里的一切难题、矛盾方可置于脑后,似乎业已化为乌有,一切全都解决。在家里,也只有在家里,资产阶级,尤其是小资产阶级,方可悠然自得,沉浸在和谐、温馨、只属于统治阶级才有的幸福和幻觉之中。家中摆满的家具陈设展示了这种幸福,也使他们享受到这种幸福。"(艾瑞克·霍布斯邦,2006:294)

虽然我们还很难说,当今中国自20世纪90年代以来,经历了20多年快速工业化的过程,已经形成了一个可以被称为"阶级"的资产者,但毫无疑问的是,我们的家庭形式以及人们对家庭及其功能的理解、对家庭生活的想象已经越来越资本主义化。"居家生活"正是在这样的时代语境中逐渐成为普通城市居民,甚至乡村人口的主导性生活观念。尤其是20世纪90年代初中期住房改革措施大规模的实施,随着住房改革的深入,也随着整个文化生产机制改革的推行,在作为文化工业主体之一的媒体迅速而广泛的推广下,"居家生活"的概念逐渐深入人心,而由其所想象并生产出来的"幸福"也就很自然地成为人们普遍关注的问题了。

当"家庭"成为社会的基本组成单位,当"居家生活"成为社会的基本生活形式和样态,其结果必然是,"单位"和"集体"将不再是社会组织的重要形式,更重要的是,由此建构起来的价值观及其所关涉的个人与集体、与国家，个人与个人，个人与社会、与共同体，个人与自然，以及个人与自我之间的关系定位也因此发生改变。当然，其间的关系也许并不像我们所描述的因果关联那么简单，而是一种更为复杂的双向互动的关系，即"家庭"的重新发现和意义赋予，与"单位"和"集体"的解体、崩溃及其意义瓦解彼此影响，甚至差不多同时发生。但是，毫无疑问，这样的改变给20世纪90年代以来的中国社会带来的影响是巨大而深刻的。这一切也都与整个中国社会自上而下所确立并大力推进的以经济建设为中心的现代化进程息息相关。其最直接的后果就是价值真空。正是因为出现了价值真空，更因为价值真空造成了社会失衡，重建核心价值观才成为近年政党、政府乃至知识界、思想界普遍关心的问题。[①] 这个看似价值多元的时代，不过是唯物质主义、虚无主义的一个幻象，其实质恰恰是价值观和价值理性的缺失。也正是在这样的背景下，幸福和幸福感才成为我们时代普遍关注的问题。

[①] 从媒体、学术期刊发表的言论，可以清楚地看到近年主流学界和意识形态主管部门所关心的价值重建问题占据了多么重要的位置。仅举两例，或可管中窥豹。2007年8月下旬，北京大学中国与世界研究中心举办第二届年会，主题是"三十年来我国社会价值观的变迁"。与会专家学者讨论的核心问题虽说是三十年来的价值观变迁，但实际上所指乃是目前我国价值观的混乱现状，"混乱"正是由于莫衷一是，缺少核心价值观，甚至根本就并无价值观可言。眼前的则是，2012年8月23日上海社会科学院主办的《社会科学报》头版的通栏标题就是《如何填补时代的价值缺失》。北京大学中国与世界研究中心第二届年会会议资料请参看潘维、玛雅主编《聚焦当代中国价值观》，三联书店，2008。

第一章　居家生活成为幸福的源泉

——20世纪80年代对幸福生活的想象

上海大学文化研究系 / 郭春林

一　20世纪60年代幸福观讨论

什么样的生活才是幸福的生活呢？几乎所有的人都有自己对这个问题的理解，因为所有的人都曾经有富于想象和憧憬的年龄，而在想象和憧憬中，幸福生活多半被具体化为可以描绘的图景。尤其在进入现代以后，这幅图景就更加具体，更加实在了。譬如，1963年下半年，一位广东佛山的普通人就这样写道："我以为，今天我们来谈幸福的生活，就应该以现代化的物质生活条件为标准。如果我们能生活在有现代化物质享受的城市，有一个设备美好的温暖的家庭，有一个情投意合的理想的爱人，有待遇较高的职业和能够读书研究学问的环境，那不是比贾宝玉要幸福得多吗？……在贾宝玉的时代，不但还没有电灯、电话、汽车、洋楼这样一些现代化设备，更谈不上收音机、电冰箱、沙发、弹簧床这样一些物质生活的条件。"当然，贾宝玉也不曾"想到我们今天能看电影、跳交谊舞、听交响乐这样一些现代生活上的高度享受"[①]。这里，

---

① 《南方日报》编辑部编《幸福观讨论集》，广东人民出版社，1964，第9页。之所以会将现代生活与贾宝玉的生活相比较，是因为最初的讨论就是由贾宝玉的生活是否是幸福的所引发，在署名"江门市吴勉"的文章中，作者谈到他与一位朋友的讨论，这位朋友认为："贾宝玉生长在富贵豪华之家，吃的是山珍海错，穿的是绫罗绸缎，住的是富丽堂皇、风景如画的大观园，有一群如花似玉的女孩子陪伴，还有林黛玉那样十分理想的爱人，终日耳鬓厮磨，不是吟诗猜谜，就是观花斗草。可以说，贾宝玉在吃、穿、住、用、玩、乐以至爱情等各个方面，都达到了幸福、美满的极峰。"

我们可以很清楚地看到20世纪60年代初期人们对现代化生活的理解和追求。他们所憧憬的现代化的生活图景非常清晰地体现为现代科技条件下的物质生活，也就是说，现代生活是拥有并享受现代化的物质设备，"物"成为衡量、界定生活是否现代的标志。但是需要注意的是：第一，这些"物"既体现其现代性品质，同时也内在地包含了西方世界的特性。第二，只有现代化的生活才是幸福的生活，即便富贵如贾宝玉，在现代也不能被称为幸福。第三，我们更应该看到，在上述的描述中，家庭成为幸福的现代生活的重要方面，一定程度上可以说，家庭既是幸福生活的保证，同时也是现代幸福生活的根基，是一个必不可少的生活空间，而且，这一空间既作为物质实体的空间存在，也作为隐喻的意义而存在，并对家庭生活和日常生活进行再生产。第四，在其描述中，还有一点也是我们需要注意的。这位广东佛山人在强调物质设备的同时，也表达了对理想的精神生活和文化生活的理解和追求，并将其视为"现代生活上的高度享受"，但我们同样发现，这些文化精神生活的形式也仍然源自西方世界。笔者要特别强调，所有这些，在作者看来，都必然有一个前提条件："生活在有现代化物质享受的城市"，关键词乃是"城市"。也就是说，在他的理解中，只有城市才可能实现现代化，引申一下，照这个逻辑，在传统的中国乡村，这一切都是不可能有的，因而在传统占据相对主导性位置的乡村社会也就不可能拥有幸福。

应该说，有这样想法的人无疑不会太少，哪怕是在20世纪60年代初期的社会主义中国。当然，这样的观念在其时一定会遭到批评，但我们从收在讨论集中的文字看，并没有口诛笔伐，更没有用政治意识形态的棍子和行政手段置其于死地。讨论的目的是为了让更多的人接受社会主义的幸福观，摆正国家、集体利益与个人、家庭利益之间的关系，树立正确的价值观和人生观，为新生的社会主义中国的生产力的发展做出应有的贡献。用现在流行的学术概念说，就是通过意识形态的宣传，将个人和家庭有效地组织进生产这样的国家行为中去。而这也正是在20世纪80年代被严厉诟病的所在。实际上20世纪80年代初中期仍然保有一种个人化的理想主义冲动，但这种个人化的理想主义很快在物质欲望合法化的侵蚀下逐渐形成价值真空，并迅速蜕化为追名逐利和享乐主义。只是初期因社会现实尚处于相对贫困阶段，理想虽然日渐模糊，却依稀犹在，于是产生了困顿和苦闷。

二 20 世纪 80 年代现代幸福生活图景

王安忆写于 20 世纪 80 年代初的短篇小说《本次列车终点》，大体就可以看作这一状态颇为典型的文本。小说旨在反映知青重返城市的困苦，当然，需要强调的是这个城市是上海，既因为这是王安忆从小就生活居住的城市，更因为"上海，似乎是代表着中国文化生活的时代新潮流"（王安忆，2009：209~230）的城市。小说一开始就设计了外地人与上海人对上海的不同态度。在火车上的那几位外地人看来，"人，要善于从各种各样的生活里吸取乐趣。到哈尔滨，就溜冰；到广州，就游泳；去新疆，吃抓羊肉；去上海，吃西餐"。这些外地人的观念看起来似乎是享乐主义，但就文字所表达的意味而言，或许我们还可以说，他们看重的是地方性的独特性，而他们对上海的理解则包含了作者、外地人对上海的想象，所谓西化的特征。作为地域文化形式和载体的西餐漂洋过海，在殖民地半殖民地或非殖民地成为异域特征鲜明的对象而存在，甚至更进一步成为该地最具特色的文化形式，因而成为被移植地的地方性特征，这本身就是值得追问的现象。而在接下来的叙述中，主人公陈信却迅速将这个"西化"转换成带有普遍性意味的对象："上海是好、是先进、是优越。百货公司里有最充裕最丰富的商品；人们穿的是最时髦最摩登的服饰；饭店的饮食是最清洁最讲究的；电影院里上映的是最新的片子。"从外地人将上海最具地方性特色的东西理解、想象并确定为西餐，到一个插队十年的上海人对这个城市的理解，显然存在很大的裂隙，其中最重要的方面就是由西方化到普遍性的转换或替代[①]。其中既包含第三世界国家民众对现代生活的理解和想象，也包含了在 20 世纪 80 年代初期的中国经历了此前高度政治化

[①] 陈映芳就说过："在一般民众那儿，以咖啡蛋糕、西装旗袍等等为象征的、充满着'民国范儿'的大上海，则是中国与西方、传统与现代、此岸与彼岸间的一座想象中的桥梁。"（陈映芳：《城市中国的逻辑》，三联书店，2012，第 18 页。）

的、相对贫困的生活之后对现代生活的渴望。① 这正是20世纪80年代各项经济改革最重要的原始动力,也是最强大的动力。也正是在这个意义上,离开上海的陈信以及那些留念上海的上海人对上海的情感,确实不能简单地视为对故土故乡的眷念,而应该是乡情和对现代生活的向往之情的混合物。

但在这里,我们要分析的是王安忆对造成困苦的原因的叙述次序。依照小说的叙述顺序,我们可以发现,对于陈信而言,最初带给他困扰的实际上是因久离上海而产生的"疏远",他甚至觉得"他是个外地人、陌生人",也就是说,这是一种情感上的困扰,一种身份认同上的尴尬。但这一点很快被浓酽的亲情所冲淡,母亲和哥哥嫂子因对他主动将孱弱的哥哥留在上海、自己下乡插队一直心怀愧疚和感激,因而显示出一种特别的热情。所以,"当他酒足饭饱,洗了个热水澡,躺在'违章建筑'那张同弟弟合睡的大床上,他感到舒适得像醉了"。但很快,在这个"违章建筑"②里,他就不再能有这样的感觉了。最先让他感觉到羞辱的是他已经不会乘上海的公交车,在拥挤的车厢里,他完全像一个初来乍到的外地人一样,横杵在上海人自觉形成的沙丁鱼般排列着的人群中,引来了一阵嘲笑和批评。外地人挤车根本不懂"科学","人们挤汽车都是拼着命横挤,一无科学的考虑。搞得拥挤不堪、紧张不堪,而实际上,汽车里的人却并不多"。但上海人就不一样了,上海真的是人多,可是,他们"十分善于在狭小的空间内生活"。以"科学"的名义对外地人和上海人进行"合法"的区隔自然可以不论,在一定程度上这是20世纪80年代新启蒙的痕迹。而"拥挤的车厢"既表明人口的快速增长——实际上并不只是上

---

① 需要特别强调的是,高度政治化与相对贫困之间并不存在因果关系。造成贫困的原因有很多,对新中国这样一个积贫积弱的大国来说,迅速实现工业化、迅速脱贫根本就是不可能的,更兼新中国处在第二次世界大战结束后的"冷战"格局中,西方的经济封锁,社会主义政体无法占有殖民地,也就无法在短期内实现资本的原始积累,等等,都造成了新中国成立后相当长一段时间内国家和人民的双重贫困。

② "违章建筑"是个值得深究的概念。它涉及建筑物在空间占有上的合法性,而这一合法性与空间秩序的原则直接相关,空间秩序由谁来建立,建立的原则是什么;而空间秩序又与空间分配关联,谁来主持分配,分配的基本原则是什么,如何保证分配正义和分配平等。因此,"违章建筑"中显然包含了权力主体作为规划主体的权力与违章建筑的建造者的权利之间的紧张关系。

第一章 居家生活成为幸福的源泉

海的人多,据全国人口普查资料,1953年全国人口为5.8亿,1964年为6.9亿,而1982年就上升为10亿——只不过作为大城市的上海,人口比一般中小城市更多,同时还包含有对上海城市公共交通状况的批评。但这里要说的是,在相对贫乏的空间条件下如何"合理"利用的问题,而由此反映出来的,正是20世纪70年代以来在中国大陆城市逐渐突出的住房紧张的状况。

一天,下班回家的陈信因公交车脱班,决定走回家。一路上,"他转头左右看看,两边的屋子像是鸽子笼,又像是口琴的格子。又小又矮,从窗口望进去,里面尽是床。床,大的,小的,双层的,折叠的。因此,一切娱乐,一切工作,一切活动,不得不移到室外进行。……原来在五彩缤纷的橱窗,令人目眩的广告,光彩夺目的时装和最新电影预告的后面,却还有这么窄的街,这么挤的屋,这么可怜的生活。看来,上海也并非想像中的那么完美"。五彩缤纷的橱窗可以理解成物的丰富多样,令人目眩的广告既可以视为物的宣传手段之漂亮,也可以视为商业化气息的浓郁,还可以作为日常生活审美化的表征,时装自然属于衣食住行之首,但显然不是御寒之物,而包含了消费的诉求,至于最新电影预告,显然并不只是列宁所指称的"对于我们是最重要的"(H.列别杰夫,1951:49)艺术形式之一的电影,而是作为精神文化生活内容的隐喻性的表达。但说实话,那样的年代,对究竟需要什么样的精神文化生活,其实并无多少明确的方向,可是,其中有一点是明确的,那就是不能再回到只有样板戏的、单一化的文艺形式的那条路子上去。也就是说,贫困、匮乏是20世纪80年代初期举国上下最迫切希望改变的现实,而这一改变的愿望当然并不是因为"文化大革命"的结束,在相当程度上说,"文化大革命"中后期时,这一愿望就已经很强烈。客观而历史地说,改变贫穷、落后状况的愿望是整个中国近现代,甚至还应该包括全世界绝大多数处于贫穷状况中的民族、国家的愿望。说到底,这其实就是国强民富、国泰民安。而在近现代的历史语境中,国强民富和国泰民安都直接地与现代化相关联。现代化,在其与实际生活对应的层面上,就是现代生活。但毫无疑问的,对现代生活的想象,就其内在的逻辑和精神而言,其实存在很大的差异,甚至对立。笔者说的正是社会主义和资本主义这两种制度所想象并建构的现代生活图景,其一致之处就是摆脱贫困和匮乏。所以,当20世纪70

年代末之前激进政治实践未能兑现其全民富裕、全民幸福的诺言,恰逢"文化大革命"的终结之时,或者说这两者彼此推动,形成了 20 世纪 70 年代末 80 年代初整个中国社会对此前政治实践的否定,甚至全盘的、彻底的对政治的否定,而对激进政治为什么未能兑现承诺并无认真而深入的反思,并在一个极其简单的逻辑上将贫困视为激进政治的后果。由此而进入对现代生活的单一面向的全面追逐。个人和能力成为那个时代最重要的概念。于是,全民富裕迅速被依靠个人能力致富的意识形态所取代。因此,家庭成为"集体""社会""国家"等词汇中最大的一个概念。

于是,在陈信满怀对返城后美好生活的憧憬回到上海的时候,当他亲眼见到并深切体会到贫穷的困窘之时,他发现了上海的不完美。实际上,那个时候并不只有上海不那么完美,几乎所有的回城知青都有同样的感慨。小说很明确地告诉我们,当陈信终于靠顶替母亲进了工厂,成为工人,而未能考上大学的弟弟不得不待业在家;当母亲要给他介绍对象,哥哥告诉他,"你现在应该着手建立生活了"的时候,他不由得心里"一震","新生活突然之间这么具体起来,他有点措手不及,难以接受,可他再想想,确也想不出来究竟还有什么更远大、更重要的新生活。也许,结婚、成家、抱儿子……这就是了"。似乎是生活突然之间显露出了一副峥嵘面目,可实际上生活从来就是如此,只不过如何面对却有很大的差异。可以说,在 20 世纪 70 年代末 80 年代初期,人们对生活所采取的姿态和态度普遍地发生了变化,人们不再愿意在一种高昂的政治激情下投身政治化的社会生活,而是选取了更为具体化的日常生活方式。也可以说,这个时代的人们对生活的理解和追求发生了历史性的改变,对物质的热情战胜了对理想的激情。

这也正是《本次列车终点》隐含在叙事顺序中的思维逻辑。但王安忆还是写出了那个时代里知青作为一个当代中国历史的独特群体所特有的情感复杂性。陈信终于没有为了房子(其实也并不大,只是"一间双亭子间")而选择那个相貌让他并不满意的女孩,这倒并不是说陈信只注重外表,相反,在这里,好看的相貌实在是美好生活的隐喻。然而,也正是在这样的地方,"结婚和房子的关系"凸显了出来,即使这难堪的现实并没有令陈信屈从,可问题却牢牢地立在了那里。那个时候的王安忆当然不愿意就此让渡出她的乌托邦情怀,而在相当的意义上说,这种乌托邦情怀正是与陈信有着同样经

第一章 居家生活成为幸福的源泉

历的知青们所共享的精神资源，其中就包含了关于幸福的理解。当陈信回到上海后遭遇了所有的一切，在历史与现实的比照中，他怎么可能不迷惘？

  他很茫然，十年里那点儿渗透他心灵的、苦苦的而又甜甜的思念，消失了。十年里那种充实感也随即消失了。他的目的地达到了，下一步，他该往哪儿走？人活着，总要有个目的地。完成西装革履、喇叭裤、录音机的装备，跟上时代新潮流？找对象、结婚、建立小家庭？……这些都可以开始了，是的，可以开始了，只是还需要很多努力，很多辛苦。并且，如果时装里包裹着一颗沉重而不愉快的心灵，究竟又有什么幸福？为了建立家庭而结婚，终身伴侣却不是个贴心人，岂不是给自己加了负荷？……人生的目的地，总归应该是幸福，而不是苦恼。他忽然感到，自己追求的目的地，**应该再扩大一点儿**，是的，**再扩大一点儿**。——着重号为引者所加

  难道十年的知青生活，唯一给了陈信充实感的就只是思乡？但无论如何，现在，遭遇了挫折的他，不曾言语一声就出门了，家人担心他会想不开，上街一路找去。当哥哥嫂子终于发现了他，激动的他想到的是："家毕竟是家，就因为太贫困了，才会有这些不和。亲人，苦了你们了。"他忽然感到羞愧，为自己把十年的艰辛当作王牌随时甩出去而感到羞愧。"妈妈、哥哥、弟弟、嫂嫂，都有十年的艰辛。"可是，在不久前他还曾经回忆，爹爹很早就死了，妈妈带着他们三个，相依为命，相濡以沫，什么苦都吃过了。可就因为大家挤在一起，再怎么苦都是暖融融的。

  在上述引用的文字中，王安忆的叙述中还是隐隐透露出一种明确的情感诉求。从字面上看起来，陈信渴望的是"幸福"的新生活，可是认真辨析一下，我们还是可以发现，这里的"幸福"更多地指向了"愉快"和"轻松"，"一颗沉重而不愉快的心灵"不会"幸福"，也不可能有"幸福"。如何才能拥有轻松而愉快的心灵？陈信们以为，只有抛开历史，投身实现个人目标的努力方可抵达。这差不多就是20世纪80年代初期普遍的思路。在这个意义上，所谓"再扩大一点儿"的"目的地"，即使不是清晰地指向个人，也是含糊而暧昧的。

187

三　幸福感与家庭生活空间

20世纪80年代初期，物质与幸福之间的关系再次凸显出来。人们这样描述当时的情形："四个现代化的灿烂前景，正在激励着我国的青年一代。在为这项宏图大业贡献青春的时候，青年们对个人的物质利益也提出了一些要求。在公共场所，在上下班的路上，人们可以听到，三三两两的青年兴致盎然地谈论着电视机的选购、衣服的样式、食物的构成、自行车的型号……也常常听到他们焦虑不安地说到住房紧张、家具买不到手，等等。"（贾春峰，1980：15）实际上并不只是青年才对物质利益有要求，只不过在经典社会主义的理论框架中，青年既代表着未来，也是革命事业的接班人，而对物质利益的追求在经典社会主义的理论脉络中，一直强调的是，"革命是为了使全体劳动者[①]过最美好最幸福的生活"（贾春峰，1980：15）。正如前文已经指出的，当共同富裕、全体幸福的理想愿景在经历了近三十年的努力而未曾实现的时候，越来越多的人选择了个人幸福和个人利益。在这个意义上，潘晓的困惑正源自这一时代背景中诸多因素彼此矛盾、冲突而形成的价值认同的困境。我们可以在潘晓的来信中很清楚地看到这种冲突，而潘晓所选择的正是当今社会上普遍认同并践行的社会达尔文主义。

> 社会达尔文主义给了我深刻的启示：人毕竟都是人哪！谁也逃不脱它本身的规律。在利害攸关的时刻，谁都是按照人的本能进行选择，没有一个真正虔诚地服从那平日挂在嘴头上的崇高的道德和信念。人都是自私的，不可能有什么忘我高尚的人。过去那些宣传，要么就是虚构，要么就是大大夸大了事实本身。……过去，我曾那么狂热地相信过"人活着是为了使别人生活得更美好"，"为了人民贡献出生命也在所不惜"。现在想起来又是多么可笑！[②]（潘晓，1980：4~5）

[①] 着重号为引者所加。
[②] 对潘晓来信及此后的讨论的重新检讨，请参看前文所提及的贺照田在《开放时代》2010年第7期所发表的文章。

第一章 居家生活成为幸福的源泉

然而，现实是残酷的。当陈信们打定主意要追求这样的幸福的时候，当成家成为个人生活中非常重要的一个关节的时候，偏偏遇到了现实无情的打击——无处安家（身）。

无处安家并不只在上海有，实际上，全中国的城市住房都很紧张。甚至也并非中国的城市才有住房短缺现象，人口的增长，工业化的进程都必然带来城市住房的紧缺，也可以说，住房紧张是"城市病"，是工业化的必然后果。1982年第37届联合国大会就宣布1987年为"无家可归者收容安置国际年"（International Year of Shelter for the Homeless，简称"国际住房年"），并在1985年第40届大会上，确定以每年10月的第一个星期一为"世界住房日"（World Habitat Day，简称"世界人居日"）。据相关资料及研究表明，"中国城市人口从1949年的约为5765万人激增到1984年的1.63亿人。人口的激增引起巨大的住房需求和严重的住房短缺，全国城镇人均居住面积甚至从1949年的4.5平方米降低到1978年的3.6平方米。到1978年，中国主要城市的住房短缺面积达到10亿多平方米"（朱亚鹏，2007：4）。另一个数据也许更直观些，"1949年到1978年，城镇居民人口增加两倍多，而住房建设只增加了80%"（赵丰，1994：32）。之所以造成如此巨大的住房短缺现象，实际上有很复杂的政治、经济、社会和历史原因。

有论者指出，"住房问题是现代城市社会问题之一"；"住房问题是城市化与工业化的产物"；"住房问题是各国经济起飞时期面临的共同问题"。据说，"美国总统胡佛曾在30年代指出，没有什么东西比住房更能为谋求人们幸福和社会安定作出贡献"（侯淅珉等，1999：123）。而在新中国社会主义改造和社会主义建设时期，住房问题虽然也受到关注，相比新中国成立前，也有很大的改观，甚至曾经有很成功的实践，但因为诸多因素，尤其是城市人口的增加，以及政府对工业化必然造成的城市人口增加从而导致住房紧缺没有足够的重视，最终造成了20世纪70年代末80年代初中期高度紧张的住房格局。在整个社会开始普遍关注生活质量，并对"现代生活"展开想象的背景下，这一问题就变得更加紧张而突出。一个很有意思的现象是，原先作为批判对象的资本主义世界的现代生活图景在此时此际却成为我们想象未来的范本,甚至蓝图。①

还是让我们回到《本次列车终点》来看看吧。陈信一家,父亲去世得早,母亲一个人把他们兄弟三人抚养成人,一家四口,居住在28平方米的两间房子里(一大间22平方米,三兄弟合住,小间6平方米,母亲住)。应该说这样的居住面积在20世纪50~60年代的上海并不算小。据调查,"1979年,我国城市人均居住面积为4.4平方米……1986年全国城镇房屋普查时,上海的人均居住面积在全国各省、市中倒数第三,为5.24平方米,而缺房户在全国正数第一,高达53.3%"(朱剑红、王国净,1988:2)。"文化大革命"期间,陈信因哥哥孱弱,主动替哥哥上山下乡,十年后重新回到上海。这时,哥哥已经成家,并育有一子,哥哥一家三口就住在大间。陈信的弟弟则没有考上大学,待业在家。他返城后,就与弟弟住在狭小的"违章建筑"中。刚刚回来的陈信受到了一家人的热情欢迎,包括他的嫂子。但不久之后,随着陈信不因房子而放弃自己对美好爱情的追求,嫂子隐隐地感受到了压力,遂唆使丈夫向母亲提出分户。按照他弟弟的说法,"一分户口,这间二十二平方米的客堂就归他们了。这一定是嫂嫂的主意"。陈信虽然嘴上说着"归他就归他呗",但工作的时候他还是忍不住地"有点心不在焉"了。事态的发展还没有到更糟糕的地步,待到嫂嫂迁怒于孩子,并当着一家人的面,说出更难听的话:"我不为房子生气,有没有房子我无所谓。不过,我儿子长大了,没有房子是不会让他娶人家女儿回家的。"家庭关系一下子变得紧张起来。而陈信更以"我不要这房子,我不结婚"的回应令母亲愈加伤心。第二天,陈信正值厂礼拜,"他想出去走走,找个开阔一点儿的地方"。但他并没有告诉家人,于是,全家竟都以为他为

---

① 譬如,这样的说法在当时就非常有力:"1949年,我国城市人均居住面积为4.5平方米。……1979年,我国城市人均居住面积为4.4平方米。30年的向往期待,30年的勤奋建设,换来的却是0.1平方米的倒退!与此同时,被我们多年视为'头号帝国主义敌人'的美国,人均居住面积为18平方米;在第二次世界大战中向我们举手投降、挤在一个狭小岛国上的日本,人均居住面积为14平方米;初为我们最亲密的'老大哥'、后却势不两立的苏联,人均居住面积为12平方米。"(朱剑红、王国净:《住房》,辽宁人民出版社,1988,第2页)。其中所蕴含的意味令人深思,但从今天的立场去看,其中的逻辑转换同样值得我们深入研究。也许只有从这里出发,我们才能真正厘清当代中国60年充满艰辛曲折的历程及其成败得失,也才能真正确立我们在何种立场和意义上反思社会主义,批判资本主义。

此想不开而自杀。

　　小说的结尾自然是充满温情的，哥哥嫂子找到了他，一家人又回到那个贫困、逼仄的家中。虽然王安忆努力要给小说一个比较光明的尾巴："也许永远得不到安定感。然而，他相信，只要到达，就不会惶惑，不会苦恼，不会惘然若失，而是真正找到了归宿。"可是"相信"是一回事，即使上述的房子风波在他的心底一丝一毫的阴影都没有留下，但母亲呢，弟弟呢，嫂子呢，还能像他刚回上海的时候那样对他么？这毫无疑问成为一个问题，并且在此后的生活中影响到一家人原先和睦、愉快的家庭关系。当然，王安忆有权表达她的良好愿望，她可以用亲情弥合这一缝隙，然而，在笔者看来，除了亲情，起码就陈信而言，并非完全出自家庭伦理的考虑而如此行动。发挥了更大作用的无疑是"相信"，即使陈信（这大概也是作者给主人公取名为"陈信"的基本考虑，所以，在这个意义上，"信"并非诚信的意思，而是信念的信），也包括王安忆在内，对究竟相信什么是模糊的，但无论如何，陈信的主动反思和兄嫂的让步，还是可以视为比较好的结果。

　　可以说，20世纪80年代初期，人们并没有因为居住空间的狭窄而放弃家庭伦理，包括与家庭紧密关联的邻里情感伦理。但是，这一状况在20世纪90年代房产市场完全商品化后，在人们的居住空间普遍得到扩展之后，却出现了相反的情形。看一看《新老娘舅》[①]就知道，如今相当一部分家庭纠纷都与房子或其他财产有关。在这个节目中，我们看见无数为房产而对簿公堂的夫妻、父母与子女，还有无数因琐屑小事而打骂得不可开交、难以调和的邻里。这种现象发人深省、耐人寻味，也使我们不得不回头重新检视一下我们曾经走过的路。

四　作为历史遗产的工人新村的启示

　　回望上海人的居住变迁，我们起码不应该忘记工人新村这样一个全新

[①] 2008年1月上海SMG娱乐频道推出的一档全新栏目，用因该节目而成为"明星"的柏万青的话说，是"采用综艺包装，关注民生话题的调解类谈话节目"。参看《新老娘舅》节目组编著《"新老娘舅"调解手记》，上海人民出版社，2009，第17页。该书的副题足以揭示其内容：化解一场叫亲情的战争。

的城市生活空间形式。在对上海工人新村较为系统的研究尚嫌不足的现状下，丁桂节的博士学位论文《工人新村："永远的幸福生活"——解读上海20世纪50、60年代的工人新村》无疑是比较突出的。作者将工人新村的建设视为社会主义空间生产的实践，论文在颇为丰富的资料梳理基础上，对工人新村居住模式和生活形态进行了较为细致的考察，并将这一空间实践纳入现代社会乌托邦空间想象和实践的脉络中，通过较为深入的比照分析，在政治和社会的层面，而非纯粹建筑规划的层面，把握上海20世纪五六十年代工人新村的价值取向及其社会学价值。论文为我们揭示了工人新村的建设，其间虽然有曲折，但就总体而言，它无疑成功地凸显了社会主义在城市规划和建设领域的政治理念。有论者甚至说："以1952年第一个工人新村（曹杨新村）的建立为起点，到1978年间，工人住宅始终是上海城市住房建设的主体。"[①] 实际上，工人新村与社会主义城市之间的关系问题中，最重要的一个原则乃是对城市属性的理解。城市是生产性的而非消费性的，在相当程度上说，是中国这样的社会主义国家在其建设的很长一段时间里区别于资本主义国家的标志。毛泽东在西柏坡召开的中共七届二中全会上，就已经非常明确地指出："只有将城市的生产恢复起来和发展起来了，将消费的城市变成生产的城市了，人民政权才能巩固起来。"（毛泽东，1991：1428）因此，新中国成立后工人新村的规划和建设既可以看成为巩固政权而发展生产的政治实践，但同时，正如列斐伏尔所说，"一场革命，如果没有产生新的空间，那么它就没有释放其全部的潜能；如果只是改变意识形态结构和政治体制，而没有改变生活的话，它也是失败的。真正的社会变革，必定会在日常生活、语言和空间中体现出它具有创造力的影响"（转引自杨辰，2009：39~40）。工人新村正是中国革命所生产的全新空间形式，这一居住空间的基本原则就是以生产为根本目的，或者说，"生产"与"生活"一体化（罗岗，2007：92）。

---

① 杨辰：《社会主义城市的空间实践——上海工人新村（1949~1978）》，《人文地理》2011年第3期，第37页。但1952年的说法有误，据汪定曾发表的《上海曹杨新村住宅区的规划设计》（《建筑学报》1956年第2期）称，曹杨新村是"1951年开始兴建，1953年大部工程完成"，汪写作此文时的身份是上海市城市规划建筑管理局曹杨新村总规划师。无论以兴建还是以完工为标识，曹杨新村的"建立"都不是1952年。

第一章 居家生活成为幸福的源泉

列斐伏尔进一步指出:"一个正在将自己转向社会主义的社会(即使是在转换期中),不能接受资本主义所生产的空间。若这样做,便形同接受既有的政治与社会结构;这只会引向死路。"(转引自罗岗,2007:92)看起来这似乎是危言耸听,可社会主义实践在全球范围内的挫败,在一定程度上说,恐怕也正与此相关。我们当然不能说,空间是这一过程中唯一的因素,或决定性的力量,但就其对资本主义空间的继承、改造及社会主义自身的创造性空间生产而言,后者无疑较弱。换言之,有限的社会主义空间生产和创造只能与旧的资本主义或封建主义的空间并存,就如同1949年后的上海城市空间的格局一样,在意识形态对抗白热化的时候,两种或多种空间实际上在进行着一场无声的战争。其结果已经不言而喻,但要紧的是,我们必须通过重新审视曾经有的社会主义空间遗产,以及凝固在其中的政治、思想、文化遗产,打开面对当代中国完全世界化的空间生产进行批判的新空间。而在这有限的空间遗产中,工人新村正是具有典范意义的存在。因为,工人新村虽然在旧的城市空间中只占据很小的面积,但因为它不仅仅让获得解放不久的工人阶级真正体会到前所未有的翻身感,也使其所倡导并贯彻的以生产型城市取代消费性城市的理念得到广泛的认同,更重要的是它以此所组织、生产出来的日常生活的模式迄今仍具有发人深省的意义。在这一日常生活的模式中,既包含生产和生活的关系,也包括空间内部的社会关系及其与外部的社会关系,譬如家庭成员之间、邻里之间关系,乃至家庭与单位、社会以及国家之间的关系,在相当程度上,均因这一空间而获得了新的规定性。而这一新的生产关系才是真正的有尊严的生活的根本保证。

有尊严的生活是幸福的,有尊严的人对这样的生活一定会有幸福感。实际上,据罗岗的研究,工人新村的住房面积并不大,一般情况下,"大户居住面积为20.4平方米,小户居住面积为15.3平方米"。家庭内部和邻里之间虽然也有勃豀之事,但更多的还是和睦共处、互相帮助的整体和谐。

新中国成立后参与新中国城市规划和建设的华揽洪在其著作中有这样的描述:"20世纪50年代,中国社会的各个阶层,既不是普遍持平,也没有非常悬殊的差异。工资幅度为1到15,而且这个差距趋向缩小而不是拉大。高收入的人主要是资深的大学教授、医生和从旧社会走过来的学者,因为政府考虑尽量维持他们先前的生活水平。随着这些人的离去,这种高薪阶层将自行消失。新一代专家的工资更接近底层收入，在党政部门和其他机关里工资的差距也不是很大，这样可以避免出现一个经由仕途形成的特权阶层，就像东欧国家发生的情况那样。住房情况也像工资一样。虽然不能说所有人的居住条件都一样，但除了一些特例，差别也不大。比如，一个一两千人的大单位的领导可以和他手下最普通的编辑或绘图员住同一栋楼，无非他的居住面积更大一点，房间数更多一点，卫生设施更齐备一点。"① （华揽洪，2006：139~140）正是普遍的平等带来了普遍的社会公正，也使社会绝大多数人感受到一种真正的幸福。

而这一切在20世纪80年代开始松动，至90年代，随着市场经济的全面启动，尤其是房改的逐步深化，完全市场化的住房制度所生产的新的居住空间模式，重新塑造、规定了当代中国城市人的日常生活概念和形式，人们对幸福的理解也因此而发生了很大的变化，换言之，居家生活从此成为幸福的主要源泉。

---

① 同时，请参看李强《当代中国社会分层：测量与分析》："应该说，直到20世纪90年代中期以前，绝大多数城市居民的住房地位还是比较相似的。之所以地位相似，一方面是因为房屋都是公家的，不管是领导还是普通职工都只是承租人。另一方面，单位建房、单位分房，虽然内部也有差异，但是，单位职工毕竟住在一起，即使照顾某些领导，一般也不敢与普通职工搞得差距太大。虽然也存在某些特殊的住房，比如，少数高级干部往往居住在一些特殊的大院里，但是，这种现象不具备普遍的意义。"（北京师范大学出版社，2010，第214页）。虽然华揽洪和李强对这一现象的描述在字词的选择上存在细微的差别，并因此可以见出两代人对此现象态度上的细微差异，但无论如何，那个时代在住房上的相对平等却是事实。当然，那个时代住房上的关键问题是不足，甚至普遍的贫乏。

第二章 住房改革与居家生活

上海大学文化研究系／郭春林

一 家庭和住房制度改革

家庭既是社会关系的基本存在单位，也是家庭成员共同拥有的居住生活空间，当这一空间表现为物质形式，它也就是我们最常使用的一个概念：家。也可以说，"家"在一定程度上依赖于住房而存在。就如同前文所分析的《本次列车终点》中的陈信，他要开始新的生活，可是这新的生活的建立必须考虑的重要问题就是房子，也就是这个"家"所安顿的地方。实际上，家庭关系，甚至家庭结构，家庭成员间的感情方式，家中的日常生活等都在不同程度上受到住房这一物理空间的影响，后者甚至可能强大到对前者进行形塑的作用，就如同陈信与他的兄嫂、弟弟之间的关系，最后的和解一定程度上也与他们一大家子不得不继续住在一起这一状态有关。但这还只是与住房所关联的一个方面。另一方面，住房的所有权同样对家庭中的每个人，以及上述诸如此类的方面产生影响，无论住房属于国家公有，还是属于集体所有，或者个人所有，而个人所有又有两种可能，其一是居住者享有所有权，另一种是居住者只是租赁人，对所居住的房子并不拥有财产权，这些都会对居住于其中的人产生不同程度的影响，有时甚至从根本上规定了其生活方式、生活观念，及其日常生活的形态。而这些也就直接关涉幸福感的问题。正是在这个意义上，我们对当代城市人幸福感的考察必须引入住房这一决定性的参照因素。

住房在众多的生活资料中无疑是最重要的，而其所有权的问题也直接地与所有制及其他相关的一系列制度，以及这些制度设计背后的理念相关。就让我们先来看看新中国成立后直至目前为止的相关制度吧。

自新中国成立后,"直到1955年,在城镇公房经过了一定程度发展的情况下,私房仍然占有很高的比重"。据有关资料,至1955年12月,全国10个主要城市的私房占有率均超过50%。因此,"对城市私有房产的社会主义改造是我国住房公有制形成的起点"。1956年进行第一批改造,改造的对象主要是大房产主;1958年,开始"第二批对出租私房的社会主义改造,除保留部分自住房产外,其余出租用房产全部收归国有,确立了城市房产公有制的主体地位。……1958年底,私房改造基本结束。1964年7月,国家正式宣布对作为资本主义因素存在的私房改造结束。至此,70%左右的私有出租房产基本上消灭了私人租赁经营方式。……到1978年,我国城镇中74.8%的住房为公有住房"(侯淅珉等,1999:9~29)。其间的住房政策经历了开始的"以租养房"到20世纪50年代中期的低租金制,进而到后来的"住房单位所有制"这一"不同于其他社会主义国家的"住房体制,其分配形式基本上采取实物分配和货币化两种,且以前者为主。这一分配形式所依据的正是社会主义"按劳分配"的分配原则。

无论是作为原则的"按劳分配"还是具体实施过程中的"按劳分配",都会产生新的不平等,在住房这样大型的生活资料上就更是如此,因为公有制住房及包含在其中的单位所有制,既关涉个人和家庭的劳动收入高低,也与单位或企业的利润和资金总量(这些决定了单位或企业在住房建设上的投入量)有关,而且,租金的高低既直接地影响到租用者整个日常生活的收支比例和结构,也直接与国家和企业的再生产和经营相关联,还可能滋生权力滥用所造成的贪污腐败。有论者将其归纳为:"在传统住房分配体制下,得到住房实物分配较多的人不必也不愿支付新的住房消费费用,而享受住房实物分配较少的居民或无房居民所得到的货币收入又不足以支付购、租住房的费用。简单地说,有房人的住房货币收入沉淀为储蓄或转移为其他消费;无房人的住房收入又经过国家的扣除而无法从市场取得住房。"(侯淅珉等,1999:32)但完全市场化后的政策在相当程度上并不是对这一不平等现象的缓解或解决,反而加剧了这一不平等。

1957年召开的中共中央八届三中全会上,周恩来在《关于劳动工资和劳保福利问题的报告》中就谈到住房紧张问题。他说:"为了缓和职工住宅的紧张，除了整顿各种福利待遇和采取其他措施以加强控制城市人口的增长，并且根据可能适当地增建职工住宅，……同时还必须适当地提高职工住公房的收费标准。"之所以说"适当地增建"，了解新中国成立初期历史状况的人都明白，1953年启动的第一个五年计划开始明确地全面规划新中国国民经济发展的方向，国民经济的全面发展必须以工业建设等基础建设为基础，国家乃至整个社会提倡的是先生产后消费，勤俭节约为主导的理念，为了国家利益——在社会主义的原则中，国家利益也就是全体人民的利益——必须暂时地压缩物质生活需求。在住房这一最大的生活资料问题上，在城市基本实行公有制的同时，个人必须承担一定比例的负担，具体地说就是提高公房的月租金，以及房租所占职工工资收入的比例，后者应从原来"占家庭收入的2.4%"，提升到"一般占职工工资收入的6%～10%，平均8%左右"。正如周恩来在报告中所说，"住房不够的问题，需要经过相当长时期的努力，才能逐步解决，必须制定严格的房屋分配制度和管理制度，并且运用群众路线的办法，依靠群众力量来监督这些制度的贯彻执行"（潘其源，1992：76）。提高租金的根本目的是为了保证住房建设的再生产，甚至扩大再生产，并在一定程度上减轻国家的负担。[①] 毫无疑问，住房问题一直是新政权考虑的对象，但基于客观因素，也只能在坚持社会主义公有制和社会主义分配原则的基础上适当改善。

在"文化大革命"结束前近三十年的时间里，实际上由国家承担了城镇居民住房的主要负担。有论者对这一制度的弊端作了很好的归纳："弊端之一，住宅投资没有稳定的、合理的来源"；"弊端之二，房租太低，房屋价格与价值严重背离，不仅给国家财政造成沉重负担，而且使国家建造住宅的投资有去无回，不能回收调转"；"弊端之三，租不养房，国家财政负担沉重，大批住宅失修"；"弊端之四，造成了不合理的消费结构"；"弊端之五，不利于产业结构趋向合理"；"弊端之六，助长住房分配中的不正之风"（朱剑红、王国净，1988：54～63）。这样的概括当然是有道理的，问题是我们该如何看待这些"弊端"，特别是我们必须面对：为什么会产生这些弊端，这些弊端长期没有得到很好的应对和解决，其根本的原

[①] 可参看苏星《我国城市住宅问题》中的相关论述，中国社会科学出版社，1987。

因是什么？这些弊端的背后是否存在值得我们深入反思的问题？我们在批评旧体制的同时，是否应该历史地、公正地去对待，尤其是从其中发现韦伯所谓的价值理性的东西，而不是只追求单一面向上的解决？这绝不是一个简单地要为曾经造成了灾难的制度及其原则辩护的问题，而是我们基于现实和未来都应具有的最基本的理性态度，同时，不扔弃曾经激发了无数人投身社会主义祖国建设的无与伦比的热情，其间深藏着无数人有着美好记忆的价值和理念。

一直到1988年2月，国务院颁布《关于在全国城镇分期分批推行住房制度改革的实施方案》，也并没有完全放弃这一社会主义分配原则。"按照社会主义有计划的商品经济的要求，实现住房商品化"是大目标，可在具体的实施细则中，则赫然就有"以上出售新、旧住房的标准价和各项优惠措施，不适用于年收入一万元以上的住户"（《住房制度改革法规文件选编》编委会，1998：2、8）。此后的政策、法规文件中则再也没有出现这样的限制性条款。在相当程度上说，这是对社会主义按劳分配制度所形成的不平等进行的制度性限制，即使是有限的限制，也在一定程度上体现了平等的价值规范和追求。因为，作为大宗生活资料的住房一旦不加限制地投入自由市场，必然在市场的孵化和催动下形成更大程度以及更大范围的财富不平等。20世纪90年代之后日益加剧的贫富差距足以证明这一点。

二　住房商品化与作为新的经济增长点的建筑业

实际上，完全市场化的住房体制的建立是经历了一番曲折才实现的，虽然邓小平早在1980年4月的一次讲话中就提出，"城镇居民个人可以购买房屋，也可以自己盖"（转引自朱镕基，2011：1）。在这个不算太长的过程中，诸种力量和利益经过了数轮冲突和博弈，最终选择了商品化、市场化。而这个结果也意味着曾经受到广泛欢迎，同时也受到很多质疑的住房公有制的结束。客观地说，在很长一段时间里，对住房公有制持欢迎态度的人无疑占绝大多数，即使他们也只居住在并不很宽裕的房子里，但他们从住房公有制中真切地感受到了社会主义的优越性，特别是新中国成立后工人新村的住户们，从中充分地体验到了工人阶级当家做主的翻身感。自然，在欢迎者中，

第四编
第二章　住房改革与居家生活

一定有那些既得利益者，他们利用权力等不正当手段，占有了明显多于自身应该享有的住房。质疑者无疑是那些住房困难，甚至根本就无房的人们，他们的困难程度超出了很多人的想象，也难怪1991年春节后时任上海市市长的朱镕基到棚户区考察时流下了动人的泪水①。随着城市人口增加，住房紧张程度不断加重，质疑的声音也愈加强大。

大体上说，住房商品化的推行与1978年和1980年邓小平的两次讲话有关。据称，"住房制度改革是城市诸项改革中最早提出的改革内容，是在城市经济体制改革的总体思路尚未形成、'让权放利'为主的改革设想还在酝酿过程中提出的。因此还不能说当时房改的体制目标已经十分明晰"。但有两点却是十分明确的：其一，"住房困难是房改提出的最初动因"；其二，坚持"住房商品化"的大方向（侯淅珉等，1999：38）。特别是邓小平1980年4月2日的讲话。邓小平明确指出："从多数资本主义国家看，建筑业是国民经济的三大支柱之一，这不是没有道理的。过去我们很不重视建筑业，只把它看成是消费领域的问题。建设起来的住宅，当然是为人民生活服务的。但是这种生产消费资料的部门，也是发展生产、增加收入的重要产业部门。要改变一个观念，就是认为建筑业是赔钱的。应该看到，建筑业是可以赚钱的，是可以为国家增加收入、增加积累的一个重要产业部门。要不然，就不能说明为什么资本主义国家把它当作经济的三大支柱之一。所以在长期规划中，必须把建筑业放在重要地位。与此相联系，建筑业发展起来，就可以解决大量人口的就业问题，就可以多盖房，更好地满足城乡人民的需要。随着建筑业的发展，也就带动了建材工业的发展。"②

---

① 参看赵丰主编《租房·买房谁划算——中国老百姓居住话题》之"朱镕基雨中走访棚户区"一节，天津人民出版社，1994，第102~105页。朱镕基的一番话意味深长，他说："解放40多年了，上海市还有这么多居民住在这么差的房子里！群众不抱怨，不骂娘，理解政府的难处，多么好的人民啊！可我这个共产党的市长心里并不好过。我们社会主义应该把群众的问题解决好。"

② 转引自杨慎《春到人间——〈邓小平同志关于建筑业和住宅问题的谈话〉发表纪实》，http://www.chinajsb.cn/gb/content/2010-03/31/content_306192.htm。邓小平此番谈话的时间也有说是4月5日的，此处从杨慎文。大多数著作和文章对谈话内容的引述集中在后半部分，即所谓商品化的表述，这在一定程度上体现了当时政府高层及此后社会主流，尤其是经济领域，甚至包括经济学学界对这一话题的理解方向。参看罗应光、向春玲等编著《住有所居——中国保障性住房建设的理论与实践》，中共中央党校出版社，2011，第119~120页。

也就是说，在人民群众的实际需要和经济发展的要求下，在政府高层决策者的推动下，房改成为"文化大革命"结束后从中央政府到地方政府重要的工作。"1980年6月，中共中央、国务院在批转《全国基本建设工作会议汇报提纲》中正式提出实行住房商品化政策，'准许私人建房、私人买房、准许私人拥有自己的住宅'，公有住房出售试点扩大到全国各主要城市。"（侯淅珉等，1999：38）

将建筑业作为新的经济增长点显然与20世纪80年代初期整个国民经济高速发展的诉求相一致。1982年召开的中共十二大明确提出，"在不断提高经济效益的前提下，从一九八一年到本世纪末的二十年内力争实现我国工农业年总产值翻两番"，赵紫阳在其后的关于第六个五年计划的报告中，进一步明确指出，"从一九八三年到一九八七年的五年间争取实现国家财政经济状况的根本好转，也就是说要求全国各行业、各企业普遍显著提高经济效益，在保证经济文化建设费用逐步增加和人民生活逐步改善的条件下，实现财政收支平衡"。具体落实到人民生活水平，"到一九八五年，城乡居民按人口平均的消费水平，将比一九八〇年增长百分之二十二，平均每年递增百分之四点一，高于一九五三年至一九八〇年二十八年平均每年递增百分之二点六的水平。其中，城镇居民的消费水平平均每年递增百分之三点二，农村居民的消费水平平均每年递增百分之四点二。社会商品零售总额一九八五年将达到二千九百亿元，比一九八〇年增长百分之四十，平均每年递增百分之七。城乡居民的居住条件将继续得到改善。五年内预计农民新建住宅二十五亿平方米，在农村新建公共福利设施三亿平方米。全国城镇全民所有制单位五年合计建成住宅三亿一千万平方米，平均每年六千二百万平方米，等于一九五三年到一九八〇年二十八年中平均每年建成住宅面积的二点六倍。与此同时，还将加强城市公用设施的建设，坚决制止环境污染的加剧，并使重点地区的环境有所改善"[①]。

有论者根据此后一系列房改政策的不同侧重点及实施过程中的具体调整方法，将始于1978年的房改划分为"成本价售房（1978～1981年）"、"补

[①] 赵紫阳：《关于第六个五年计划的报告》，http://cpc.people.com.cn/GB/64184/64186/66678/4493887.html。

第四编
第二章 住房改革与居家生活

贴售房（1982~1986年）"、"提租补贴（1987~1990年）"和"多种形式并存（1990~1991年）"四个阶段，到1991年6月，国务院颁布《关于继续积极稳妥地推进城镇住房制度改革的通知》（国发〔1991〕30号），住房商品化全面铺开（罗应光、向春玲等，2011：120~121）。正式提出住宅商品化则是在1984年5月召开的六届全国人大二次会议上，由时任总理的赵紫阳在报告中提出，并将"这一改革内容提到国家进行改革的议事日程上来"（朱剑红、王国诤，1988）。而1994年7月颁布的《国务院关于深化城镇住房制度改革的决定》无疑是制度层面的确定和强化。《决定》确立改革的根本目的是"建立与社会主义市场经济体制相适应的新的城镇住房制度，实现住房商品化、社会化；加快住房建设，改善居住条件，满足城镇居民不断增长的住房需求"，其基本内容的核心则是"把住房建设投资由国家、单位统包的体制改变为国家、单位、个人三者合理负担的体制"（转引自侯淅珉等，1999：225）。1998年，国务院颁发《国务院关于进一步深化城镇住房制度改革加快住房建设的通知》，明确提出，"深化城镇住房制度改革的目标是：停止住房实物分配，逐步实行住房分配货币化，建立和完善以经济适用住房为主的多层次城镇住房供应体系；发展住房金融，培育和规范住房交易市场"（转引自朱亚鹏，2007：292）。这一次"加快住房建设"还有一个非常重要的原因，就是1997年爆发的亚洲金融危机。"为应对亚洲金融危机影响，保持经济平稳增长，中央决定把加快住宅建设作为扩大内需、促进经济快速发展的重要举措。"[1] 这也充分说明，住宅商品化及其后的全面市场化并不仅仅是中国内部的经济事件，而事关世界经济、金融形势，乃至政治利益格局。

耐人寻味的是，1997年1月在成都召开的全国住房制度改革工作会议上，时任国务院副总理的朱镕基在讲话中是这样说的："如果要提出新的经济增长点，首先就是实行住房商品化，加快住房建设。随着住房公积金制度的普遍建立，用于住房建设的资金将会大幅度增加。加快住房建设，其他相关产业就发展起来了，大大有利于调整国民经济结构。"而且，朱镕基特别

---

[1]《回顾中国住房制度改革——纪念小平同志关于住宅问题谈话30周年》，《城市住宅》2010年第4期，第17页。

201

强调指出,"我讲的是住房,特别是和公积金结合的有一定资金渠道建设的经济适用住房,不是高级住宅,也不是写字楼。住房建设是振兴中国经济的一个主要的方向,符合市场需求变化的方向,可以带动几十个甚至上百个行业的发展。……但是要提醒一句,千万别借这个名义来复活房地产热。1993年经济过热,热在什么地方?首先就是热在房地产。那次房地产热的主要建设内容是高级写字楼和豪华别墅"(朱镕基,2011:406~407)。应对金融危机,寻找新的经济增长点,以住宅建设等建筑业带动相关产业的发展,进而刺激住房消费、拉动内需,自然无可厚非,但发展建筑业并不是完全的利润追逐,尤其不是完全按照资本的逻辑运转,而是要真正解决广大人民的住房紧张问题。但是2003年至今,一直居高不下的房价已经充分说明,现在的商品房市场在相当的程度上已经不再以此为基本诉求,而是以逐利为根本目的,从而形成依据住房利益而产生的极度分化。社会学家如是说:"住房利益的分化也成为居民经济利益分化的最主要标志。由于房价的暴涨,城市居民在住房利益上的分化,出现了两种极端的情况:一种是从房地产中获得了巨大利益的群体,如房地产商;另一种是完全没有获得房地产利益的群体。而近来房地产价格的暴涨,使得没有获得住房的城市中低收入者,处在了十分不利的位置上。"(李强,2010:106~109)即便政府在2005年、2006年及2010年相继出台"国八条""国六条"和"国十一条",也没有能遏止节节攀升的房价。也正是在这一背景下,后来产生了巨大反响的《蜗居》出版面世。小说面世后不久便改编成电视剧,在电视台和网络热播后,引发了全民的追捧和讨论。而实际上,也并没有多少讨论,基本上是强烈的共鸣和认同。

从制度层面看,国务院于1985年1月成立全国住房租金改革领导小组,1986年1月,时任国务院总理的赵紫阳召集有关部门研究住房制度改革问题,会议决定成立国务院住房制度改革领导小组,领导小组下设全国住房制度改革办公室,简称"房改办"。2月,确立以唐山、蚌埠、烟台和常州为试点城市,推行"提高租金,增加工资"的改革方案。同年3月,赵紫阳在《关于第七个五年计划的报告》中提出:"要结合工资调整,研究、确定合理的房租和住房销售价格,以利于逐步推行住宅商品化。"8月,全国住房制度改革办公室出台《关于改革城镇现行住房制度的试点方

第四编
第二章 住房改革与居家生活

案（修改稿）》。9月，赵紫阳听取时任烟台市长的俞正声关于该市住房制度改革工作的汇报，11月，国务院办公厅以国发办〔1986〕91号文发出《转发关于烟台、唐山、蚌埠、常州、江门5城市住房制度改革试点工作会议纪要的通知》。翌年1月，经国家计委批准，我国商品房建设正式纳入国家计划。这无疑是计划管理体制的重大改革，标志着住房作为大宗商品在社会主义制度中的合法性存在，也意味着住房将作为商品进入流通，进入市场。当然，此时的住房市场还不能完全等同于彻底取缔货币分房、完全实行商品化的1994年之后的市场。一般意义上而言，此时住房价格基本上还是遵循中央对价格采取的双轨制政策。同年7月，国务院以国函〔1987〕122号文正式批准烟台市城镇住房改革试行方案于8月1日起试行。这是中国住房改革进程中一个非常重要的关节点。它标志着住房商品化改革的正式启动。《人民日报》1987年8月1日烟台电中这样说："经过一年零四个月的准备，烟台市以'提租发券、空转起步'为特征的城镇住房制度改革试行方案，经国务院正式批准，于今日起试行。这一改革，向住房商品化目标迈出了关键的第一步。"此后不久，记者们更以这样的文字为之定性："这是突破性的转折！无疑，新中国的住房制度从此开始了艰难的向新体制走去的路。"①

于是，1988年1月，"全国住房制度改革工作会议在北京召开。李鹏

---

① 转引自朱剑红、王国诤《住房·引言》，辽宁人民出版社，1988，第3页。值得一提的是，该书为"热门话题丛书"之一种，据丛书编委会称，丛书作者"大都是从事报告文学和纪实专访的新闻记者"。一个更值得关注的文学史问题是，20世纪80年代，自徐迟《哥德巴赫猜想》等报告文学引起社会的广泛关注后，报告文学这一文类在其时的社会生活乃至政治生活中发挥了前所未有的影响和作用。无疑，这与那个时代正处于新旧体制交替时期的特点分不开，新旧体制交替引发社会的深层震荡，整个社会处于价值观念的转变、重塑过程中。正如《"热门话题丛书"出版前言》所说："物价、工资、住房、党风、教育、知识分子待遇……这一系列在改革中产生而又关系到改革的成败，维系着每个人切身利益的社会问题，当今已无可回避地摆在人们面前，自然为人们所关注。因而这些问题成为社会的'热点'问题，成为人们在公众场合、在私下议论的'热门话题'，就不足为怪了。"从文化生产的机制来说，这些报告文学和出版物充当了那个时代传播信息、建构新的意识形态、想象一种新的生活的公共空间的角色，甚至在国家-政府与社会-民间起到了一种沟通与缓冲的作用。这些报告文学和出版物既是新启蒙有效的形式，也是日后主流意识形态的重要生产者，这种双重身份值得重新审视。其中自然包括90年代后成为主导性意识形态的居家文化/生活。

203

总理要求住房制度改革在今年要迈出重要的一步……并明确提出今年的主要任务是：摸索经验，理顺路子。国务院秘书长、国务院政府制度改革领导小组组长陈俊生……宣布，从今年起，要把这项改革正式纳入中央和地方的改革计划，分期分批加以推行，要求在三年或多一点的时间内在全国基本推开"。同年3月，"《人民日报》全文发表了国务院住房制度改革领导小组制定的《关于在全国城镇分期分批推行住房制度改革的实施方案》"（朱剑红、王国净，1988：181~182）。该实施方案标志着住房改革向全国推广进程的真正开始。

1988年10月党的十三大召开，时任中共中央总书记的赵紫阳在报告中明确提出："以积极推行住宅商品化为契机，大力发展建筑业，使它逐步成为国民经济的一大支柱。"① 烟台的成功试行住房制度改革，日益加剧的住房紧张，以及改革为主导的主流意识形态，等等，都有力地推动着房改的进一步推广。1987~1988年，国民经济正陷入全国性通货膨胀的困境，如何解决无疑非常关键。在1988年9月召开的十三届三中全会上，赵紫阳在报告中明确指出，"造成这种情况的根本原因是经济过热，社会总需求超过总供给。总需求超过总供给，是多年积累下来的，在新旧体制转换时期还不可能从机制上解决这个问题"，而解决的办法就是"治理经济环境，主要是压缩社会总需求，抑制通货膨胀"。但这只是一方面，"另一方面要用很大力量来改善和增加有效供给。否则，市场供应就会出大问题"。当然，也包括"有计划的商品经济"下的"价格双轨制"（赵紫阳，1988：1~4）。在党的十三大报告中，更为系统地阐释了社会主义市场经济的理论支持，以及在这一语境中的房地产的位置："十二届三中全会通过的《中共中央关于经济体制改革的决定》明确指出，社会主义经济是公有制基础上的有计划的商品经济。这是我们党对社会主义经济作出的科学概括，是对马克思主义的重大发展，是我国经济体制改革的基本理论依据。……新的经济运行机制，总体上来说应当是'国家调节市场，市场引导企业'的机制。……社会主义的市场体系，不仅包括消费品和生产资料等商品市场，而且应当包括资金、劳务、技术、

---

① 赵紫阳：《在中国共产党第十三次全国代表大会上的报告》，http://cpc.people.com.cn/GB/64162/64168/64566/65447/4526368.html。

信息和房地产等生产要素市场；单一的商品市场不可能很好发挥市场机制的作用。"[1]

同时，在造成通货膨胀的主要原因中，还应该考虑到消费结构的问题。工资改革无疑是提高人民生活水平的一个重要方面，但随着城镇职工工资水平的普遍提高，日常生活的消费水平必然水涨船高，整个社会的总需求在不断攀升，总供给却未能满足这一不断增长的需要，而刚刚起步的尚不够健全的市场机制无法进行有效的调控，于是物价的上涨不可避免。其中很重要的一个方面是，日常生活的消费结构中，在很长一段时间里，作为大宗生活资料的住房始终作为社会主义公有制范畴而纳入国家计划，并对此进行分配，只收取极其低廉的房租。也就是说，人们不必为住房承担多少负担，于是，"大量城镇居民持币待购，冲击着其他消费品市场"（朱剑红、王国诤，1988：38）。据专家对城镇家庭消费结构的研究，与住房有关的消费占整个家庭消费的比例，1978~1984年均为4%~5%，1985~1994年均为5%~6.9%，而1995~2004年则为7%~10.9%，呈持续增长的趋势，最明显的是，1995年为7.1%，1996年为7.7%，1997年则迅速增长到8.6%，1998年为9.4%，1999年为9.8%，此后仍然在继续攀升，2003年达到最高值10.9%（田学斌，2007：110）。一定程度上说，为了缓解通货膨胀，需要通过改变住房这一大宗生活资料的所有权性质，将其商品化，投入市场，并通过行政手段扭转在其他生活消费品上过度旺盛的消费欲望，转向住房，从而走出通货膨胀的困境。

在这一过程中，必须解决的一个理论问题就是住宅商品化。在相当程度上说，这个问题不解决，房改根本不可能进行，更不可能市场化。而实际上，对这一问题的讨论早在20世纪50年代中后期就已经开始。但在20世纪五六十年代激进政治占绝对主导地位的时期，住宅商品化基本上仅限于理论层面的讨论，没有得到社会普遍接受。在实践领域，对住房这一最大的生活资料，仍然坚持社会主义公有制。进入新时期后，虽然也有反对的声音，但极度紧张的城市住房问题严重影响了社会稳定，也限制了整个国民经济的

---

[1] 赵紫阳：《在中国共产党第十三次全国代表大会上的报告》，http://cpc.people.com.cn/GB/64162/64168/64566/65447/4526368.html。

发展，于是，关于住宅商品化的讨论迅速形成一边倒的局面。但实施过程的缓慢也正说明了人们对这一问题的理解并没有彻底放弃对其社会主义属性的想象和期盼。① 然而，无论如何，强势的政策导向和人们普遍强烈的对现代生活的向往，终于使住宅商品化推向全国，在20世纪90年代以来全球日益高涨的新自由主义声浪中，推向难以逆料的未来。

在如此强劲的政策推动、现实压力和社会动员下，建筑业，尤其是住宅建设进入一个几乎是有史以来最发达的时期，夸张一点说，几乎整个中国城镇，都像一个大工地。城镇居民的整体居住条件也因此得到了非常迅速的改善。

据有关研究成果，"我国城镇居民人均住房面积从1978年的城市人均住宅面积6.7平方米逐年增加，1985年，城镇人均住房建筑面积为10.05平方米，到1997年增加到17.8平方米。1998年以来，城镇人均住房建筑面积增速明显加快，即从1998年的人均18.66平方米增加到2004年的24.97平方米，2005年增加到26.10平方米，超过了20世纪90年代初期中等收入国家平均20.1平方米的水平，2006年上升为27.10平方米。2008年，中国城镇居民住房面积人均已达到28.3平方米，比1978年增长了3倍多。中国农村人均住房面积从1978年的8.1平方米增加到2008年的32.4平方米，也增长了3倍。据来自全国住房城乡建设工作会议的消息，截至2009年底，中国城市人均住宅建筑面积约30平方米，农村人均居住房面积33.6平方米，逐渐拉近了与发达国家的差距"（罗应光、向春玲等，2011：141）。虽然"人均"之类的数据在一定程度上来说只具有统计学的意义，因为它根本无法显示差异，尤其不能显示差距，但它毕竟反映了整个城镇居民居住状况的改善。然而，我们要问的是，这是不是就意味着人民普遍地感觉到了幸福？

三 "蜗居"：房改想要的后果？

《蜗居》小说及电视剧所引发的社会的普遍共鸣和认同已经充分说明，

---

① 参看苏星《我国城市住宅问题》，中国社会科学出版社，1987；另可参看苏星《苏星选集》中的相关文字，山西人民出版社，1987。

第二章　住房改革与居家生活

幸福感正在离我们远去。看看小说的开头，海萍夫妻大学毕业后留在了上海，租住在月租650元的10平方米的房子里。"海萍原本想，等一攒够首期我就买房子，然后我就有自己的窝啦！……路漫漫其修远兮。五年的血泪路下来，她发现，攒钱的速度远远赶不上涨价的速度，而且距离越来越远，再等下去，也许到入土的那一天，海萍还是住在这10平方米的房子里。"（六六，2007：1）房子就是小说的叙事动力，而"蜗居"则是在新千年之后进入大城市的大多数人普遍的居住状况，他们无缘享受房产市场完全市场化前的待遇。"蜗居"者还包括在此前的历次住房分配和市场化初期均未获得应有住房的那些原居民。2009年，同名电视剧《蜗居》在一些地方电视台及网络热播，引起巨大的社会反响，甚至迄今不衰。百度有"蜗居吧"，到写作本文的时刻（2012年8月）为止，共有近6.7万个主题，帖子数竟然高达87万余则，虽然并不都涉及城市住房问题，但这无疑是该贴吧中最重要的主题之一。

《蜗居》之后则有《蚁族》。"蚁族"是廉思及其课题组对一群特殊的大学毕业生的命名。他们"有的毕业于名牌高校，更多的来自地方院校和民办高校；有的完全处于失业状态，更多的从事保险推销、餐饮服务、广告营销、电子器材销售等低收入工作"，他们居住在大城市"人均月租金377元，人均居住面积不足10平方米的城乡结合部或近郊农村"这样的"聚居村"（廉思，2009：21、23）。据该课题组的调查，仅北京地区就有10万人之多，就全国而言，比较集中在北京（京蚁）、上海（沪蚁）、广州（穗蚁）、武汉（江蚁）、西安（秦蚁）等地。如何解释这一特殊群体产生的社会原因，自然见仁见智，相当一部分人将其视为高等教育产业化的后果，这是毫无疑问的，但同时，我们应该看到，提高高等教育的普及率是一个国家在走向现代化的过程中必然采取的策略，可问题是即便产业化的高等教育也未必一定产生如此巨大的"蚁族"。实际上，这是20世纪90年代之后整个中国社会全面市场化，特别是劳动力市场化以及城市化进程加速后必然产生的后果，其中自然也包括住房改革及作为全面市场化之后果的房价高涨、租金高涨等因素。

有意思的是，在《"蚁族"诞生记》的结尾，撰写者将"蚁族"们的生存状况与20世纪80年代初期的潘晓讨论勾连在一起。"如今的'蚁族'使我不由得想起上世纪 80 年代初的潘晓大讨论,巧合的是,和我接触的许多'蚁族',虽表述有所不同,但都不约而同地发出'人生的路为何越走越窄'的呼号。上个世纪潘晓事件引发人生观、价值观大讨论时,'蚁族'的大部分还未出生。两个世纪,同一种声音,个中的含义值得我们每一个人去品味、去思考……"(廉思,2009:29)

网易女人频道进行的一个针对男人的问卷调查中,第一个问题就是"你现在主要的压力来源是什么",几个可供选择的问题是:①身体压力大,健康状态不如从前;②生存压力大,房价高工资少;③职场压力大,怀才不遇、工作不如意;④家庭压力大,各种关系矛盾多;⑤其他。截至本文写作时(2012 年 8 月),第一项 927 票,占 12.0%;第二项 2916 票,占 37.7%;第三项 1400 票,占 18.1%;第四项 675 票,占 8.7%;其他 1813 票,占 23.5%。[①]

也就是说,实际上并不只是"蜗居"者、"蚁族"们体会到了住房的压力,整个社会的相当一部分人都感觉到了来自住房的沉重压力。据浙江大学不动产投资研究中心、清华大学媒介调查实验室与《小康》杂志 2012 年 6 月 3 日联合发布的《中国居住小康指数》称,六成受访者认为房价会影响幸福感。[②] 难以想象,一个不断感觉到压力的人、一个被称为"房奴"的人会有真正的幸福感。

而所有这一切都是 20 世纪 90 年代开启并迅速增强的全面市场化所导致的结果,也就是我们常说的 20 世纪 90 年代中国社会的巨大变化的表征。20 世纪 70 年代末至 80 年代初,全民高涨的现代化的诉求逼使我们选择了改革,也可以说,改革成为历史必然的选择。在国家层面,经济体制的改革无疑是整个国家和社会的核心,在主流的叙述中,经济体制改革是作为可以脱离政治体制而独立进行的政府、企业行为,从表面上看,政治体制似乎仍然延续了中央集权的形式和架构,但"政企分离、简政放权"的策略毕竟改变了很多,同时农村的联产承包责任制和城市的国企改制及

[①] 网易网页,http://vote.lady.163.com/vote2/showGroup.do?vgId=1884#result。该调查始于 2012 年 7 月 31 日,至 2013 年 8 月 30 日为止。
[②] 参看《六成人认为房价影响幸福感》,http://finance.people.com.cn/GB/18068636.html?prolongation=1。

第二章 住房改革与居家生活

住房改革无形中将个人从集体、单位中释放出来，再加上新启蒙的个人主义思潮的推波助澜，一时间"集体"似乎成为束缚在个人身上的枷锁，去集体化也就成为必然的结果。最终，单位制伴随着国企改制的大面积推广而纷纷解体，集体随之分崩离析，在集体和单位制瓦解的废墟上，站立起来的个人和家庭成为社会最基本的要素。20世纪90年代以来，与国际新自由主义相呼应的住房私有化以及更大范围的私有化声浪更加剧了这一态势。主流意识形态更是在大众文化和经济生活中占据绝对主导地位的房地产业的推动、参与下，形塑了一个无比逼真的现代居家生活的美好图景，而且迅速被整个社会所接受。

第三章 被建构的"家"和幸福感

■ 上海大学文化研究系／郭春林

一 被重新分配的居住空间

既然我们已经被政策和市场规定了，我们只能从市场买/租到我们居住的住房，我们也就只能服从市场的规则和逻辑，依照市场所提供给我们的地段、环境、小区规模，以及房间面积、房型、质量来选择适合自己的居住空间。前面三个方面又因此规定了我们在这个城市里的位置，中心或边缘，资源优裕而集中或相对比较贫乏甚至非常糟糕，交通很便利或简直就没有正规的城市交通线路……诸如此类，更要紧的是，它还规定了我们和什么样的人成为邻居，和哪一类或几类人群成为一个基于居住空间的利益或其他相关属性的共同体。而后面的三个方面也在实质上规定了我们的家庭结构和家庭关系，乃至我们的情感方式以及与此紧密关联的生活方式和生活观念。

看起来，这一切似乎都由自己的经济能力（或曰购买力）所决定，我们似乎正处在一个市场中人人平等的美好图景中，每个人都可以根据自己的经济实力获得适合的住房。但事实果真这样吗？且先不论事实是否如此，当一个社会对上述诸方面起决定作用的力量只有经济能力的时候，当一切似乎给我们的都只是机会平等的时候，我们其实已经把自己都变成了势利之徒，我们认可的只是获得金钱的能力和所占有金钱的数量，实际上，我们已经距离真正的平等和社会公正非常遥远，只是这个时代里的金钱有一个更动听的名字——财富，于是，财富，也仅只有财富成为衡量一切价值的依据。这样的时候，笔者相信，绝大多数人都会深刻地意识到，我们的时代和社会出了很大的问题。然

第三章 被建构的"家"和幸福感

而,市场,更准确地说,资本逻辑操纵的市场是有魔力的,它有足够的能力让我们相信,其一,市场中每一个人的机会都是平等的。其二,市场中资源配置的唯一原则就是能力,我们之所以不能享有优质资源,是因为我们自身的能力不足。其三,这也是最充分地体现资本和资本市场魔力的地方,它不仅让我们觉得那一切不平等都是理所当然,还让我们心悦诚服,它甚至令我们根本感觉不到不平等的存在,我们所拥有的一切与特权者、与成功者不相上下,起码在符号的意义上,我们并不比他们差到哪里,我们和他们拥有同样的幸福,或者换一个逻辑,它让我们以为只要我们努力,那一切我们也可以拥有。[①] 于是,一套似乎充满了合法性的秩序就这样"自然地"建立起来。

不仅如此,正如我们前面已经指出的那样,20世纪70年代末80年代初开启的现代化进程在其未来图景的设计和规划中,为了迅速改变国家和人民贫困的现实,所选取的搁置问题的策略,伴随着国门的开放,相当程度上说,使发展主义成为整个社会的核心价值观,全社会都在寻找新的、更多的经济增长点,在这一背景下,建筑业被选中也是情理之中的事。一幅似乎日益具体而清晰的现代生活美景正在向我们招手,但同时,全国所有城市亟待改变的住房紧张局面日益成为社会的焦点和热点,由此推动了全面住房制度改革。而20世纪90年代初全面展开的市场经济催生并迅速"培育"了一个畸形的房地产市场。简单地说,这一畸形体现在,房地产市场与城市建设资金之间在不规范的市场经济条件下所产生的资本与权力的勾结,其直接后果就是造成了地租的普遍暴涨,并进一步直接造成商品房价格的暴涨。我们可以进一步简单勾勒其间的逻辑:原本归国家所有的土地在"放权让利"政策下成为地方政府可以支配的主要资源,在房地产开发的大力推动下,土地寻租成为地方财政的重要形式,地租成为地方财政的主要来源,并以此按比例投入城市建设。于是,几乎所有的城市在基础设施建设方面均投入了大量的财力、物力和人力。也正是在这样的作用下,近二十多年来,几乎所有的城市面貌均有了相当大的改变/改观。而在这一过程中涌现的问题也越来越明显,甚至越来越严重。

[①] 参看王晓明《半张脸的神话》,南方日报出版社,2000。另请参看王晓明主编《在新的意识形态的笼罩下——90年代的文化和文学分析》,江苏人民出版社,2000;戴锦华《隐形书写——90年代中国文化研究》,江苏人民出版社,1999。

211

也正是在这一意义上，有学者如此描述当代中国的城市建设概况："作为城市建设最基本要素的土地和资本，在市场经济条件下，释放出强劲的活力。土地从无偿划拨到有偿使用，再到如今的招拍挂，为城市资源高效率配置提供了途径；城市建设资金的多主体投入与参与，成了城市快速扩张的加速器。这些以多元化和易变性为主要特征的投资和需求，是如此地不同以往，冲击着旧有体制与惯例。基于计划经济体制的城市规划体系和观念，逐渐失去了原有的基础，不觉四顾茫然。市场经济改变了我们的社会生活、经济增长模式，也产生了城市问题。与急功近利相联系的过度开发、超前开发、简单模仿等，在地方政府的'政绩'心态驱使下，像细菌一样侵蚀着城市的躯体。"（尼格尔·泰勒，2006：171）但是，这显然只抓住了近二十多年来城市建设中出现的问题的一个方面，原著作者所揭示的规划设计中的政治性根本没有进入译者的思想视野。

尼格尔·泰勒（Nigel Taylor）在《1945年后西方城市规划理论的流变》第一章中明确写道："（说）规划不涉及或不承担某个政治责任，那将值得商榷。土地利用规划真实情况是在物业市场必须接受一些形式的政府干预，换句话说它需要特定的政治意识形态的参与（如社会民主制度）。毫无疑问，城镇规划负有一定的社会责任，即使它没有真正直接'规划'某种政治体制，但由此可知，城镇规划是政治规划的一种表现形式。对土地如何利用与发展的决策，牵涉在不同方面对不同团体利益的影响上作出选择，并且，从这个意义上看，这些选择带有'政治色彩'。"而第二次世界大战后的"主流城乡规划概念"则强调，"规划基本上是一种'技术'行为，这种行为本身不是政治性的，或者至少它不带任何特定的政治价值观或承诺"（尼格尔·泰勒，2006：11）。无疑，译者对建筑规划的理解正是泰勒批评的第二次世界大战后主流的规划观念，即一种去政治化的建筑规划理念。也正因此，他对当代中国近年城市建设和房地产市场的把握就只能看到"急功近利"和"政绩心态"。而实际上，在当代中国，无论乡村还是城镇，抑或都市，在土地资源的利用、房地产的开发规划乃至设计、房地产金融市场等方面都已经暴露出相当严重的新自由主义立场，在贫富差距日益严重的情势下仍然依循资本的逻辑，不顾及或迫于政府压力很不情愿地，甚至带有欺骗性

第四编
第三章 被建构的"家"和幸福感

地敷衍弱势群体,将曾经的社会主义的"政治价值观或承诺"弃置一旁。[①]

这反映的是著名经济学家郎咸平一直公开反对的将房地产作为支柱产业的经济政策(郎咸平,2008,2010),但更重要的是由此造成的诸如住房公平等一系列问题(朱亚鹏,2007),其中空间的重新分配就是很重要的一个方面。在工业资本、金融资本、商业资本、民间资本以及国际资本等各种资本的强大合力作用下,在政府官员政绩心态的支持下,在相当一部分不明就里的普通市民大力发展城市建设、改善自身居住条件的心理预期作用下,中国绝大多数城市进入一个史无前例的现代化的城市规划和建设进程之中,也就是在这一进程中,整个城市空间的分配及资源配置发生了很大的变化,更准确地说,是重组和再分配。就房地产市场而言,绝大多数城市基本上按照资本的逻辑和意志,房价从城市中心依次向次中心、外圈、边缘递减,由此形成一个以购房能力为标准的新的空间格局,其分配原则,其实,说白了,就是钱。

社会学家如此描述道:"经济适用房、限价房往往都在距离市中心比较远的区域,地价便宜一些。所以,如果从未来的房地产市场机制看,它会筛选出多种住房地位群体:例如豪宅地位群体,高档商品房群体,中档商品房

[①] 1994年6月4日,时任国务院副总理的朱镕基在建设部上报的文件中批示道:"城市拆迁应该有计划、有步骤,量力而行。现在有些城市不顾后果,大量卖地,大量拆迁,置拆迁居民于不顾,这样搞下去要影响社会稳定。"(朱镕基:《朱镕基讲话实录》卷一,人民出版社,2011,第509页。)1997年1月,在国务院住房制度改革领导小组召开的全国住房制度改革工作会议上,朱镕基不止一次地强调,"安居工程"要注意不同收入人群的租金也应有所差别,同时,住房商品化要大力发展的是"和公积金结合的有一定资金渠道建设的经济适用住房,不是高级住宅,也不是写字楼",并一再强调避免出现1993年因大量投资"高级写字楼和豪华别墅"造成的"经济过热"现象(《朱镕基讲话实录》卷二,人民出版社,2011,第401~408页)。然而,实际上政府并未能真正阻止房地产市场的恶化,甚至变本加厉地寻求土地收益的最大化。2003年1月,朱镕基在即将卸任总理前的国务院全体会议的讲话中,再一次提醒,"外国的报刊,都在讲中国的泡沫经济已经形成,房地产过热,风险太大"。同时,他还将此后成为中国社会主要发展方向的"城镇化"与过热的、不规范的房地产市场联系在一起(《朱镕基讲话实录》卷四,人民出版社,2011,第486页)。另据媒体披露,2011年5月,在《朱镕基讲话实录》出版后,朱镕基在与清华大学的师生座谈中,很直接地指出:"我们制定了一个错误的政策,就是房地产的钱,都收给地方政府,而且不纳入预算,这不得了。这个钱就是搜刮民膏,所以把地价抬得那么高。这个绝对不是分税制的错误。地方没少收钱。"(参见财经网,http://www.caijing.com.cn/2011-05-27/110730544.html。)另据郎咸平称,2007年,香港的卖地收入占GDP的0.8%,而"内地的卖地收入占GDP的4%,……到了2009年,香港卖地收入占GDP的1.53%,而我们内地卖地收入占GDP的比重高达4.5%"(参见郎咸平《郎咸平说:我们的日子为什么这么难》,东方出版社,2010,第98页)。

213

群体和低档商品房群体，等等。"（李强，2010：234）所谓"住房地位群体"，"指因受到他们占有或居住的住房的影响而处于相似社会位置上的一群人，所谓影响他们的住房因素包括：住房的所有权、价格、地理位置、级差地租、社区环境、社区文化特征等多方面的因素"（李强，2010：211）。也就是说，"住房地位群体"是一个社会分层的概念，以占有/租住的住房为考察、划分的核心和依据，将社会人群分成若干不同等级。社会学家同时还指出："作为一种具有普遍意义的地位群体的产生，是到了90年代后期，是城市住房制度改革和房地产市场化的结果。"（李强，2010：214）也就是说，住房所具有的社会分层功能，乃是得自"市场"的赋予。于是，"市场"在资本这只"无形的手"和政策这只"有形的手"的操纵下，将中国社会分割成基于住房及其他个人/家庭财富所形成的不同阶层，并在此基础上更进一步地形成当代中国的社会结构模式——社会学家称之为"倒丁字"形结构："从全国就业人口看，……一个巨大的处在很低的社会经济地位上的群体，该群体内部的分值是一致的，在形状上类似于倒过来的汉字'丁'字形的一横，而丁字形的一竖代表了一个很长的直柱形群体，该直柱形群体是由一系列的处在不同社会经济地位上的阶层构成。"①（李强，2010：171）

巨大的贫富差距及诸多社会不公平现象的增多，使越来越多的人意识到，市场不是万能的。社会学家因此分析道："回过头来看市场转型与社会不平等的关系，可以说，市场改革的平等化效应持续的时间是相当短的。它只是存在于改革中的社会主义经济的早期。当改革深入的时候，市场机制将会被拥有特权的人们所操纵，使市场经济的游戏规则发生扭曲，从而使本来在改革初期具有平等化效应的市场机制成为造就社会不平等的因素。"（孙立平，2006：79）正是基于以上事实，他们进而告诫说："一个国家的财富分配绝对不是通过市场一次完成的，而是要通过多次分配环节才能完成，市场只是分配的第一个环

---

① 李强认为"丁字形结构、两极型社会的核心是城乡关系问题"，而"最为直接的原因显然是户籍分隔"（李强：《当代中国社会分层：测量与分析》，北京师范大学出版社，2010，第177页）。虽然笔者并不完全赞同这一说法，因为在占人口绝对多数的农村也存在高阶位的人群，而在城市，同样也有相当一部分居民实质上不仅处于这个城市中的低阶位，甚至连发达地区的农民都不如，但笔者认为用"倒丁字"形描述当代中国的社会结构还是比较妥帖的，它确实形象地反映了中国社会绝大多数人所处的社会地位，也在相当程度上揭示了当代中国巨大的贫富差距，以及财富绝对集中的社会状况。

节，在其后还有多次分配。……我们一定要意识到，市场确实很厉害，但市场完成的绝对不是最终的公平分配的结果，仅仅通过市场的一次分配肯定是不合理的，还需要多次分配调节。"（李强，2010：121）。

"社会分层"当然是替代"阶级"的社会学概念，其中自然包含去阶级化或去政治化的意味，其中涉及的问题过于复杂，且不去管它，但这一概念仍然揭示了我们社会日益加剧的贫富差距，而"住房地位群体"则是对住房在社会分层中的重要性的体现。正因此，房地产市场对住房地位群体的再分配过程及其结果，显然就不只是对具体的城市物质空间的再分配，而是一种新的社会关系结构的再生产，这一结构具象地表征为一种"空间性"。正如理论家们指出的那样，"真正'在空间上扩展'的东西是经济所有权关系和占有权关系"（多琳·梅西，2011：13），而"具体的空间性是社会生产和再生产的竞争场所，是旨在维持和增强现存的空间性或对其进行重大调整和可能转变的社会实践的竞争场所"（爱德华，2011：100）。也就是说，在住房商品化、市场化的进程中，真正实现的是住房/空间的私有化，而伴随着住房/空间私有化进程的深化、推进，真正扩展了的是思想意识领域中的私有观念，而这一观念又更进一步地成为社会生产和再生产的动力，由此在观念领域及社会生产和社会生活，乃至家庭/个人的日常生活世界构成空间性的竞争和对抗。发端于 20 世纪 80 年代中期，至 90 年代喧嚣一时的"私人写作"，以及与此相关的隐私权等均与此有直接的关联。

所以，房地产市场所生产的社会空间除了对城市空间，尤其是居民的生活空间进行重新分配外，还对原有的社会空间形成了挤压、排斥乃至驱逐，并在此基础上形成基于市场原则的新的社会空间。王晓明在对近二十年上海城市空间变化的体验式考察中，就为我们很清晰地描述了其大致的面貌。工业空间、公共政治的空间、非组织的社区公共交往空间等均遭到大面积挤迫，甚至彻底清除，取而代之的是快速膨胀的各式交通道路、商业空间和以住宅为中心的组合空间（王晓明，2008）。实际上，在笔者看来，无论是商业空间的急速扩张，还是住宅为中心的组合空间的快速蔓延，都是从根本上对整个城市属性的改变，在这样的空间中展开的城市，必然是消费型的，而绝不可能是生产型的，也就是说，20 世纪 90 年代以来的二十多年的时间里，上海自 1949 年后逐步形成的生产型城市的特性已经彻底改变，而成为一个融入全球性消费主义洪流中的消费型城市,一个正急切地走向标准的国际化大都市的准国际化都市。其实,这样的情形正在当下中国很多城市发生着。

方方在小说《声音低回》中非常真实地再现了武汉的情形。几户属于城市边缘人的家庭居住在东湖边的一个安静角落里,生活虽然艰难,但他们互帮互助,安贫乐道,倒也自在知足。即使小说的主人公,一个弱智青年,在经历了疼爱他而他又十分依赖的母亲去世的巨大痛苦后,也在父兄、邻里的关怀下,能够继续着他们平淡的日子,可以自由而方便地去东湖边锻炼身体、倾听哀乐。然而,某一天的早晨,"那条繁花似锦的宽阔大道果然不见。大道的中间,立着粗粝的水泥墩。它粗暴地从头延伸到尾,仿佛一个个板着面孔的小矮人,生硬而冷漠地拒绝一切行人横过马路。……所有的路口被封死。主道和辅道全跑汽车。连自行车和三轮车也都没有了自己可行的路径。行人过马路,只能走地下通道。健康人走此路尚且可以,老弱病残却委实难行。至于用轮椅的残障人士,根本就无路可走"。而富人说的是"现在的路太好了。他开奔驰,以前跑不起来,现在开起来像飞一样"。更多的老百姓们不知道"为何硬要把以前舒适通畅的大道修成这样……为何在人口如此密集的城市中心修建如此一条快速道路,让四周老百姓出行不便"。这就是现代城市规划带给穷人富人完全不一样的体验,更重要的是这样的规划带给他们的不同后果。虽然小说的结局算不得善终,但笔者还是觉得,在作者的良苦用心中寄托的只是一个虚幻的、不可能无条件实现的幻象,富人的话透露了其中的消息:"这个世上的问题,都是富人解决的,穷人则享受这种解决。"(方方,2012:109~118)这样的逻辑看起来似乎充满了人道主义的温暖,内里分明是强者为王、弱肉强食和颐指气使、予人嗟来之食的霸道蛮横。而这也正是我们的时代和社会通行无阻的主流意识形态。于是,穷人们、老百姓们不得不接受这样无情的现实,不得不改变对这个世界的看法,不得不以另一种心态和情感来面对他们久已习惯却不得不为之改变的周遭环境。

也就是说,市场不仅重新分配了我们的城市空间,还在塑造着城市的属性,进而塑造着我们的家庭生活以及我们的情感结构。

二 被建构的"家"

在最理想的状态下,"家",无论其物质性意涵,还是社会学意涵,都理所当然应该是自己的,也就理所当然可以按照自己的意愿,遵循家庭成员对"家"的情感功能和实用功能,乃至美学功能的想象,来设计布局、安排空间。但是,"家"是社会关系和社会结构的组成部分和组成单位,也就必然受到来自历史、经济、政治和文化的诸多社会影响,尤其是对"家"的诸种想象,其影响和规定常常被忽视,而在当下的现实中,这样的理想状态,对于绝大多数中国人来说,就变得更加不可能达到。

20世纪80年代初期的陈信们出生于20世纪五六十年代,他/她们对"家"的情感功能有很高的期待,不愿意为了难以获得的住房而放弃浪漫的理想,即使那理想是模糊而暧昧的个人主义。但是,那个时代已经开始发生很大的变化,那个模糊而暧昧的理想正伴随着日益清晰的、由一系列现代之物构成的现代化图景而逐渐变形、变性,追求个人价值的实现与爱情至上联手召唤出对当代居家生活的渴望,这个渴望在80年代以来成为整个社会普遍的诉求,并因此具体化为"现代家庭"图景。

我们可以通过20世纪80年代中期诞生的一份期刊清晰地看到这一点。1981年,上海市妇女联合会成立现代家庭杂志社,1985年1月,《现代家庭》杂志正式出版发行。其办刊宗旨是"弘扬健康、文明、积极向上的生活方式,探讨现代家庭的特点和问题,促进社会主义两个文明建设,树立'家家和睦、人人相爱'的社会风尚",关注家庭建设,"反映现代家庭的历史、现状和未来以及婚姻文化中生命和生活方式相融状况中的社会问题,为丰富和美化家庭生活提供具体帮助"。杂志的主要读者群为女性读者,主要设有"万家灯火""家庭与事业""海外传真""现代生活""健与美""家庭律师""文艺走廊""家庭关系新探""社会观察""三代人"等栏目,1986年第7期增设"性的教育",该栏目此后虽换了不同的名目,但一直保留至今,有意思的是,"文艺走廊"却在十多年后随着文学的边缘化而被撤除。另一个值得一提的是"海外传真"栏目,虽然该栏目此后也被撤除了,但实际上该杂志一直有对国外家庭生活的介绍,特别有意思的是,该栏目的内容基本上以欧美发达国家尤其是美国为主。时任上海市人大常委会副主任的赵祖康在"代发刊词"中指出:"《现代家庭》杂志的出版,是符合当前形势和千家万户的需要的……要建设'四化',家庭一定要现代化。这个'现代化',不光是时髦的家俱、摆设,主要还应该是民主和睦,提倡五讲、四美、三热爱,讲究文明礼貌、敬老爱幼等等。《现代家庭》一定会多宣传为四化作贡献的家庭,更多地发挥这本杂志的作用。"① 也就是说,杂志创办之初的定位与其时的整个体制和主导意识形态是高度一致的,乃是要为现代化服务,致力于家庭的现代化建设。在一般意义上说,杂志的内容也确实体现了这一办刊方针和宗旨。但如果将其置于20世纪80年代的整体氛围,尤其是特定历史时期的体制与社会主流的思想观念之间的关系来看,其中的脱节和错位也是再明显不过的。

笔者无意在此检讨该杂志以及20世纪80年代的家庭与社会、与国家之间的关系,对该杂志在20世纪80年代以来所呈现的现代生活图景也无法展开全面的分析和阐述。这里只能借助几个细小的例子,分析其对居家生活的想象和理解,以此考察其如何参与了对当代中国现代生活和现代家庭的建构。

《现代家庭》1986年第6期刊发的《国际流行家具的最新信息》中,有两则信息特别有意思:其一云,"沙发倾向于宽大舒适,靠背多偏低";另一则则是对家具整体性特点的概括,"现代化家具侧重卧房,其次为客厅和餐厅"②。要知道,在1986年的中国,无论是上海,还是其他城市,能够放得下如今在很多人家里都可以摆下的"宽大舒适"的沙发的住房并不是很多,虽然杂志在很长一段时间里,甚至直到现在,也一直断断续续地有对小房间的设计介绍③。因为

---

① 《现代家庭》1985年第1期。
② 《现代家庭》1986年第6期,第46页。
③ 譬如1986年第3期的《扩展空间的室内设计》、1986年第7期的《十三平方米卧室的设计》、1989年第6期的《国外小房间的多功能组合家具》、2006年第24期的《小客厅大梦想》等均可视为对小房间如何充分有效利用空间的介绍,但其中的差别已经很明显,21世纪之前,房间小是相对普遍的情形,城市的扩张尚未进入加速度的节奏,因此,充分扩展空间大致可以看作比较普遍的诉求,对地段等在新一轮城市规划中形成的由中心向边缘逐渐递减的房价尚未成为普遍关注的问题,但2006年的这一篇讲的就是一个大致可算中产之家的消费者在市中心区域,只能买面积小一些的房子后,如何通过设计克服小空间造成的视觉及心理的落差。这当然可以视为一个现代人的"理性行为",但同时恐怕也包含了相当程度的阿Q心态,也就是说,现代设计实际上是一种致幻术,以技术手段,借助于一系列的象征符号,从而满足情境中人的心理需求。

第四编
第三章　被建构的"家"和幸福感

杂志所在地得天独厚的信息便利渠道，更因为其表述中所使用的语词似乎给了它一个天经地义的"合法性"："国际""流行""现代化"。在相当程度上说，这三个词几乎可以囊括20世纪80年代以来中国人的社会生活和日常生活的全部指向，2000年以来，"舒适"更成为绝对主导性的居家生活的重要标准。认真检讨起来，看一看如今家具市场相当普遍的沙发样式，基本上都是低靠背的"宽大舒适"型，就知道，一方面，这是国际流行，另一方面，这个"国际流行"原来在20世纪80年代中期就已经来到中国。

仅有"宽大舒适"的沙发显然还不能保证真正的舒适，也不能为家庭和美提供足够的保障，还必须有一系列现代化的家用电器。《现代家庭》1989年第7期第一次出现卫浴广告，位置在封二，封三则是中国人民保险公司上海市分公司的广告①，封底是红灯牌系列电子产品，广告词为："选购任何一种红灯电子产品，使你的生活增添更多情趣"，这也是广告词的一次大的变化，将家庭生活品质与所推销的产品结合在一起，而此前的情形则是，整本杂志较少广告，即使有，广告词也多是对产品品质的介绍，并不直接在使用者的生活品质和产品性能之间做任何勾连。在相当程度上说，20世纪80年代末期商业化程度强力推进的一个重要表征就是广告词的演变，换言之，广告内容以及形式的根本变化就是为商品添加/赋予了另外的符号价值，更进一步说，商品摇身一变，成为美化生活的主体。于是，真正的主体——人逐渐从社会生活中退场，物，更准确地说，以现代技术为基础的、披上了华美包装的现代之物取代了人的主体位置，在日益堂皇华丽的百货公司、在精心设计的橱窗里、在越来越丰富的排成一排又一排的开放式货架上紧紧地抓住了人们的眼球，攫住了渴望现代生活的人们的心灵，也就在短暂地相互凝视后，两者的位置轻而易举、悄然无息地发生了移位。在该杂志的一篇征文中，作者提到当时电视中的一则洗衣机广告颇能体现这一点："'想你分分秒秒，念你刻刻时时，浪迹天涯几多爱——白菊洗衣机'。这广告做得真带艺术魅力，那悠宛多情的词曲，那玉臂轻舒衣衫飘落的迷离的美，使人如醉如痴。"（丁放，1989：12）广告词以省略的第一人称幼稚的抒情方式表达了对

---

① 保险业作为金融业的另一种形式在当代中国的起步和发展同样值得深入梳理，它对20世纪80年代后的中国社会和中国民众的生活所产生的影响远未得到应有的重视。

爱人的爱恋，在作者听来却是"悠宛多情"的，看作者抒情笔致描述的画面，我们大概也能想象电视画面中的情景，更可以想象作者看这则广告时的情景，但真正有意味的并不是想象，而是审视。一个男性叙述者，或曰抒情主人公——在上述文字中是两个抒情主人公，其一是电视广告中未曾露面的男人，另一个则是作者，有意思的是，正因为电视中那个不在场的男人是一个空洞的存在，于是所有看到这则广告的男性都可以让自己，或更准确地说，被广告召唤为那个男人，于是，这两者奇妙地合二而一了，成为一个人，一个使用者，或一个消费者——面对"玉臂轻舒衣衫飘落"的美人，感觉到"如醉如痴"，可美人实际上却是一台洗衣机，或者说，洗衣机承担了美人的某一项功能——洗衣服，也就是说，美人其实就是一个物。但成为物的并不只有画面中的美人，还包括缺席的男人和在场的作者，即使他是使用者，但当物成为占有的对象，物与占有者的关系也便发生了颠倒。更有意思的是，20世纪80年代初被新启蒙召唤出来的爱情至上在这里也形成一个值得玩味的三角关系。① 当然，仅有洗衣机显然还不能成为现代生活，现代家庭"应有"的物几乎是无穷的，20世纪80年代中后期不过是刚刚起步。②

物的丰富程度和人们日益高涨的对物的需求，与住房制度改革几乎齐头并进，一方面，住房本身就是物，另一方面，除此以外的物需要摆放的空间，于是两相激励，彼此促进，再加上政策和市场的推动，一个愈加清晰的现代化图景无比鲜明地呈现在20世纪90年代的历史时空中。当然，技术是其中非常重要的因素，但从来没有无主的技术，此其一；其二，上述图景尤其得益于音像和影像等传播技术和传播工具的进步，即便是文字，似乎也迅速地图像/影像化了，并积极参与到对现代家庭的建构过程中来。而在住房制度改革不断深化的进程中，在住房商品化的迅速推进中，在市场化逐渐成

---

① 值得一提的是，该文征文名目是"三口之家"，也就是我们现在所说的"核心家庭"，虽然三口之家可以理解成计划生育国策的结果，但显然不能如此简单地看，在一定程度上也是20世纪80年代开启的现代化在家庭结构上的体现。此后，三口之家日益成为社会的基本单位而普遍化。而且，在相当程度上说，这也是城市住房制度改革的结果。

② 譬如1989年第4期就有《家庭中来了一位受欢迎的新客人——谈谈吸尘器》；1986年第8期"海外传真"栏目有《电视录像机进入美国普通人家》；等等。

第四编
第三章 被建构的"家"和幸福感

为一种人们获得住房的唯一途径的时候，人们对"家"的理解和想象也就越来越依赖于市场的提供。也就是说，市场成为现代家庭生活图景的重要生产者。也可以说，以房地产市场为主导的整个市场生产了"家"的定义，生产了我们对家的需求，更因此生产了一种生活方式和生活观念，总之，市场生产并建构了我们对生活的全部理解。也正是在这个意义上，幸福感才成为人们普遍关注的对象，因为人们从市场生产的"幸福生活"图景中发现自己距离真正的幸福越来越遥远，但更要紧的是，市场的手段在不断"进步"、更新，它有足够的能力使人们始终不知餍足，因为只有永远的不餍足才能保证市场的繁荣，但这还不是根本所在，它的魔力在于，它生产了不平等，却给不平等穿上合法的外衣，它让不得不处于弱势地位的人们心甘情愿被剥夺，却又使被剥夺的人们对之全无感觉，它将剥夺掩盖在机会平等的美丽说辞下，还为它披上华丽的符号装饰。

当豪宅成为"故事"的主角时，上述逻辑就颇为清晰地展示了其中的一面。实际上他们并不是在讲"故事"，而是在散播"传奇"。① 而另一方面，当媒体人和广告商、广告人或是为了利益，或是真心实意以为如此，因而不惜使用华丽的辞藻和高贵的字眼向世人炫示着新富人其实一点也不平易的面

---

① 2010 年《租售情报》杂志社出版的《豪宅年鉴》的刊首文章标题就是《听我们讲一个豪宅故事》。该杂志的版权页上方"含蓄而低调"地以一行小字写着它的广告语"华东地区优秀期刊/中国房地产最具市场影响期刊/上海期刊协会副会长单位"。杂志的装帧之豪华，纸质之精良（全彩页、全铜版纸）正与它要讲给我们听的"豪宅故事"一样。但这不是"故事"，起码不是本雅明意义上的故事。本雅明说："讲故事，很长时期内在劳工的环境中繁荣，如农事、海运和镇邑的工作中。可以说，它本身是一种工艺的交流形式。"（参看本雅明《启迪——本雅明文选》，汉娜·阿伦特编，张旭东、王斑译，三联书店，2008.）2012 年 8 月 27 日出版的《三联生活周刊》第 1 页是别墅广告，第 6～7 页是北京龙湖地产的广告，广告词说："业内人士表示，从龙湖产品在区域板块中的行业位置，对区域的价值激发，以及对生活方式的重新再创造，都体现了龙湖对产品研发与生活需求的相互结合。"另有对该地产商入市五年"斐然"成绩简单而有力的呈现，其中就有"2009 年，颐和原著，以亿级别墅成为北京别墅销冠，唐宁 one 开启并引领了四环豪宅时代"。在国土资源部于 2006 年就发布停止审批别墅类房地产开发项目的通知后，该地产商仍有如此"大手笔"，不能不令人浮想联翩，而因其房价和地价的高比例被网友称为"北京最暴利的楼盘"也就很正常了，可是即便如此，据说，只有 91 套的该楼盘，"即使需要身份核对、预约等待、排号认购，亿级富豪仍络绎不绝，争相订定"（参看 http：//www.funlon.com/appraise/apphouse_kbEply.aspx？ApID = 7431）。这样的"传奇"所传递的信息实在太丰富了，值得深入研究。

221

目时，他们又用另一种手段将一个个普通人的故事叙述成一个个虚假的传奇。① 可是，实际上，我们都知道，在很多普通人的买房故事里饱含着辛酸和血汗。然而，90平方米也可以被称为豪宅的广告语，还有那些生造的"尊享""私享"等字眼足以让我们忘记那些辛酸和血汗。②

"尊享"和"私享"正是房地产商在这个时代给我们绝大多数人的幻象，但他们在赐给我们"尊享""私享"的幻象时，还以这样的空间规定了我们的生活方式。社会学家已经指出："户均建筑面积超过100平方米的住房，在北京是随着房地产市场化的步伐而发展起来的。这不仅仅是面积的扩大，而且显示了一种新式的住房模式和格局。其突出的特点有两点，一个是有比较大的'厅'，另一个是不止一个卫生间。……所以，购买商品房，显示了一种新的生活方式的出现。"而且，"从商品房的发展看，也有面积越来越扩大的趋势"（李强，2010：221）。后者在如今的房地产市场已经不再是趋势，而是现实。对面积更大的需求显然是市场机制，更准确地说是资本生产出来的"成果"，这一点起码在学术界，除了为资本帮闲的经济学界和只知画图纸按面积计算自己收入的建筑设计界外，差不多已经成了共识。关键是前者，房地产市场对我们的生活方式的生产，进而对新的社会关系的再生产等尚未引起应有的重视。

越来越大的客厅，虽然从功能上、命名上进行了区隔，即所谓客厅、餐厅和玄关，但是，这些区隔首先必须建立在足够大的物理空间之上，而一旦这些新的概念成为流行语，成为人们选购房产的关键词，也就意味着它已经成为一个社会普遍的诉求，并以此希望自己也能达到这样的目标。一个相对宽敞的空间中，摆放着一张起码可以围坐四人的餐桌，座椅也不能贴紧餐

---

① 香港杭州中海地产一个"齐家90"的项目，其广告词是"齐家90，钱塘江畔的千呎豪宅"，可是，所谓的"千呎"，实际上是1000平方英尺的建筑面积，换算一下就是将近91平方米。而其具体的房型广告语更是竭尽夸张虚构之能事，一个2房2厅2卫90平方米的房型，在广告中是如此呈现的："全明阔朗格局，南北双重阳台，动、静完美分区；入户独立玄关，归家之路尊享大宅礼序；客厅与餐厅一气呵成，大堂气派敞亮，居家、待客上乘之选；主卧朝南约3.5米面宽，私享阳光卫浴间，演绎上流品味生活"（参看 http://news.house365.com/gbk/hzestate/system/2012/02/29/020327297.html）。看看这样文理不通、造词生硬而做作的广告语言，笔者只有无言。

② 关于房地产广告，请参看王晓明《从建筑到广告——最近十五年上海城市空间的变化》，载于王晓明、蔡翔主编《热风学术》第一辑，广西师范大学出版社，2008。

第四编
第三章 被建构的"家"和幸福感

桌,否则过于局促,自然也就很难实现一家人吃饭其乐融融的氛围。在一般的意义上,这自然没有问题,也是绝大多数人渴望的家庭生活的重要组成部分,或者就是幸福家庭之一景。但如果将其置于今天的整个城市生活中来看,一方面,这样的情形在相当一部分家庭中其实并不多见;另一方面,当家庭幸福,特别是家庭成员间的交流、沟通必须放在吃饭时间的时候,我们会发现,我们的生活世界,尤其是生活时间被剥削、被压缩的情形已经很严重了。我们将更多的时间交给了一般被称为"谋生"的工作(没有多少人敢于称自己所从事的是自己心向往的事业),所谋的生其实也并不是我们自己渴望的那样,而是依照被设计好的图景和方式。于是,我们不得不将家庭看作最后的港湾和栖息地,我们只能在这里通过互相抚慰的方式彼此取暖,获得情感的慰藉,更因此获得继续谋生的动力。于是,餐厅一下子变得无比重要,它既是社会劳动力再生产的必要条件,也是社会生产力再生产的一部分,而这一切也都与核心家庭作为新的社会组织元素紧密相关。而实际无法保证阖家一起进餐的现实也多少使这一空间的功能实现大打折扣,更可能常常处于闲置状态。然而,即便是闲置状态,它的存在本身既兑现了其令人舒畅的心理感受,也让居于其中的人们多少感到一丝宽慰。

于是,厨房也因此显得重要起来。厨房的设施就具体的风格而言,自然与居住者的生活习惯和生活方式相关,但就其实质的功能而言,是餐厅功能实现的前提。

而宽敞的客厅,就其一般意义而言,也是作为整个家庭成员文化生活和情感生活的空间而存在,通常,所谓文化生活是以看电视或电影等为基本内容和形式,也包括卡拉 OK,甚至更高级一些的家庭影院或音乐厅之类,且两者常常合二为一,即共同的文化生活作为情感生活的基本内容。但实际上,客厅还有核心家庭必须有的社交功能。如同餐厅也只能部分实现其功能一样,客厅在社交上的利用率肯定更低,但显然不能没有。就其比餐厅更低的利用率而言,其闲置率也就更高。然而,一方面,在现在的房地产市场,完全不可能再有 20 世纪 90 年代及以前非常普遍的小客厅房型,市场根本不会提供这样的选择,另一方面,即便有,大多数消费者也不会选择这样的房型,即使一年中并没有几次待客机会的家庭,也宁愿让宽大的客厅空着。而且,如果社交包含在家请客吃饭,则对餐厅和厨房的面积、设施要求无疑要

223

进一步提升。正因此，可以说，家庭成员与外界的联系和交流成为核心家庭与社会交往的主要形式之一，换言之，家庭成为人们参与日益狭隘的社会活动的基本单位。更有意味的是，公共的社会生活日益匮乏，必然使家庭成为重要的生活空间，而以经济能力（购买力）重新组织的居住小区根本难以形成良好的邻里关系，更难以组织成为一个社会学意义上的共同体，"小区"也就只是徒具共同体形式的空间存在，这也更使家庭作为基本生活空间的重要性凸显了出来。而这也总会让我们想起20世纪五六十年代的工人新村这一完全社会主义制度下的空间实践形式："曹杨新村的模式在当时是前所未有的，它既不是欧洲的街坊，也不是上海的里弄，它改变了传统的在城区集居的心态，郊区型花园式的居住区得到了居住者的认同。"（丁桂节，2008：45）一个是老死不相往来，一个是邻里和睦、其乐融融，其间的差异耐人寻味，更使人扼腕低回。

自20世纪80年代以来逐渐增强的个人意识，在住房商品化/私有化的进程中更进一步地体现为对所谓隐私权和个人生活私密空间的要求，相对较小的卧室和相对舒适、精致的卫生间大体可以视为这些意识形态观念在空间上的具体表征。就卫生间的数量和质量而言，从20世纪80年代末出现卫浴用品的广告至今，产品的更新换代之迅速是我们有目共睹的，而其中所体现的生活方式和生活观念的变迁也很明显。比如，在舒适性和私密性得以保证的情况下，主客之间的关系、父母与子女之间的关系所发生的变化，一方面，是一种伦理的秩序或等级化，另一方面则是一种距离感，或疏离感。

于是，我们的"家"就在一系列看似并无政治意图，也没有任何意识形态诉求的现代生活图景中展开。然而，正如倪伟对齐泽克的回应文章中说到的那样，"以往那种诉诸远大政治目标的意识形态的确已如明日黄花，然而却有一种新的意识形态乘虚而入，迅速地夺取了霸权的地位，这种新的意识形态就是享乐主义和犬儒主义，它号召人们去尽情地享受生活，实现自我。……他们会心甘情愿地接受一些'政治正确'的律令，这些形成为'超我'的律令对自我的控制，比之于传统的道德律令，可谓有过之而无不及。……而更为自觉的压抑来自于享乐主义者的一系列自我管理，比如保持良好的体型，饮食健康，心态放松，等等。我们只需要想一想现在做一个合格的白领有多么麻烦，就能体会到这种自我压抑是何等的普遍而深入！正是在这个意义上,齐泽克认为,在今天没有什么人比一个单纯的享乐主义者过得更压抑、更自律了"(倪伟,2011:235)。

三 难以作结的结语:幸福在哪里?

当 1998 年政府宣布取缔实物住房分配形式,所有人的住房都只能从市场获得时,为了与此政策配套,政府吸收了此前住房制度改革中不少城市的经验,开始在全国范围内推广上海市实行的住房公积金制度。[①]

在住房公积金制度施行的初始阶段,房价与家庭收入比还没有超出一般工薪阶层的承受能力,可如今已经高到离谱的程度,[②] 在住房公积金贷款与相配套的商业银行贷款成为普通购房者的主要贷款来源时,绝大多数消费者也就只能将家庭的几乎全部收入作为首付款,并通过至少十年以上,甚至长达三十年的还贷年限的组合贷款方式,购买没有人能够预测其价格走向的住房,以获得在这个城市里的立足之地。也正是在这一背景下,《蜗居》才有了它广泛的社会影响,于是,一个新名词——"房奴"出现了。能够成为房奴的人差不多已经算是幸福的人了,海萍们折腾了那么久,不就是为了能当上"房奴"么。

说到底,"房奴"的幸福就是对幸福的预支,甚至透支,即使我们不去更进一步地界定幸福的内涵,我们也不去考察其中的每一个人是否都具备偿还能力。城市人正在被住房划分为有豪宅的人和没有豪宅的人,而没有豪宅的人则又可以粗分为有房无贷者、有房有贷者及无房者。当我们的城市规划原则更多地依据消费能力进行的时候,城市还是那些伟大的城市学家所想象

[①] 1998 年 7 月 3 日,《国务院关于进一步深化城镇住房制度改革加快住房建设的通知》明确指出:"深化城镇住房制度改革的目标是:停止住房实物分配,逐步实行住房分配货币化;建立和完善以经济适用住房为主的多层次城镇住房供应体系;发展住房金融,培育和规范住房交易市场。"关于住房公积金制度,请参看朱镕基《朱镕基讲话实录》卷二《加强对住房公积金的使用和管理》,人民出版社,2011。

[②] 据百度百科,"按照国际惯例,目前比较通行的说法认为,房价收入比在 3~6 倍之间为合理区间……我国各个城市的房价收入比是不平衡的,中小城市的房价收入比多在 6 倍以上,属于房价过高的范畴,据调查,全国大部分大中城市房价收入比超过 6 倍,其中北京、沈阳、贵阳、南京、广州、大连和西安的比率都超过了 20 甚至更高"(参看 http://baike.baidu.com/view/865384.htm)。

的那样吗？他们说："城市在其完整的意义上便是一个地理网状物，一个经济组织体，一个制度的过程物，一个社会战斗的舞台，以及一个集合统一体的美学象征物。一方面，它是一个为日常民用和经济活动服务的物质结构。另一方面，它是一个有意为了有着更重大意义的行动以及人类文化更崇高目的而服务的戏剧性场景。城市促进艺术，并且本身就是艺术；城市创造剧场，并且本身就是剧场。在城市，作为剧场的城市中，经由人性、事件、团体的冲突与合作，人有目的性的活动被设计和构想成为更重要的高潮部分。"（刘易斯·芒福德，2009：507）

那些有梦想的理论家们告诉我们："建筑有一种伦理功能，它把我们从日常的平凡中召唤出来，使我们回想起那种支配我们作为社会成员的生活价值观；它召唤我们向往一个更好的、有点接近于理想的生活（幸福生活）。建筑的任务之一是保留一点乌托邦，这点（乌托邦）必然会留下、并应该留下一根刺来，唤醒人们对乌托邦的渴望，使我们充满有关另一个更好世界的梦想。"（转引自丁桂节，2008：15）难道我们的乌托邦冲动和乌托邦渴望真的已经死去？

如今还有一种声音正在混淆我们的视听，麻痹我们的神经。他们说："当我们称赞一把椅子或是一幢房子'美'时，我们其实是在说我们喜欢这把椅子或这幢房子向我们暗示出来的那种生活方式。它具有一种吸引我们的'性情'：假如它摇身一变成为一个人的话，正是个我们喜欢的人。""一种称得上有所传承的中国建筑或许应该是一种能够体现其所处时代与地域的某些最珍贵的价值观以及最高的雄心壮志的建筑———一幢可视作一种可行之理想体现的建筑。"（阿兰·德波顿，2009：1~4）可是，当人群被区分为有房阶层和无房阶层的时候，这样一种美学的和文化的观照从实质上来说根本就是鸦片，除了为有房阶层获得更大的心理满足提供素材外，它没有任何意义。

也正是在这个意义上，我们还得回到马克思主义的脉络中来。一百多年前，恩格斯就在其《论住宅问题》中为住宅问题的解决指明了方向："住宅问题，只有当社会已经得到充分改造，从而可能着手消灭在现代资本主义社会里已达到极其尖锐程度的城市对立时，才能获得解决。资本主义社会不能消灭这种对立，相反，它必然使这种对立日益尖锐化。……而只是由于社会问题的解决,即由于资本主义生产方式的废除,才同时使得解决住宅问题成为可能。想解决住宅问题又想把现代大城市保留下来,那是荒谬的。但是,现代大城市只有通过消灭资本主义生产方式才能消除,而只要消灭资本主义生产方式这件事一开始,那就不是给每个工人一所归他所有的小屋子的问题,而完全是另一回事了。"(马克思、恩格斯,1995:174)虽然大城市是否是宜居空间目前尚无定论,虽然恩格斯将住宅问题的解决与大城市的留存联系在一起,但毫无疑问,恩格斯所讲的"大城市"是资本主义生产逻辑的必然结果,而住宅问题既是资本主义直接的产物,也是这一产物的结果——大城市的次级产物,在这个意义上,住宅问题的彻底解决只有在社会问题解决后才可能实现——也只有在不再有"房奴"的时候,真正的幸福才可能到来。

第五编

实证主义视野下的都市幸福感研究

(袁　浩　刘绪海　廖文凯)

导论：经验世界里的幸福感

■上海大学社会学系／袁　浩　刘绪海　廖文凯

幸福，作为人生的目的和权利，具有恒久而常新的意义。人们的一切行为，无不是在追求幸福的一切行为，又无不受人们心目中所想象的幸福模式的影响。因此，个人的人生观、价值观不同，人们对幸福的理解和态度也就不一样（李儒林等，2003）。

主观幸福感（Subjective Well-Being，SWB）是衡量个人生活质量的重要综合性心理指标，是一种对幸福感和生活满意度的主观概括。自从20世纪50年代以来，主观幸福感虽是各个学科研究的重要领域，但一直没有就其本质形成统一的界定，其含义在不同学科也各不相同。关于主观幸福感的研究，有伦理学、经济学的视角，还有心理学和社会学的视角。而且，关于主观幸福感的相关理论也比较丰富，形成了各种流派和观点，如判断理论、目标理论、活动理论、特质理论与状态理论、动力平衡理论等。主观幸福感的研究牵涉多种因素，既有人的诸多内在心理特点的作用，又有许多外在的社会、环境等因素的影响，主要涉及性别、年龄、人格特质、健康、婚姻、收入、国家间的GNP等。

国外对主观幸福感的研究是从20世纪50年代开始的。国内从20世纪80年代中期以后开始进行主观幸福感的研究，但主要针对一些特殊的群体。由于不同的文化背景、意识形态和经济基础的影响，不同国家在主观幸福感研究的预测因子、标准以及评价手段方面也存在一定程度的差异，因此有必要进行适合我国国情的主观幸福感的深入研究。

本部分主要是从实证主义的视野来研究幸福感的问题，分为三个部分。第一章是文献部分，主要讲述了当前经济学、心理学、社会学视野下对主观幸福感的研究，在每个学科中，都对当前影响主观幸福感的因素进行了梳理。第二章具体到了中国人的主观幸福感，主要采用了1990年、1995年、2001年、2007年四年的世界价值观调查的数据，分析了主观幸福感的两个重要维度：幸福感和生活满意度，并在了解幸福感和生活满意度的基本状况后，分析了两者的影响因素。第三章更具体到了上海市民的主观幸福感，主要运用2010年上海市居民幸福感的调查数据，从经济与社会保障、健康与安全、公共服务与休闲生活、居住与环境、总体满意度五个方面对上海居民的幸福感进行了概括。

第一章 主观幸福感的国际经验研究综述

■ 上海大学社会学系／袁 浩　刘绪海　廖文凯

一　主观幸福感的界定

尽管主观幸福感（Subjective Well-Being，SWB）已是众多学科研究的重要领域，但学界并没有就其本质形成统一的界定，其含义在不同学科各不相同。例如，经济学家 Easterlin（2003）认为主观幸福感的概念类似于幸福感、生活满意度或主观生活质量等概念。而 Diener（2000）则认为主观幸福感是一个广义的概念，涵盖了人们对其生活做出评价的不同方式，包括总体满意度（对个人生活的整体判断）、领域满意度（如工作满意度）、愉快情感、实现感和意义感以及低水平的不愉快感。Ryff and Keyes（1995）认为主观幸福感包括六个独立的要素：自我接受、与他人良好的关系、自主性、环境控制力、生活目的以及个人成长。在众多对主观幸福感的探讨中，幸福感（happiness）与满意度（satisfaction）显得尤为重要，也被认为是构成主观幸福感的两个基本因素。"幸福感"通常被认为反映人们的情感和情绪，而满意度则更多地反映人们的认知评价（Diener，1984；Diener，Scollon and Lucas，2003；Diener et al.，1999）。

幸福感在不同的情境和语言中包含多种意义，为了对模糊的本土性的幸福概念进行测量，大多实证研究都将这一术语限定在情感方面。因此，从心理学角度讲，幸福感反映了人们对当下日常事务或者某些具体性事务的情感评价中的积极部分（Bradburn，1969）。而 Bradburn（1969）通过实证研究发现，积极情感（positive affect，PA）和消极情感（negative affect，NA）是相互独立的，幸福感被界定为一种与消极情感相比积极情感占优势的情感平衡状态，这一研究被广泛地看作是主观幸福感研究中的一个里程碑，因为这项研究暗示了对幸福感的测量理应包括积极情感和消极情感两个维度。经过多年的研究，人们发展出一些测量幸福感的系统化量表，如牛津幸福感量表（Oxford Happiness Inventory，OHI）及在此基础上发展出来的牛津幸福感问卷（Oxford Happiness Questionnaire，OHQ），但基于这些量表的研究大多是典型的小样本研究，其研究发现很难具有推论意义。而大多研究更常采用的方法是就人们的幸福感进行直接提问："综合考虑，您感觉最近非常幸福、比较幸福、不太幸福还是一点也不幸福？"答案一定程度上反映了人们对其生活的评价，但对于大多数人而言，仅仅是作为情感方面的幸福感还不足以构成对其生活的完整评价，对主观幸福感的测量还应包括其认知的维度，亦即满意度。

满意度被认为是主观幸福感的认知指标。Campbell 及其同事对满意度做了如下定义："满意度可以被确切地定义为目标与成就之间的可获知的离散分布，从对实现感的认知到对剥夺感的认知。满意度意味着一种判断经验或认知经验，而幸福感则暗示一种感情或情感经验。"（Campbell, Converse and Rodgers, 1976: 8）满意度可以被分为总体满意度和领域满意度。总体满意度指"个体对其整个生活的总体质量做出积极评价的程度"（Veenhoven, 1996）；领域满意度则反映人们对其生活中具体领域的判断，诸如收入、婚姻和工作。

同样，20世纪70年代以来，人们发展出不同的方法对满意度进行测量。例如，"生活满意度综合评估"（the Global Estimate of Life Satisfaction，GELS）就包含了诸如物资、钱财、安全等10个生活领域（Ramm and Czetli, 2004），所有领域满意度的总和则构成总体满意度。但这种方法难以检验总体满意度与其他因素之间的关系，为避免这一问题，Diener 等引入了"总体满意度量表"（Satisfaction With Life Scale，SWLS），包含对总体生活满意度进行测量的5个问题，而5个问题仅在措辞上有所不同，内容上并无差异。同样，一些更为具体的量表也发展出来以测量领域满意度，如 Palisi and Canning (1983) 就设计了一个四条目的指数以研究婚姻满意度。

此外，不少学者深入地探讨了总体满意度和领域满意度之间的关系。Campbell、Converse 和 Rodgers (1976) 认为领域满意度尽管不构成整体生活满意度，但也反映了人们对总体生活的评价，总体满意度和领域满意度具有同等重要性。Diener（1984）提出了自上而下（top-down）模型，认为总体生活满意度是一个更为根本的变量，影响各领域满意度。Costa 和 McCrae（1980）认为，某些人格特征会同时影响总体满意度和领域满意度，总体满意度与领域满意度之间的关联是虚假的，都由人格特征所决定。自 Diener 的研讨论文发表后，大量的实证研究对不同的模型进行了检验。Lance、Mallard 和 Michalos（1995）为自上而下（top-down）模型和自下而上（bottom-up）模型提供了证据。他们发现总体满意度对工作满意度和社会活动满意度有显著影响，而婚姻满意度却自下而上地影响生活满意度。Headey、Veenhoven 和 Wearing（1991）也发现工作满意度自上而下（top-down）地影响闲暇活动满意度，而与婚姻满意度之间存在互动关系。Moller 和 Saris（2001）用南美生活质量趋势研究（the South African Quality of Life Trends Study）的数据检验了主观幸福感和领域满意度之间的关系，结果支持了自下而上（bottom-up）模型，领域满意度影响总体生活满意度。

二 经济学与心理学研究中的主观幸福感

（一）经济学对主观幸福感的研究

经济活动是人类生活最主要的活动之一，经济科学和经济话语的历史根源都揭示出经济学的终极目标是改善人们的生活，而主观幸福感已成为被广泛接受的测量生活质量的最高标尺（如 Veenhoven，2002，2007）。经济学对主观幸福感的研究主要集中在探讨收入与主观幸福感之间的关系，根据其研究路径的不同，可以划分为传统经济学对幸福感的研究和幸福经济学对幸福感的研究。

传统经济学的核心概念工具是效用和偏好。早期功利主义者认为幸福感的本质是最大化幸福并最小化痛苦。例如，Bentham（1789）建立了"效用准则"，即赞成抑或反对某种行为，主要在于看这种行为是增加还是减少了相关人员的幸福感。换句话说，主要在于这种行为是增进了幸福还是阻碍了幸福。Pareto（1909）挑战了效用与幸福感的见解，认为需求理论仅仅奠基于不同选择的等级信息，引出了等级效用（ordinal utility）的概念，这里的效用仅指不同选择的偏好等级。Hausman（1993：180）以如下方式对偏好机制进行了总结：当且仅当行动者偏好 X 而非 Y 时，（从更多效用的意义上讲）行动者总是被认为在 X 状态中比在 Y 状态中更好。实质上，等级效用原则或偏好机制仍然基于两个重要假设：第一，个体行动的目标在于最大化满足其偏好；第二，偏好满足程度决定个体幸福感（Angner，2005）。只要资源允许，行动者能够最大限度地满足其偏好。尽管之后的大量研究对效用和偏好做了更为深入的探讨，如区分了实际偏好（actual preference）与理想偏好（ideal preference）、真实偏好（true preference）与表面偏好（manifested preference），但传统经济学的基本结论仍旧是：更高收入产生更大的偏好满足和效用，收入水平的提高伴随着主观幸福感水平的提高。

幸福经济学结合了经济学技术与更为广泛使用的心理学技术，使用有限理性和行为经济学的基本概念工具，开创了幸福感经济学研究的新路径（Graham，2008）。幸福经济学提供了更为系统的关于收入与幸福关系的研究，下文主要从三个方面做简要介绍。

1. 收入分布与主观幸福感

就特定的时间地点而言，收入与主观幸福感之间存在正相关关系，这一发现与新古典主义的效用理论是一致的，并且已为大量的实证研究所证实（Easterlin，1974，2001；Di Tella，MacCulloch and Oswald，2003；Blanchflower and Oswald，2000；Stutzer，2004）。然而，收入与幸福感之间的关系似乎是非线性的：边际效用随着绝对收入增加而递减。也就是说，当收入达到较高水平时，同等比例的收入增长只引起主观幸福感较低水平的增长。世界价值观调查（World Values Survey）就提供了边际效用递减的证据。该调查在 1980~1982 年、1991~1992 年、1995~1997 年进行，涵盖了 18~30 个国家（总共 87806 个观察个案）。推测表明，一个人从家庭收入分布的第 4 个十分位移动到第 5 个十分位，其主观幸福感增加了 0.11（十分制量表，1.0 为最低满意度，10.0 为最高满意度）。与之形成对比的是，从第 9 个十分位移动到第 10 个十分位，主观幸福感仅仅增加了 0.02（Helliwell，2002）。并且，尽管主观幸福感在不同收入群体之间的差异是显著的，但在控制了就业地位、职业等社会经济地位时，收入不平等只能解释人们主观幸福感差异的很小一部分：高收入并没有简单地转化为高主观幸福感。对此，研究者提出了不同的概念和理论进行解释，如依存性偏好理论、炫耀性消费理论、相对收入假设、参照群体理论等。

2. 收入增长与主观幸福感

Easterlin 在 1974 年发表的一篇文章中，揭示了一组惊人的关系：近几十年美国人均收入显著上升，然而平均主观幸福感却保持恒定。一些学者（如 Blanchflower and Oswald, 2000; Diener and Oishi, 2000; Diener and Suh, 1998; Lane, 2000）坚持认为尽管有强劲的经济增长，但自第二次世界大战以来，法国、英国、比利时、日本、美国的平均幸福感并没有显著的提高。

对此，人们做出了两种解释：第一种解释认为人们可能经历的一个过程就是对过去经历的适应，人类总是从过去或从对将来的预期而不是从收入的绝对水平中进行比较，额外的物质产品和服务起初提供了额外的快乐，但这通常只是暂时性的，对物质的较高满足感会逐渐减弱，满足感依赖于变化，并随着继续消费而消失；第二种解释认为对收入增长的满意度也依赖于他人生活方式的变化，只要经济增长或多或少地改善了大多数人的生活境况，人们的期望和评价标准也会相应地提高，收入增长是中性的，不会带来任何主观幸福感的净增长。

当然，并非所有发现都与这一惊人的观点相一致。Diener 和 Oishi（2000）发现，20 世纪 70 年代和 80 年代，其他西方国家，如丹麦、德国和意大利，在经历巨大的实际人均收入增长的同时，其报告的生活满意度也有小幅增长。Oswald（1997）也发现主观幸福感不是单一形式地向上移动，大多数欧洲国家，如德国、丹麦、意大利、卢森堡和荷兰，都经历了生活满意度的提高，而英国人却报告一种生活满意度的下降趋势。

3. 国家间的 GNP 与主观幸福感

第三种分析是某个时间点拥有不同人均国民生产总值（GNP）的国家间的比较。事实上，由于数据的限制，对 GNP 与主观幸福感平均水平之间关系的研究不及对收入与主观幸福感之间的关系的研究。大多数大范围调查都是在发达国家有限的情境中进行的，而少有研究使用相同的题目，这使得结果难以比较（Inglehart, 1997）。因此，需要谨慎地接受对这一关系的研究结果，因为该结果可能会由于是否计算外籍人员而发生改变。

不同研究提供的证据显示，平均而言，国家富有将给国民带来更高的主观幸福感。人均 GDP 和个人收入的层级间互动经检验也是显著的：穷国的穷人对生活的满意度要低于富国的穷人。Inglehart 和 Klingemann（2000）利用 65 个国家世界价值观调查（World Values Survey）的数据，发现主观幸福感的平均水平与人均 GNP 之间的简单相关度为 0.70，说明经济发展对国家主观幸福感水平的提高至关重要。此外，Inglehart（1997）强调了跨国比较中人均 GDP 对提升主观幸福感递减的边际效用，也就是说，韩国、中国台湾等新兴的发达社会比富国能从经济发展中获益更多。

尽管收入与主观幸福感在跨国比较中存在正相关，但这两个变量之间似乎并不存在实质性的因果关系。相反，这种相关似乎主要（如果不是完全）受到文化和历史等第三变量的影响（Inglehart and Klingemann，2000）。在中国更是如此，中国人均收入远低于收入阀值，但在过去的 20 多年间取得了高水平的年度经济增长。人们可以预期，中国经济增长将带来较高的集体主观幸福感。然而，下降的主观幸福感水平暗示这一时期一些更为重要的因素而不是经济因素决定着人们的主观幸福感。此外，还有不少学者研究了经济转型与主观幸福感之间的关系。研究发现，高速的经济转型急剧地改变了前社会主义国家主观幸福感的平均水平。Graham 及其同事（2004）证明，收入的流动性使所有收入群体都对其经济成就做出了否定性评价，因为国家财产集中在人数甚少的高收入群体中。尽管获得了更好的经济形势，这些国家中"失落的成功者"却感到沮丧和不满。

总之，就传统经济学和幸福经济学对幸福感的研究而言，我们可以做出如下结论：主观幸福感不同于效用，但它很好地反映了人们对其物质处境的判断。大多数经济学家想当然地认为高收入导致高主观幸福感。对主观幸福感的实证研究既提供了支持这一假设的证据，也提供了推翻这一假设的证据。收入与主观幸福感之间的关系似乎在国家之间和在一国之内有所不同。与常识相一致，在特定的时间和特定的国家内，较高的收入与较高的个人主观幸福感相联系。相反，在西方世界，社会中较高的人均收入似乎并不提高集体自我报告的生活满意度。

(二) 心理学对主观幸福感的研究

自20世纪60年代起，积极心理学运动促进了心理学对主观幸福感的研究。积极心理学基于这样一个假设：积极情绪并不比消极情绪更具有衍生性，也不比消极情绪更缺少可靠性，并因此值得对其进行相应地研究。大量心理学因素如人格（如 Lykken and Tellegen，1996）、环境适应能力（如 Lucas et al.，2002）、奋斗目标（如 Emmons，1986）对个体主观幸福感有实质性影响。

下文的回顾主要关注以下几种理论框架：人格理论（personality theory）、期望和目标理论（aspiration and goal theory）、自我行动者理论（self-agency theory）。

1. 人格与主观幸福感

根据现代的定义，"人格心理学是对整个的人的科学研究。人格研究的目标在于提供对人类个体科学可信的说明"（McAdams，2001：11308~11313）。在心理学中，人格通常被定义为某种特征集合模式，包括由生物和习得成分构成的成年人的行为、气质、情感和精神特点等。

自19世纪晚期始，心理学家就做出了巨大努力以发展研究不同民族和不同时代人格差异的可靠方法。人格被定义为一种反应类型的生物趋向，这种生物趋向出现在生命早期并包含大量基因成分。相关的证据来自众多对遗传可能性的行为-基因研究（如 Tellegen et al.，1988；Magnus & Diener，1991；Costa 和 McCrae，1994）。Lykken 和 Tellegen（1996）提出一种令人非常震惊的观点，即基线理论（the base-line theory）。该理论认为长期的主观幸福感主要是由以基因为基础的个人性情所决定的，尽管事件能暂时性地使个体在这一基线上下移动。同样，为解释人格在决定主观幸福感中的作用，Brickmann 和 Campbell（1971）创立了一种适应理论，认为随着时间的推移人们通常能够对积极或消极事件形成适应。人们起初对事件的反应是强烈的，但之后会回到由天生性格所决定的主观幸福感基线。因此，适应能力较强的个体趋向于更快乐。Heady 和 Wearing（1989）的"动态平衡"（dynamic equilibrium）理论也对此做出了解释。此外，许多学者还深入探讨了具体人格要素与主观幸福感之间的关系（如 Costa and McCrae，1980；

Headey and Wearing, 1989; Fujita, 1993; Diener et al., 1992; Lucas and Fujita, 2000)。

总之，心理学研究的重要发现就是，主观幸福感的情感和认知因素在不同的时间和情形中都是相当稳定的，并且存在大量不同的人格特点和人格建造。快乐的情感与外向性中度相关，而与敏感性仅存在微弱相关；不高兴的情感与敏感性中度相关，而与外向性仅存在微弱相关。

2. 个人控制与主观幸福感

个人控制指个体的信念，即个体相信他/她能够按照最大化好结果和最小化不良结果的方式采取行动（Peterson，1999）。对个人控制的类型和维度进行描述，大致可区分出几种主要的理论：控制地点（locus of control）理论、因果归因（causal attribution）理论、习得性无助（learned helplessness）理论、自我效力（self-efficacy）理论。所有这些理论建构都关注个体如何看待其个人经历以及个体是否认为他们自己有能力应对其环境。

个体很大程度上为日常生活中那些他们能够和不能够控制的事情所占据。个人控制既是人们对环境作出反应的原因也是其反应的结果（Peterson，1999）。个人控制为人类动机、幸福感和个人成就提供了基础。个体运行既是集体的也是个人的，个人控制既是个人建构也是社会建构，集体系统发展了集体效力——群体对目标获取和实现预期任务的能力有着共同的信念。个人控制被认为对精神健康至关重要，尤其是对沮丧情绪的影响（如 Bandura，1996）。在大多数对个人控制与沮丧情绪的研究中，个人控制在某些类型的压力和沮丧情绪之间扮演着调节或缓和的角色（如 Pearlin et al.，1981）。个人控制信念也影响个人的思维模式和情感反应。高个人控制有助于个人在面临困难任务或行动时创造平静的感受。相反，低个人控制的人或许会相信事情比其本身的现实要艰巨，这种信念会加剧焦虑、压力和沮丧，并使人难以看到解决问题的最佳方法。此外，大量研究也证实可感知的控制能够减弱主观痛苦（Haggard，1949；Arntz and Schmidt，1989；Miller，1979；Skinner，1995）。

3. 目标与主观幸福感

目标反映了对于一个人来说，什么是重要的，什么是他们显然力图去做的。目标通常被视为情感体系的参照标准。从日常经验来看，达到目标抑或没有达到目标是与我们的积极或消极的情感相联系的——积极情感在一定程度上与一个人达到其目的相联系；消极情感则与一个人目标模糊和目标冲突相联系（Emmons，1986）。拥有重要目标显示出与满意度的正相关，而目标冲突则与负面效应相联系。个体的目标由个体的生活环境、文化期待和个体的特殊需要所决定（Cantor，1994）。人们可以通过各种方式实现其目标，但拥有高主观幸福感的人则在文化期待和生活环境的规约下发展出有效的策略以满足其需求。目标的内容，无论实现程度如何，成功抑或失败，都会影响主观幸福感。

总之，过去几十年，心理学构成了幸福感研究的主体。大量的实证调查和心理学实验揭示主观幸福感具有某种历时的稳定性。双子研究、性情研究、历时研究和人格量表中的相关关系都为主观幸福感围绕由个体人格所设定的基线波动提供了证据。至少就长时期而言，无关于环境或具体事件。研究证实，个人控制能够促进人类动机、个人成就和积极情感，降低主观痛苦。人们将其认为重要的事情作为其目标，并在追求和实现这些目标的过程中获益。不同的因素导致了拥有独特人格特征和目标的个体之间主观幸福感的差异。对不同情境中不同的人来说，不同的策略将会起到更好的作用。因此，心理因素尽管是强有力的，但也还不是充分的。环境、生命事件、基因、人格、个人控制和目标都必须整合起来以解释不同的因素如何作用于主观幸福感的不同组成部分。

三 社会学视野下的主观幸福感

社会学家认为主观幸福感的个体状态是以社会为基础的，其研究主要涉及人口、社会、文化等因素与主观幸福感之间的关系，下文也主要介绍人口因素、社会地位、社会信任和社会失范等社会学主题与主观幸福感之间的关系。

（一）人口因素与主观幸福感之间的关系

人口因素主要包括性别、年龄、婚姻状况、教育四个方面。

第一，性别与主观幸福感。在众多研究中，性别都是主观幸福感的一个预测指标。但大量研究表明，在西方国家，男女之间主观幸福感的差别极其微小或根本不存在（如 Andrews and Withey，1976；Campbell，Converse and Rodgers，1976；Frey and Stutzer，1999）。尽管有研究表明，女性更有可能经历悲伤、焦虑、恐惧、依赖等消极情感（Nolen-Hoeksema and Rusting，1999），但她们也经历了更高水平的积极情感（Diener et al.，1999），性别对主观幸福感的影响可能是间接的，依赖于其他变量的中介作用，如经历不同的生命事件和不同的社会化过程。

第二，年龄与主观幸福感。Wilson（1967）研究了之前的文献，发现年轻人享有较高的主观幸福感。相似地，Felton（1987）的回顾也表明20世纪50年代和60年代的早期研究都显示年龄与主观幸福感存在负向相关。但稍后的研究发现，年龄过程通过不同的方式对主观幸福感产生影响（如 Herzog and Rodgers，1981；Stock et al.，1983）。更新近的研究表明，在控制了收入、健康状态和其他变量的情况下，主观幸福感通常随年龄的增长而上升而非下降（参见 Diener et al.，1999；Myers and Diener，1995）。国际研究也发现，主观幸福感并不随年龄增长而下降（Inglehart 1990；Veenhoven，1984）。最近，越来越多的研究表明年龄与主观幸福感之间存在"U"形关系，在三十多岁和四十多岁时幸福感最低（如 Helliwell，2002）。

第三，婚姻状况与主观幸福感。欧美大量研究表明婚姻对主观幸福感具有正面作用：与单身者或鳏寡者相比，已婚者明显更幸福、对生活也更满意（如 Glenn and Weaver，1979；Gove，Style and Hughes，1990）。"婚姻和家庭满意度是主观幸福感最重要的预测指标。"（Diener，1984）即使在控制了年龄和收入之后，婚姻与主观幸福感仍然显著相关（Glenn and Weaver，1979）。新近的一些研究同样也支持了婚姻与主观幸福感的正向关系，例如，Alesina、Di Tella 和 MacCulloch（2004）对英国和美国的研究，Stutzer 和 Frey（2006）对瑞士的研究以及 Graham、Eggers 和 Sukhtankar（2004）对俄罗斯的研究。Lucas 等人（2002）对德国的研究发现，婚姻不一定会增进主观幸福感，离异或丧偶会通过改变主观幸福感的基线水平降低人们的主观幸福感。Myers（1993，1999）总结了已婚者群体更幸福的两个原因：首先，婚姻有助于配偶和父母角色的形成，这提供了额外的自尊心来源（Myers，1999）。其次，"已婚者更有可能享有一种持久的支持性的亲密关系，更少感到孤独"（Myers, 1999）。研究者也注意到，与单身个体相比，已婚者身体和心理都更健康长寿（Frey and Stutzer, 2003）。婚姻为不幸生活事件提供了基本保障并从规模经济和家庭内部分工中获益（Barber, 1983）。随着专业化的发展，夫妻在劳动力市场上可以获得更好的人力资本积累。

第四，教育与主观幸福感。教育与主观幸福感之间的相关关系尚不明确。职业教育者总是鼓吹不论是对个体还是对整体社会而言，教育都具有当下的和潜在的非经济和非职业功能。一些研究（如 Glenn and Weaver, 1981; Shinn, 1986; Helliwell, 2002）也确实发现，教育对主观幸福感存在正向作用，为这一断言提供了证据。但 Ross 和 Willigen（1997）发现，受过良好教育的人拥有更低水平的精神紧张和身体不适，但他们并不拥有更高水平的满意度。教育降低忧虑主要是通过有酬劳动、非异化工作和经济资源等方式，这些方式是与高个人控制相联系的；而教育通过婚姻和社会支持的方式降低忧虑的程度则要低得多。因此，他们认为，教育之所以能够降低消极情感，是因为教育拓展了获得非异化的有酬工作和经济资源的方式，这类工作和经济资源提高了对生活的控制感，使个体能够获得稳定的社会关系（尤其是婚姻关系），增加了社会支持。总之，教育究竟在何种程度上产生有益的结果仍然受到怀疑。

（二）社会阶级与主观幸福感

社会阶级是一个经典的社会学概念，它反映了社会分化和社会不平等。每个社会阶级都有其典型的消费模式、政治偏好、道德态度、社会行为和生活方式，这些都被称为阶级文化（如 Kriesi, 1989; Lipset, 1981/1960）。一些学者认为，生活机会的显著不平等在各个阶级之间持久地存在（Goldthorpe, 1987）。社会地位与个体感受之间的关系已得到经验证据的证实。Gecas 和 Seff（1990）发现社会阶级与自尊心之间有着强有力的正向关系，拥有较高社会地位的人通常是拥有更大权力、更多资源、更高声望的人，所有这些都通过自我概念形成的主要过程而影响自尊心。Noll 和 Habich（1990）报告称，主观幸福感与阶级地位和社会阶层间不同的资源获取能力联系在一起，在控制了性别、年龄和国籍后，阶级对主观幸福感的影响仍然显著。Li 和他的同事（2003）认为，不同社会阶级拥有不同类型的社会资本。工人阶级更有可能拥有较高的邻里依附水平,而中等阶级则倾向于拥有更高水平的社会联系和公民参与。就主观幸福感而言,并未发现社会阶级对总体生活满意度有直接影响。但拥有更高社会位置的人倾向于对其他所有因素也拥有较高的满意度水平。邻里联系较强的服务阶级和小资产阶级拥有更高的主观健康水平。处于专业或管理位置的人(服务阶级),平均而言,拥有更高的工作满意度。

(三) 社会失范与主观幸福感

社会失范是社会学研究中的一个经典概念,通常被用于描述一个社会缺乏规范和社会约束的状态。埃米尔·涂尔干为理解急剧的社会变迁对社会整合和社会稳定的影响提出了失范的概念。在涂尔干关于自杀的开创性研究中(Durkheim, 1997/1897),失范指一种个体状态或病态,以约束个体行为的社会规范的缺失或弱化为特征,并且伴随着一种异化感和无目标感。当代工业社会复杂性的增长和劳动的日益分工导致了社会隔离和社会失范。涂尔干对失范的早期陈述也关注目标与限制等关键概念,"无所谓有机体的快乐甚至存在,除非其需要与其手段充分地协调一致"(Dukheim 1997/1897: 246)。稳定健康的社会为个体提供了相应的行为参照和规范。而社会急剧变迁的过程中,社会面临对个人目标失去控制的危险,在失去控制时,目标变得不受限制或不可达到。涂尔干认为重大社会变迁(如社会不平等扩大)会动摇社会秩序的规范基础(合法性)。个体不再感觉有必要遵循坚实的价值和规范,不再清楚何为"可能"何为"正确",个体行动受到利己主义的驱动,社会失范就会蔓延。

Merton (1938) 认为失范是文化规定的目标与实现这些目标的可行的合法手段之间的不一致。换句话说,如果由于社会的限制而无法合法地达到具体社会中的共同目标,个体就会感到失范的痛苦。结果,个体就会表现出失范行为。Merton 的分析模型有两个基本因素:文化结构和社会结构。Merton 的失范分为宏观层次(社会无法就人们如何实现某种目标设立明确的规范,因而无法约束社会成员)和通常被视作张力的微观层次(社会成员中由于感到犯罪的压力而出现越轨现象的增长,进而导致社会失范)。依其理论,当张力(被定义为个体持有获得某物的目标)增大和满足张力的能力降低时,失范就会扩展。

涂尔干和 Merton 注意到了经济增长的无道德结果。对于涂尔干而言，这意味着与增长相联系的社会规范的消解和退化。也就是说，经济转型时期急剧的社会变迁极易压倒人们的精神承受能力，使个体产生无方向感、失落感和无道德态度，这一切导致了整体幸福感的降低。对于 Merton 而言，失范并非源自缺乏合法化手段达到人们所高度珍视的目标。对某些社会群体而言，要达到总体上被认可的目标和价值存在结构性障碍。对于较低社会阶层而言，社会流动总是受到阻碍的，这使其感到沮丧。在转型社会中，在经济竞争和获得成就的过程中，人们感到持续的压力和紧张时，资本主义和精英统治的规范就有可能导致无道德态度和大众失落。

很多经验研究的证据证实了这些关系。Seeman（1959）使用社会孤立、无意义感、无规范感、自我疏离感和无权力感等个人性情和态度对失范进行了操作化。Glatzer 和 Bös（1998）沿用 Seeman 的定义将失范操作化为四个指标：无权力感、无意义感、无规范感、工作疏离感和社会疏离感，发现德国在 1990 年以前保持了相当稳定的低失范值，而 1990 年以后无道德指标上升。尤其是，比起年轻人来，老年人承受着更多的孤独感、无意义感和无权力感，更少的无规范感。穷人比富人承受了多得多的失范。在东欧和其他转型社会，发现失范与经济社会变迁引起的陌生恐惧症、失落和不确定性等精神健康存在联系。关于转型社会的大量研究表明，共产主义"东欧集团"的瓦解加剧了社会层次和个体层次的张力（Genov, 1998）。Oegerli 和 Suter（2001）比较了东欧和西欧国家中相对剥夺对失范的不同作用。结果表明，涂尔干的失范对于经历政治经济体系变迁的东欧国家具有显著的解释力。相反，Merton 的失范源于达到文化目标的合法手段的缺乏，对西欧国家更为适用。Huschka 和 Mau（2006）发现转型中的南非社会失范蔓延，无方向感、无权力感和疏离感水平远高于欧洲国家的水平。此外，他们还确认，通常与种族相伴的社会 - 经济不平等导致失范的增长。Yuan 和 Golpawar（2012）的研究也证实了社会失范是导致中国人幸福感降低的重要因素。

（四）社会信任与主观幸福感

社会信任指"人们对于彼此、对于生活于其中的组织和机构、对于奠定了生活基本意义的自然和道德的社会秩序的社会习得和公认的期望"（Barber，1983）。依据一般语言学的定义，信任指"对人或事物品质和属性的信心和信赖"。Coleman（1990）将信任视为一种"赌注"，基于理性选择理论，他认为"理性行动者会采取信任……如果收益对损失的比率大于潜在损失总量对潜在收益总量的比率"。一般而言，信任可分为两种类型——人际信任和组织信任。

人际信任指风险情境下对个体的信心或信念（Coleman，1990）。人们发展了大量的量表以测量人际信任，如信任量表（Trust Inventory，TI）、人际非信任-信任测量（the Interpersonal Mistrust-Trust Measure，IMTM）等。在大范围的社会调查中通常使用的方法是询问人们："总体而言，您是认为大多数人都是可以信任的，还是认为与他人打交道中越小心越好？""您是认为大多数人如果有机会都会试图利用你，还是认为他们会尽量保持公平？"

人际信任是信任与他人的可信任行为的匹配程度，反映个体或群体间的积极互惠情感，人际信任使生活的各个方面更加愉快和丰富。大量研究表明，信任对人们的心理幸福感有重要影响。例如，Li、Pickles和Savage（2003）发现，信任态度对生活满意度有显著影响。然而，人际信任与情感健康之间的关系仍然是不明晰的。信任朋友与情感健康可能存在负相关。也就是说，越是信任朋友，而非信任报纸或电视，人们的情感健康状况可能更差。

组织信任可被视作一种对组织的总体评价导向，以公民对组织绩效和组织效力的一般期望为基础（Miller，1974）。因此，信任的下降可被视为源于国家政治过程的理想与现实之间的差距（Hibbing and Theeiss-Morse，2002）。

对组织信任的决定因素存在两种选择性的解释。Inglehart（1997）认为，组织信任内嵌于文化之中并在生命早期习得。另外，组织理论则认为，组织信任是内生的并受社会环境和组织运行影响。在西方国家，众多学者和研究已经彻底证实了社会信任与主观幸福感之间的明确关系。一些学者力图将社会信任理论应用于非统一国家。Nowotny（2002）认为低水平的社会资本——最为重要的是信任（由"对警察的信任"和"对司法体系的信任"测定）——导致东欧国家缓慢的民主转型。Hudson（2006）利用 2004 年欧盟扩张前的 15 个欧洲国家的欧洲参数数据，检验了组织通过对社会信任的中介影响在决定主观幸福感中所起的作用。Rose、Mishler 和 Haerpfer（1997）使用新民主指标（the New Democracies Barometer）数据检验了后共产主义东欧不信任的几种来源，包括在校社会化、共产主义遗留因素、政治经济绩效和民族传统/文化，发现信任来源包括个人环境和经济绩效，而教育和民族文化对社会信任没有影响。他们推测，在将来首先完成民主转型的新政府将被证明是最值得信任的，持怀疑态度的居民将获得越来越多的正面经历，这最终将减少他们的社会不信任。在俄罗斯，Rose（2000）以更为深入的专项调查，继续了后共产主义的人际信任研究并得出结论：诸如正式与非正式网络以及基于互惠信任的社会支持和对社会组织或政府机构的参与等因素，通过为个体提供陪伴、使个体获得健康照料以及传播与健康行为相关的信息和规范等方式，有助于增进个体的情感和身体健康。

总之，文献提供的大量经验证据表明，主观幸福感是社会环境的反映，尽管人格和其他心理因素解释了大量的差异。第一，尽管人口因素似乎仅仅解释了小部分主观幸福感差异，但人口因素调节着许多重要的主观幸福感因素，因此不可忽略。第二，社会阶级与人们的感受彼此联系，尽管二者的关系强度并不高，社会阶级仍是主观幸福感的一个潜在预测指标。第三，社会失范指破坏了社会质量的社会瓦解和社会去规则化。大量实证研究表明，社会失范随急剧的社会变迁而蔓延，引起消极情感，进而降低了人们的主观幸福感。第四，社会信任反映了社会或社区中个体间的联系。研究发现，个体信任和组织信任与主观幸福感之间都存在正面关联。

第二章 中国人的主观幸福感（1990~2007）

■ 上海大学社会学系/袁　浩　刘绪海　廖文凯

改革开放以来，伴随着计划经济向市场经济的转型，中国的经济和社会结构都发生了深刻的变化，经济保持长期的高速增长，人民摆脱了温饱问题的困扰，生活质量有了较大水平的提高。与此同时，收入不平等差距逐渐拉大，收入不平等问题越来越严重，社会结构出现分化，低收入群体规模远远超过中产阶层和高收入阶层，社会公正面临巨大挑战，新的社会问题伴随着原有的社会问题对整个中国社会以及社会中的每一个个体都产生着深刻的影响。所有这些巨大的社会变迁也必将反映到人们对其生活的感受和认知，并构成探讨中国主观幸福感问题的宏观背景。而自20世纪80年代主观幸福感的概念被引入中国以来，经济学、心理学、政治学、社会学等学科从不同的角度对中国的主观幸福感进行了相关的研究。因此，伴随着经济和社会结构变化，将主观幸福感研究置于一个历时的社会变迁之中，对于考察其变化的基本情况和探究影响主观幸福感的经济社会因素大有裨益。世界价值观调查（World Values Survey，WVS）为我们认识中国改革开放后主观幸福感的变化提供了很好的参照。

一　主观幸福感的基本情况

（一）世界价值观调查

世界价值观调查（World Values Survey，WVS）是一项世界性的研究价值观变化及其对社会、政治生活的影响的调查，现已包括97个国家和地区，

第二章 中国人的主观幸福感（1990~2007）

涵盖世界90%的人口。① 世界价值观调查自1990年开始在中国实施，此后又分别在1995年、2001年和2007年进行了三次，共进行了四次。第一次由中国统计信息咨询服务中心执行，采用分层多阶段定额随机抽样，共获得有效分析个案1000个；第二次调查由盖勒普（中国）公司执行，采用成比例分层随机抽样，共获得有效分析个案1500个；第三次和第四次调查由北京大学中国国情研究中心执行，采用分层多阶段随机抽样，分别获得有效分析个案1000个和2015个。历次调查样本分布特征如表2-1所示。

表2-1 世界价值观调查中国部分的样本特征

单位：个案数（N），百分比（%）

调查年份	1990	1995	2001	2007
总观测个案	1000	1500	1000	2015
性别				
男	599(60.02)	799(53.27)	494(49.40)	923(45.81)
女	399(39.98)	701(46.73)	506(50.60)	1092(54.19)
年龄				
<31	334(34.40)	483(32.20)	224(22.40)	336(16.67)
31~40	221(22.10)	421(28.07)	306(30.60)	456(22.63)
41~50	226(22.60)	306(20.40)	256(25.60)	493(24.47)
>50	219(21.90)	290(19.33)	214(21.40)	730(36.23)
婚姻状况				
已婚或同居	775(77.50)	1219(81.27)	872(87.46)	1711(85.64)
离异或丧偶	35(3.50)	56(3.73)	32(3.21)	111(5.56)
单身	190(19.00)	225(15.00)	93(9.33)	176(8.81)
教育状况				
小学及以下	—	592(39.57)	418(41.80)	1041(52.31)
中学或中专	—	845(56.48)	539(53.90)	823(41.36)
大专及以上	—	59(3.94)	43(4.30)	126(6.33)

注：部分观测变量由于存在缺失值，故总和会小于总观测个案数。

---

① 调查的具体情况参见其官方网站，http://www.worldvaluessurvey.org/。

(二) 幸福感 (Happiness) 状况

一般而言，主观幸福感 (Subjunctive Well-Being) 分为幸福感 (Happiness) 和生活满意度 (Life Satisfaction) 两个方面。幸福感主要反映人们的情感体验，通常被作为主观幸福感的情感方面；而生活满意度则通常被认为是主观幸福感的认知方面，反映人们对其生活及其具体方面的认知。世界价值观调查每年的问卷设计中都包含了这两方面的内容。

就幸福感而言，世界价值观调查的问卷中直接询问被访者"目前您生活得愉快吗？"并提供了四个选项"很幸福""比较幸福""不太幸福""一点也不幸福"，要求被访者根据其主观体验做出选择。表2-2直接呈现了历次调查中被调查者对自己幸福感的选择状况，可以看出大多数被访者感觉很幸福或比较幸福，两项选择比例之和在历次调查中分别占到了68.44%、84.10%、78.12%、76.71%。

表2-2 历次调查中幸福感的分布比例

单位：个案数（N），百分比（%）

幸 福 感	调查年份				
	1990	1995	2001	2007	合计
很 幸 福	275	340	115	424	1154
	28.26	22.80	11.55	21.19	21.13
比 较 幸 福	391	914	663	1111	3079
	40.18	61.30	66.57	55.52	56.38
不 太 幸 福	286	212	190	386	1074
	29.39	14.22	19.08	19.29	19.67
一点也不幸福	21	25	28	80	154
	2.16	1.68	2.81	4.00	2.82
总 计	973	1491	996	2001	5461
	100	100	100	100	100

通过对历次调查的选择情况进行重新赋值打分：很幸福4分，比较幸福3分，不太幸福2分，一点也不幸福1分，可以得到如表2-3所示的平均得分情况。

第二章 中国人的主观幸福感（1990~2007）

表 2-3 历次调查幸福感得分情况

调查年份	个案数	均值	标准差
1990	973	2.95	0.81
1995	1491	3.05	0.66
2001	996	2.87	0.63
2007	2001	2.94	0.75

通过对历次调查平均幸福感得分进行方差分析，各年幸福感得分之间差异情况如下：1995 年比 1990 年高 0.10 分（sig. < 0.001），2001 年比 1995 年低 0.08 分（sig. < 0.001），2007 年比 2001 年高 0.07 分（sig. = 0.011），2007 与 1990 年基本处于同一水平（sig. = 0.817），但也明显低于 1995 年的水平（sig. < 0.001）。由此可见，幸福感在历次调查中呈现上下波动，并没有随着时间的推移而呈现简单地上升和下降。这一结果可以进行两种解读：第一种解读可以认为幸福感与经济增长没有直接的关联，从 1990 年到 2007 年，中国经济一直保持平稳较快的增长势头，但人们的幸福感却在各年之间存在显著差异，并上下波动，幸福感的变化更多地受到其他因素的作用；第二种解读可以认为幸福感的测量更多地反映人们的暂时性情感，而这些情感更多地受到情境性因素的影响，不具有测量的稳定性，这一点或许也是不少学者在主观幸福感研究中更多地采用作为认知指标的生活满意度而不是反映主观情感的幸福感这一指标的原因。

（三）生活满意度（Life Satisfaction）状况

生活满意度作为主观幸福感最为重要的组成部分，反映人们对其生活的判断和认知。就生活满意度测量而言，问卷中直接询问被访者："把所有的情况都考虑进去，总的来说，您对自己目前的生活满意吗？"被访者要求在从 1 到 10 的量表中进行选择，表示由 1"非常不满意"到 10"非常满意"的程度。当然，问卷中还包含了对具体生活领域满意度的测量，如工作满意度、家庭满意度等，但这些测量并非在每次问卷中都出现，并且学者在探讨总体生活满意度与具体生活领域满意度的关系上也存在分歧，故本编直接采用总体生活满意度作为对中国生活满意度的测量。表 2-4 展示了历次调查中生活满意度的得分情况，包括总体平均得分情况和不同人口群体在历次调查中的平均得分情况。

表2-4 历次调查中生活满意度均值（标准差）

调查年份	1990	1995	2001	2007
生活满意度	7.29(2.10)	6.83(2.42)	6.53(2.47)	6.76(2.40)
性　　别				
男	7.36(2.10)	6.44(2.46)	6.50(2.43)	6.79(2.37)
女	7.19(2.10)	7.05(2.35)	6.56(2.51)	6.74(2.48)
年　　龄				
<31	6.82(2.13)	6.97(2.32)	6.61(2.45)	6.95(2.35)
31~40	7.38(2.11)	6.79(2.45)	6.53(2.47)	6.65(2.37)
41~50	7.47(1.96)	6.69(2.40)	6.27(2.37)	6.53(2.44)
>50	7.74(2.06)	6.80(2.55)	6.74(2.58)	6.90(2.40)
婚姻状况				
已婚或同居	7.50(2.00)	6.80(2.45)	6.63(2.41)	6.79(2.40)
离异或丧偶	7.20(1.88)	7.45(2.51)	5.09(2.91)	6.31(2.47)
单　　身	6.45(2.35)	6.84(2.20)	6.13(2.69)	6.71(2.38)
教育状况				
小学及以下	—	6.60(2.58)	6.52(2.52)	6.47(2.57)
中学或中专	—	6.97(2.31)	6.54(2.45)	7.04(2.18)
大专及以上	—	7.34(1.83)	6.47(2.25)	7.33(2.07)
健康状况				
非　常　好	7.96(1.95)	7.45(2.17)	7.23(2.33)	7.66(2.17)
很　　好	7.34(1.87)	6.89(2.31)	6.84(2.24)	6.93(2.11)
一　　般	6.86(2.41)	6.33(2.40)	5.92(2.40)	6.28(2.33)
很　　差	6.15(2.47)	4.99(3.04)	5.37(2.77)	5.28(2.67)

就总体生活满意度而言，1990年为7.29，1995年为6.83，2001年为

6.53，呈现随着时间推移而下降的趋势，但 2007 年总体生活满意度较 2001 年又有所提高，也就是说，进入 21 世纪以来，中国的总体生活满意度可能存在一个缓慢回升的趋势。对历次调查总体生活满意度进行方差分析也大致可以进一步证实这一趋势：1995 年比 1990 年下降了 0.46（sig. < 0.001），2001 年比 1995 年下降了 0.3（sig. < 0.001），2007 年比 2001 年上升了 0.23（sig. = 0.012），2007 年的水平基本与 1995 年持平（sig. = 0.384）。

从不同性别的人群来看，1990 年男性的生活满意度高于女性，但这二者之间的差异不具有统计显著性（sig. = 0.331），可以认为二者之间不存在差异；与 1990 年相比，1995 年男性的生活满意度下降得比女性更多，并且女性明显比男性拥有更高的生活满意度（sig. < 0.05）；而随着时间的发展，2001 年和 2007 年男性和女性的生活满意度基本上不存在差异。

从年龄上看，1990 年的数据显示，生活满意度随着年龄的上升而上升；但 1995 年的数据表明 30 岁以上人群的生活满意度都较 1990 年出现了下降，41～50 岁的人群生活满意度最低；而 2001 年和 2007 年的数据基本呈现年龄与生活满意度之间的"U"形关系，即处于中间年龄段的人群其生活满意度要低于低龄和高龄群体。

就婚姻状况而言，1990 年已婚群体生活满意度最高，单身群体满意度最低；而 1995 年的数据却显示离异或丧偶群体生活满意度反而高于已婚群体和单身群体，与人们的直接感受相悖，说明这一时期婚姻与生活满意度之间存在更为复杂的关系（当然，也有可能是数据收集方面出现较大偏误）；2001 年与 2007 年的数据都显示，已婚群体生活满意度最高，其次是单身人群，离异或丧偶群体生活满意度最低。

就拥有不同教育水平的人而言，1995 年的数据表明，教育水平更高的人拥有更高水平的生活满意度；而 2001 年的数据却似乎不能显示出 1995 年时教育水平与生活满意度之间的正向关系，拥有不同教育水平的人在生活满意度上没有呈现明显的差异；但 2007 年的数据又再次显示了教育水平与生活满意度之间的正向关系。可见，在探讨教育水平与生活满意度之间的关系时必须从不同的时期加以具体分析。

就健康状况而言，身体状况良好的人群拥有更高的生活满意度，各个时期都表现出相同的趋势，但从标准差的大小来看，健康状况很差的一组标准差最大,也就是说,与其他各组相比,健康状况很差的群体在生活满意度上表现出更大的差异性。

二 生活满意度及其影响因素：以 2007 年为例

生活满意度反映人们对其生活的主观认知,是主观幸福感最为重要也被认为是更为稳定的维度,因此本节主要讨论经济社会发展与生活满意度之间的关系。本节分为三个部分：第一部分简要阐述影响生活满意度的主要经济社会因素；第二部分简要介绍相关因素的测量和本节使用的分析模型；第三部分给出统计结果并对这些结果进行简要讨论。

（一）经济社会发展与生活满意度

对经济社会发展与生活满意度的关系的讨论大致可以分为两个部分：经济因素对生活满意度的影响,主要探讨经济收入与生活满意度之间的关系；社会因素对生活满意度的影响,主要探讨社会剥夺、社会失范和社会信任等因素与生活满意度之间的关系。总体而言,经济因素可以被视为客观性因素,社会因素尽管也有其客观测量的指标,但在大量的研究中,对社会因素的测量则采用被访者的主观认知评价,因此本编中对社会因素的探讨也主要采用被访者报告的主观指标。

经济收入与生活满意度之间的关系是幸福经济学探讨的核心问题。依据新古典主义的假设,经济收入增长意味着人们满足自身需求的能力增加,更多需要的满足有助于人们生活满意度的提高；但根据边际效用递减规律,相同水平的经济增长带给低收入群体的效用增量要大于高收入者的增量。大量已有研究表明,经济收入和生活满意度之间存在并不是很强的正相关关系（相关系数在 0.10~0.25 之间）。实质上,对人们经济状况的完整衡量,不仅应当包括人们的收入状况,还应当包括人们的消费与支出状况。收入与支出的关系结构在一定程度上反映了人们对于生活方式的选择。收入与支出的关系状况构成对相对收入的最为个体层面的阐释。一般而言,当人们的支出大于其收入的时候,人们就会感到经济的压力,其生活满意度会下降；反之,当人们的收入大于支出的时候,生活满意度则保持不变或有所上升。

除了绝对收入的作用之外,许多研究发现相对收入也起着同样重要甚至更为重要的作用。相对收入最初是由美国经济学家 Easterlin 于 1974 年在其论文 "Does economic growth improve the human lot? Some empirical evidence"(经济增长能够提高人类的福祉吗?一些经验证据)中提出来的。相对收入是与其他参照群体的收入相比较而得到的。如果一个人的绝对收入和他选择的参照群体的收入都很高,则他的相对收入可能并不高于另一个绝对收入较低、所选择的参照群体收入也低的人的相对收入。相对收入的整体认知直接反映在人们的收入满意度上。

社会失范是社会学中探讨的主要问题,它指的是急剧社会变革时期,原有的社会规范遭到破坏而新的社会规范尚未形成的状态,在这样的社会中,人们的生活缺乏明确的价值导向,在价值与实现其目标的手段之间存在不一致。Brockmann 等(2009)利用世界价值观调查 1900 年与 2001 年数据对中国生活满意度进行研究发现,尽管中国从 1990 年到 2001 年经历了经济的巨大发展,但中国人的幸福感水平反而下降,社会失范是影响生活满意度的重要因素。

西方研究表明,现代公民社会中,人们倾向于对政府机构持批判怀疑态度。Inglehart(2000)发现,在北美和西欧各国,人们拥有较高的生活满意度,对公共机构的信任和满意度却很低。瑞士经济学家 Frey 和 Stutzer(1999)发现,人们对政治制度和公共机构的态度显著地影响着其生活满意度。Putnam(2000)认为,人们对政府和公共机构的信任可以看作社会资本的一个重要方面,因而对生活满意度有着重要的积极作用。

(二)变量描述与分析模型

本节采用世界价值观调查 2007 年的数据探讨人口因素、家庭收入、收支平衡状况、收入满意度、生活无控制感和公共结构信任等因素对人们生活满意度的影响。

1. 因变量及其测量

本节讨论经济社会因素对生活满意度的影响,生活满意度作为因变量,测量方法是在调查中直接询问被访者对其生活的总体满意度。被访者可以从

1到10之间选择他们的满意度：1代表非常不满意，10代表非常满意。从表2-5可见，对自己的生活感到非常不满意的人仅72名，占样本总数的3.57%，回答非常满意的人有275名，占样本总数的13.65%。56名受访者未就此问题作答，这56个样本将被视作缺失样本排除在之后的统计分析中。样本均值为6.76，方差2.4，人们的生活满意度差异明显。815名受访者满意度在平均水平以下，占分析样本人数的41.6%。

表2-5 生活满意度测量方法及频次分布

生活满意度：把所有情况都考虑进去，总的来说，您对自己目前的生活满意吗？	
1——非常不满意	72
2	72
3	86
4	85
5	222
6	278
7	244
8	427
9	198
10——非常满意	275
缺失值	56
总　计	2015
均值（方差）	6.76（2.4）

2. 自变量及其测量

本节分析中的自变量主要包括人口因素、客观经济因素、主观社会因素三类。

（1）人口因素。人口因素包括性别、年龄、婚姻状况、健康状况和教育状况。年龄分为30岁以下、31~40岁、41~50岁、51~60岁及60岁以上五组；健康状况分为很好、好、一般、不好四组；教育状况分为小学及以下、中学或中专、大学及以上三组；婚姻状况分为婚姻群体和非婚姻群体，非婚姻群体包括未婚、离异、丧偶等情况。在统计分析中，人口因素都处理为虚拟变量。

(2) 客观经济因素。本编对客观经济因素的测量主要采用家庭收入和家庭收支平衡状况这两个指标。就家庭收入而言，在问卷调查中，被访者从1到10之间选择其家庭收入所属的层次，每个数值代表一个收入区间。其中1代表家庭年收入750元以下，10代表家庭年收入在150000元以上。数据处理过程中，以每一收入段的中值代替原来1到10的值，然后取其对数。问卷中还直接询问被访者："去年您家庭的收支状况如何？"具体分为四种情形：收入大于支出；收入支出相当；支出大于收入，动用以前的积蓄；支出大于收入，不但动用了积蓄，还借了款。数据处理中将被访者家庭的收支状况处理为虚拟变量。

(3) 主观社会因素。主要包括社会相对剥夺、社会失范、社会信任三个方面。社会相对剥夺在世界价值观调查中并没有直接的测量，但收入满意状况作为被访者与其他群体进行比较得出的结果，一定程度上反映了其相对剥夺感，可以作为对社会相对剥夺的测量。就社会失范而言，在个体心理层次，反映为个体对其生活的无控制感。本编采用个体对其生活的无控制感作为对社会失范的测量。问卷中询问了被访者对其生活的选择和掌握程度，从1"根本无法掌握"到10"完全可以掌握"。个体对其生活的无控制感越强，其体验到的社会失范的程度就越高。本编主要使用对中央政府和对人民代表大会的信任程度来测量社会信任。问卷中信任程度分为：很信任、信任、不太信任和根本不信任四类，赋值为1~4分。数据处理中采用以上两类得分的均值并转换为1~10分作为对公共机构信任程度的测量，1为高度信任，10为高度不信任。

3. 模型选择

在对生活满意度进行回归分析的研究中，主要采用两种不同的处理方法。一种方法是假设生活满意度是人们对生活状况做出的线性主观判断，即该变量的值2代表的生活满意度是值1的两倍；值10代表的生活满意度是值1的10倍。回归分析中一般采用多元线性回归的模型来估计参数值，这种方法也是目前为大多数心理学家和社会学家所采用的方法。另一种方法就是将生活满意度看作一个定序变量，在回归分析中采用Logistic回归模型进行参数值估计，这种方法主要为经济学家所采用。本编采用前一种处理方法，将生活满意度视为一个线性的变量，并采用多元线性回归的模型来估计参数值。由于自变量中包括了很多虚拟变量和分类变量,因此我们采用 Robust 方差估计来调整参数值。

在进行多元线性回归分析时,我们采用分步回归的方法。在起初的回归模型(模型一)中,我们仅引入人口因素变量和客观经济因素变量,然后我们再引入主观社会因素变量(模型二)。

生活满意度 = 常数项 + 人口因素变量 (1)

生活满意度 = 常数项 + 人口因素变量 + 客观经济因素变量 (2)

生活满意度 = 常数项 + 人口因素变量 + 客观经济因素变量 + 主观社会因素变量 (3)

(三) 统计结果及讨论

表 2 - 6 展示了生活满意度的一般线性回归的估计值。下文将从人口因素、客观经济因素和主观社会因素三个方面对回归结果做出简要的分析。

表 2 - 6 生活满意度一般线性回归结果

	模型一 coef/beta	模型二 coef/beta	模型三 coef/beta
男性	- 0.209*	- 0.139	- 0.116
	(- 0.126)	(- 0.123)	(- 0.106)
年 龄 组			
31~40 岁	- 0.0566	- 0.0491	0.0918
	(- 0.2140)	(- 0.2080)	(- 0.1750)
41~50 岁	0.158	0.212	0.135
	(- 0.217)	(- 0.207)	(- 0.178)
51~60 岁	0.551**	0.500**	0.199
	(- 0.229)	(- 0.218)	- (0.182)
60 岁以上	1.024***	0.950***	0.682***
	(- 0.269)	(- 0.252)	(- 0.208)
结婚	0.617***	0.583***	0.486***
	(- 0.185)	(- 0.181)	(- 0.161)

续表

	模型一 coef/beta	模型二 coef/beta	模型三 coef/beta
教育程度			
中学或中专	0.608*** (-0.141)	0.422*** (-0.137)	0.324*** (-0.116)
大学及以上	0.795*** (-0.219)	0.327 (-0.208)	0.409** (-0.174)
身体状况			
很好	1.279*** (-0.248)	1.004*** (-0.237)	0.501** (-0.207)
一般	2.018*** (-0.241)	1.554*** (-0.231)	0.856*** (-0.204)
不好	2.759*** (-0.241)	2.239*** (-0.232)	1.291*** (-0.209)
家庭收入（对数值）		0.4300*** (-0.0784)	0.0624 (-0.0677)
家庭收支状况			
收支相当		-0.420*** (-0.134)	-0.287** (-0.118)
收不抵支（无借款）		-0.893*** (-0.187)	-0.409** -(0.167)
收不抵支（有借款）		-1.316*** (-0.254)	-0.613*** (-0.221)
收入满意度			-0.4000*** (-0.0276)
无控制感			-0.1930*** (-0.0301)
政治不信任			-0.0821*** (-0.0298)
常数项	4.051*** (-0.295)	1.553** (-0.729)	8.073*** (-0.705)
样本数	1265	1265	1265
拟合度	0.163	0.232	0.443

注：括号内为标准误，*** $p<0.01$，** $p<0.05$，* $p<0.1$；年龄组的参照组为"30岁以下"，婚姻状况的参照组为"非婚群体"，教育状况的参照组为"小学及以下"，身体状况的参照组为"好"，家庭收支状况的参照组为"收入大于支出"。

(1) 人口因素与生活满意度

在仅仅引入人口因素时（如模型一），我们可以看出：性别、年龄、婚姻状况、教育状况和健康状况都对生活满意度有显著影响。在控制了年龄、婚姻状况、教育状况和健康状况后，性别对生活满意度有显著影响，男性生活满意度低于女性，但在引入了客观经济因素和主观社会因素之后，性别之间的差异就不再存在，说明性别差异对生活满意度的影响更多地可以被客观经济因素和主观社会因素所解释。

由模型一可以看出，50岁以上的人群的生活满意度比30岁及以下人群的生活满意度明显要高，引入客观经济因素之后（模型二），年龄的这一影响依然存在。但在引入主观社会因素之后，仅有60岁以上的人群的生活满意度明显高于30岁及以下人群的生活满意度。

就教育状况而言，在仅考虑人口因素时，教育水平越高的人拥有更高的生活满意度。但在引入客观经济因素后，拥有中等教育水平的人比仅有小学及以下教育水平的人拥有更高的生活满意度，而拥有大学及以上教育水平的人与仅有小学及以下教育水平的人在生活满意度上并无明显差别。但引入主观社会满意度之后，拥有中等教育水平或高等教育水平的人的生活满意度明显高于仅有小学及以下教育水平的人。

此外，婚姻状况和健康状况对生活满意度的影响在各个模型中都是显著的。已婚群体的生活满意度明显高于那些处于非婚姻状态的群体。健康状况越好的人拥有越高的生活满意度。

(2) 客观经济因素与生活满意度

由模型二可以看出，在引入了客观经济因素之后，拟合度（R-square）由0.163上升到0.232，由此可见，在没有引入主观社会因素的情况下，客观经济因素对生活满意度有显著影响。家庭绝对收入越高，生活满意度水平也越高。相比于家庭绝对收入，家庭的收支平衡状况能够更好地解释生活满意度的差异。在其他因素不变的情况下，支出大于收入但无需借款的家庭比收入大于支出的家庭在生活满意度上低0.893分，而支出大于收入甚至还需借款的家庭比收入大于支出的家庭在生活满意度上低1.316分。但在引入了主观社会因素之后，家庭的绝对收入对生活满意度没有显著影响，家庭的收支平衡状况仍对生活满意度有显著影响。

第二章 中国人的主观幸福感（1990~2007）

(3) 主观社会因素与生活满意度

由模型三可以看出，主观社会因素的三个指标都对生活满意度有显著影响，模型的解释力较模型二也大为提升，R-square 达到 0.443。收入满意度越高，生活满意度越高，收入满意度对生活满意度有较强的正向作用，其相关系数达到 0.4。在引入了主观社会因素变量之后，家庭收入对生活满意度的影响甚至不再显著，由此可见，对收入的主观体验比对收入的客观测量更能影响人们的主观幸福感，人们在收入上体验到的相对剥夺感越强，其生活满意度越低。在引入主观社会因素变量之后，家庭收支平衡状况仍对生活满意度有显著影响，这在一定程度上也证明了社会比较理论在解释人们生活满意度时的有效性。同样，对生活的无控制感也对生活满意度有显著影响。人们越是感到能够掌握其生活和选择，其生活满意度水平也越高。此外，对公共机构的信任也显著影响人们的生活满意度，高水平的政治信任有利于提高人们的生活满意度。

(4) 简要讨论

由回归分析的结果可以看出，人口因素中身体状况对生活满意度有较强的影响，因此需要倡导人们培养良好的生活方式、增强国民体质，这对于提高人们的生活满意度至关重要。

在人们生活的基本需要能够得到满足的情况下，绝对收入的提高对提高人们的生活满意度没有明显的影响，反而是相对收入，不论是对于个体或家庭发展而言的相对收入，还是个体或家庭在社会比较中所体验到的收入的相对剥夺感，对人们的生活满意度有更强的解释能力。人们的关注也更多地由对客观收入的关注转向对主观社会因素的体验，这就将我们引向对生活质量的关注。

就此，我们似乎可以看到，下一阶段经济社会发展的基本方向：①在注重经济发展的同时，要注意协调发展中的不平衡性，兼顾经济社会发展过程中不同群体的利益，缩小不同群体之间经济社会的差异；②需要不断健全我们的社会保障体系，使人们能够更好地应对生活中的各种危机，增强人们对其生活和选择的控制能力和控制感，以提高人们的生活满意度；③政府需要进一步推进自身的改革和建设，提高人们对政府及公共机构的信任。

第三章 2010年上海居民的幸福感

上海大学社会学系／袁　浩　刘绪海　廖文凯

2010年12月，我们在上海市进行了一次关于上海居民幸福感状况的调查。本次调查通过分层随机抽样的方法，在全市范围内访问了1556位市民。接下来我们将对这次调查所收集的数据从五个方面来进行分析和讨论。

一　经济与社会保障的满意度

本部分主要对上海居民经济生活与社会保障方面进行考察，以期了解上海居民的基本经济状况和对未来经济生活的期望。下文主要是从对上海经济的总体评价、对目前自己职业的评价、对家庭收入的总体评价、对社会保障的评价四个方面进行测量。

（一）对目前上海经济发展状况的总体评价

从表3-1可以看出，无论是不同的收入群体还是不同的身份群体，都在对目前上海经济发展状况的总体评价上存在明显的差异（$p=0.001$、$p=0.000$）。从不同的收入群体来说，中低收入者对上海经济发展状况的评价明显高于中产及以上者，且高出10.41个百分点。从不同的身份群体来说，郊区农民对目前上海经济发展状况的总体评价最高，选择"较好"或者"非常好"的为74.03%，郊区市民、中心市民选择"较好"或者"非常好"也比较高，分别为64.69%、54.84%。

第三章 2010年上海居民的幸福感

表3-1 不同群体对目前上海经济发展状况的总体评价

单位：%

群体	评价	非常好	较好	一般	不好	非常不好	合计（N）
收入群体	中低收入	10.14	60.84	27.30	1.40	0.31	100（641）
	中产及以上	7.93	52.64	37.89	1.32	0.22	100（908）
	合计	8.84	56.04	33.51	1.36	0.26	100（1549）
	卡方值	\multicolumn{3}{c}{19.29}	p值	\multicolumn{2}{c}{0.001}
身份群体	郊区农民	12.60	61.43	25.19	0.58	0.19	100（516）
	郊区市民	9.04	55.65	33.74	1.39	0.17	100（575）
	中心市民	4.30	50.54	42.58	2.15	0.43	100（465）
	合计	8.80	56.04	33.55	1.35	0.26	100（1556）
	卡方值		51.68		p值		0.000

（二）对目前自己职业现状的总体评价

从表3-2可以看出，不同的收入群体、不同的身份群体对目前自己职业现状的总体评价不存在明显的差异（$p=0.163$、$p=0.917$）。不同的收入群体选择"满意"或者"非常满意"的比例都较少，分别只占37.31%、38.41%，不同的身份群体选择"满意"或者"非常满意"的比例也都较少，分别为39.45%、38.34%、35.42%。大部分群体选择了"一般"，基本上都持中性的态度。

表3-2 不同群体对目前自己职业现状的总体评价

单位：%

群体	评价	非常满意	满意	一般	不满意	非常不满意	合计（N）
收入群体	中低收入	2.03	35.28	54.82	6.85	1.02	100（394）
	中产及以上	4.15	34.26	54.33	7.09	0.17	100（578）
	合计	3.29	34.67	54.53	7.00	0.51	100（972）
	卡方值		6.54		p值		0.163
身份群体	郊区农民	3.29	36.16	53.15	6.85	0.55	100（365）
	郊区市民	3.83	34.51	53.10	7.96	0.59	100（339）
	中心市民	2.58	32.84	58.30	5.90	0.37	100（271）
	合计	3.28	34.67	54.56	6.97	0.51	100（975）
	卡方值		3.27		p值		0.917

(三) 对家庭收入的满意度

从表 3-3 可以看出，不同收入群体、不同身份群体对家庭收入总体评价的差异不明显（$p=0.137$、$p=0.055$）。在不同的收入群体中，中低收入者选择"满意"或者"非常满意"的比例为 21.72%，中产及以上者选择"满意"或者"非常满意"的比例为 21.94%，两者都比较低。不同的身份群体选择"满意"或者"非常满意"的比例也比较低，分别为 23.15%、23.48%、18.49%。这说明对于上海的居民来说，收入水平的高低并不必然对家庭经济收入满意度产生显著的影响。住在郊区和住在市区的居民在家庭经济收入方面的满意度也不存在明显的差异。

表 3-3 不同群体对家庭收入的总体评价

单位：%

群体	评价	非常满意	满意	一般	不满意	非常不满意	合计（N）
收入群体	中低收入	0.47	21.25	59.53	17.66	1.09	100 (640)
	中产及以上	1.87	20.07	58.21	18.19	1.65	100 (907)
	合计	1.29	20.56	58.76	17.97	1.42	100 (1547)
	卡方值		6.99		p值		0.137
身份群体	郊区农民	1.36	21.79	60.12	16.15	0.58	100 (514)
	郊区市民	1.57	21.91	56.70	18.78	1.04	100 (575)
	中心市民	0.86	17.63	59.78	18.92	2.80	100 (465)
	合计	1.29	20.59	58.75	17.95	1.42	100 (1554)
	卡方值		15.24		p值		0.055

(四) 对社会保障的满意度

从表 3-4 可以看出，不同的收入群体、不同的身份群体都在对社会保障状况的满意度方面存在差异（$p=0.003$、$p=0.000$），而且不同身份群体比不同收入群体对社会保障状况的满意度差异大。在不同的收入群体中，中低收入者选择选择"满意"或者"非常满意"的比例为 45.18%，比中产及以上者高将近 7 个百分点。在不同的身份群体中，郊区农民和郊区市民的满意度相差不多，都将近50%，与中心市民差距较大，相差大约23个百分点。

表3-4 不同群体对社会保障的满意度

单位：%

群体	评价	非常满意	满意	一般	不满意	非常不满意	合计（N）
收入群体	中低收入	4.89	40.29	47.47	6.36	0.98	100（613）
	中产及以上	4.52	33.67	48.81	11.64	1.36	100（885）
	合计	4.67	36.38	48.26	9.48	1.20	100（1498）
	卡方值	15.67			p值	0.003	
身份群体	郊区农民	4.89	43.18	43.99	6.92	1.02	100（491）
	郊区市民	6.62	40.97	43.29	8.77	0.36	100（559）
	中心市民	1.98	24.01	58.59	13.00	2.42	100（454）
	合计	4.65	36.57	48.14	9.44	1.20	100（1504）
	卡方值	73.61			p值	0.000	

从表3-5可知，只有郊区农民内部在对社会保障的满意度方面存在一定的差异（$p=0.015$）。在郊区农民中，中低收入者选择"满意"或者"非常满意"的比例为45.06%，中产及以上收入者选择"满意"或者"非常满意"的比例为53.85%，两者相差将近9个百分点。

表3-5 不同身份群体内部的不同收入群体对社会保障的满意度

单位：%

群体	评价	非常满意	满意	一般	不满意	非常不满意	合计（N）
郊区农民	中低收入	3.20	41.86	47.97	6.10	0.87	100（344）
	中产及以上	9.09	44.76	35.66	9.09	1.40	100（143）
	合计	4.93	42.71	44.35	6.98	1.03	100（487）
	卡方值	12.33			p值	0.015	
郊区市民	中低收入	7.80	43.90	42.93	5.37	0.00	100（205）
	中产及以上	5.97	39.20	43.47	10.80	0.57	100（352）
	合计	6.64	40.93	43.27	8.80	0.36	100（557）
	卡方值	6.87			p值	0.143	

续表

群体	评价	非常满意	满意	一般	不满意	非常不满意	合计（N）
中心市民	中低收入	4.69	20.31	59.38	10.94	4.69	100（64）
	中产及以上	1.54	24.62	58.46	13.33	2.05	100（390）
	合计	1.98	24.01	58.59	13.00	2.42	100（454）
	卡方值	5.00			p值	0.287	

二 健康与安全的满意度

一个地区的健康与医疗状况是反映该地区经济和社会发展、社会福利和保障、卫生健康水平和人口素质的重要指标，而居民的满意度是对健康与医疗状况的最好反映。公共安全与居民的日常生活息息相关，对公共安全的满意度可以看出居民对现行社会状况的满意度。本部分主要是从医疗设施、医疗水平和医护服务态度等方面来讨论居民对健康与医疗状况的满意度，从食品安全、社会治安、人身安全等方面来讨论居民对公共安全状况的满意度。

（一）医疗设施及服务方面的总体评价

从表3-6可以看出，不同的收入群体、不同的身份群体都对上海医疗设施及服务方面的总体评价存在显著差异（$p=0.000$）。在不同的收入群体中，中低收入者选择"满意"或者"非常满意"的比例为55.98%，中产及以上者选择"满意"或者"非常满意"的比例为41.76%，两者相差14.22个百分点。在不同的身份群体中，郊区农民选择"满意"或者"非常满意"的比例为59.84%，郊区市民选择"满意"或者"非常满意"的比例为50.79%，而中心市民选择"满意"或者"非常满意"的比例为30.80%，可以看出三者差异较大。

（二）医院分布的满意度

从表3-7可以看出，不同的收入群体、不同的身份群体都在对上海医院分布的满意度方面存在显著差异（$p=0.006$、$p=0.001$）。在不同的收入群体

第三章 2010年上海居民的幸福感

表3-6 不同群体对上海医疗设施及服务方面的总体评价

单位：%

群体	评价	非常满意	满意	一般	不满意	非常不满意	合计（N）
收入群体	中低收入	2.23	53.75	39.23	4.31	0.48	100（627）
	中产及以上	4.12	37.64	48.55	8.80	0.89	100（898）
	合计	3.34	44.26	44.72	6.95	0.72	100（1525）
	卡方值	44.33			p值	0.000	
身份群体	郊区农民	3.98	55.86	35.19	4.57	0.40	100（503）
	郊区市民	4.23	46.56	42.15	6.35	0.71	100（567）
	中心市民	1.52	29.28	57.92	10.20	1.08	100（461）
	合计	3.33	44.42	44.61	6.92	0.72	100（1531）
	卡方值	87.83			p值	0.000	

中，中低收入者选择"满意"或者"非常满意"的比例为56.26%，比中产及以上者高3.04个百分点。在不同的身份群体中，郊区农民的满意度最高，选择"满意"或"非常满意"的比例为57.51%，中心市民的满意度最低，选择"满意"或"非常满意"的比例为51.29%。

表3-7 不同群体对上海市医院分布的满意度

单位：%

群体	评价	非常满意	满意	一般	不满意	非常不满意	合计（N）
收入群体	中低收入	2.38	53.88	38.83	4.44	0.48	100（631）
	中产及以上	5.33	47.89	39.89	6.67	0.22	100（900）
	合计	4.11	50.36	39.45	5.75	0.33	100（1531）
	卡方值	14.57			p值	0.006	
身份群体	郊区农民	3.36	54.15	36.36	5.53	0.59	100（506）
	郊区市民	6.53	48.15	37.92	7.23	0.18	100（567）
	中心市民	1.94	49.35	44.40	4.09	0.22	100（464）
	合计	4.10	50.49	39.36	5.73	0.33	100（1537）
	卡方值	26.72			p值	0.001	

(三) 医疗水平的满意度

从表3-8可知,不同的收入群体、不同的身份群体都在对上海医疗水平的满意度方面存在显著差异($p=0.000$)。在不同的收入群体中,中低收入者选择"满意"或者"非常满意"的比例为47.36%,比中产及以上者的比例高11.36个百分点。在不同的身份群体中,郊区农民满意度最高,选择"满意"或者"非常满意"的比例为51.21%,中心市民的满意度最低,选择"满意"或"非常满意"的比例为29.33%,两者相差21.88个百分点。

表3-8 不同群体对上海市医疗水平的满意度

单位:%

群体	评价	非常满意	满意	一般	不满意	非常不满意	合计(N)
收入群体	中低收入	1.44	45.92	47.04	5.12	0.48	100 (625)
	中产及以上	3.04	32.96	54.11	9.45	0.45	100 (889)
	合计	2.38	38.31	51.19	7.66	0.46	100 (1514)
	卡方值		32.59		p值		0.000
身份群体	郊区农民	2.41	48.80	43.78	4.62	0.40	100 (498)
	郊区市民	3.53	37.46	50.18	8.30	0.53	100 (566)
	中心市民	0.88	28.45	60.18	10.07	0.44	100 (457)
	合计	2.37	38.46	51.08	7.63	0.46	100 (1521)
	卡方值		56.06		p值		0.000

(四) 医护服务满意度

从表3-9可以看出,不同的收入群体、不同的身份群体都在对上海医护服务的满意度方面存在显著差异($p=0.000$)。在不同的收入群体中,中低收入者选择"满意"或者"非常满意"的比例为46.29%,比中产及以上者的比例高将近12个百分点。在不同的身份群体中,郊区农民满意度最高,选择"满意"或者"非常满意"的比例为50.79%,中心市民的满意度最低,选择"满意"或者"非常满意"的比例为20.96%,两者相差将近30个百分点,而郊区农民与郊区市民也有较大的差距。

表3-9 不同群体对上海市医护服务的满意度

单位：%

群体	评价	非常满意	满意	一般	不满意	非常不满意	合计（N）
收入群体	中低收入	1.45	44.84	44.35	7.74	1.61	100（620）
	中产及以上	3.11	31.30	51.67	12.08	1.84	100（869）
	合计	2.42	36.94	48.62	10.28	1.75	100（1489）
	卡方值		32.78		p值		0.000
身份群体	郊区农民	1.98	48.81	40.71	7.11	1.38	100（506）
	郊区市民	3.99	39.56	47.19	8.17	1.09	100（551）
	中心市民	0.91	20.05	59.45	16.63	2.96	100（439）
	合计	2.41	36.97	48.6	10.29	1.74	100（1496）
	卡方值		111.79		p值		0.000

（五）健康状况

从表3-10可以看出，不同的收入群体、不同的身份群体都在对自身健康状况的满意度方面存在差异（$p=0.031$、$p=0.000$），而且不同身份群体比不同收入群体对健康状况的满意度差异大。在不同收入群体中，有一半以上的中产及以上者选择了"一般"。在不同的身份群体中，郊区农民、郊区市民与中心市民的差异较大，选择"满意"或者"非常满意"的比例分别相差将近17个百分点、20个百分点。

表3-10 不同群体对自身健康状况的满意度

单位：%

群体	评价	非常满意	满意	一般	不满意	非常不满意	合计（N）
收入群体	中低收入	4.29	43.40	44.83	6.36	1.11	100（629）
	中产及以上	4.92	37.99	52.07	4.25	0.78	100（895）
	合计	4.66	40.22	49.08	5.12	0.92	100（1524）
	卡方值		10.60		p值		0.031
身份群体	郊区农民	3.73	44.99	44.40	5.89	0.98	100（509）
	郊区市民	6.23	45.37	44.31	3.20	0.89	100（562）
	中心市民	3.70	28.76	60.13	6.54	0.87	100（459）
	合计	4.64	40.26	49.08	5.10	0.92	100（1530）
	卡方值		49.18		p值		0.000

（六）公共安全总体评价

从表3-11可以看出，不同的收入群体、不同的身份群体都在对上海市公共安全总体评价方面存在显著差异（$p=0.000$）。在不同的收入群体中，收入越高，对公共安全的满意度越低，中低收入群体比中产及以上群体满意度高将近14个百分点。在不同的身份群体中，居民越往市中心靠近，对公共安全的满意度越低，郊区农民、郊区市民、中心市民三者选择"满意"或者"非常满意"的比例分别为63.67%、57.75%、39.95%。

表3-11 不同群体对上海市公共安全的总体评价

单位：%

群体	评价	非常满意	满意	一般	不满意	非常不满意	合计（N）
收入群体	中低收入	4.58	57.98	33.33	3.63	0.47	100（633）
	中产及以上	4.32	44.41	44.30	6.42	0.55	100（903）
	合计	4.43	50.00	39.78	5.27	0.52	100（1536）
	卡方值		30.55		p值		0.000
身份群体	郊区农民	5.86	57.81	33.01	2.93	0.39	100（512）
	郊区市民	5.11	52.64	37.32	4.58	0.35	100（568）
	中心市民	1.94	38.01	50.54	8.64	0.86	100（463）
	合计	4.41	49.97	39.86	5.25	0.52	100（1543）
	卡方值		67.41		p值		0.000

从表3-12可以看出，只有郊区农民内部对公共安全的总体评价存在差异（$p=0.015$）。结果表明，收入越高对公共安全的满意度越低，中产阶级及以上的群体比中低收入群体对公共安全满意的比例低将近9个百分点。

（七）食品安全

从表3-13可以看出，不同的收入群体、不同的身份群体都对上海市食品安全的评价存在显著差异（$p=0.000$）。在不同的收入群体中，收入越高，对食品安全的满意度越低，中低收入群体比中产及以上群体满意度高将近18个百分点。在不同的身份群体中，居民越往市中心靠近，对食品安全的满意

第三章　2010年上海居民的幸福感

表3-12　不同身份群体内部对公共安全的总体评价

单位：%

群体	评价	非常满意	满意	一般	不满意	非常不满意	合计（N）
郊区农民	中低收入	4.51	61.97	31.27	1.97	0.28	100（355）
	中产及以上	9.21	48.68	36.18	5.26	0.66	100（152）
	合计	5.92	57.99	32.74	2.96	0.39	100（507）
	卡方值	12.28			p值	0.015	
郊区市民	中低收入	5.69	56.87	32.23	4.74	0.47	100（211）
	中产及以上	4.79	50.14	40.28	4.51	0.28	100（355）
	合计	5.12	52.65	37.28	4.59	0.35	100（566）
	卡方值	3.80			p值	0.433	
中心市民	中低收入	1.49	40.30	47.76	8.96	1.49	100（67）
	中产及以上	2.02	37.63	51.01	8.59	0.76	100（396）
	合计	1.94	38.01	50.54	8.64	0.86	100（463）
	卡方值	0.68			p值	0.954	

度越低，郊区农民、郊区市民、中心市民三者选择"满意"或者"非常满意"的比例分别为41.94%、32.75%、10.56%。结果说明，居民对食品安全的满意度较低。

表3-13　不同群体对上海市食品安全的评价

单位：%

群体	评价	非常满意	满意	一般	不满意	非常不满意	合计（N）
收入群体	中低收入	1.73	37.83	37.05	19.62	3.77	100（637）
	中产及以上	3.09	18.65	38.63	33.89	5.74	100（906）
	合计	2.53	26.57	37.98	28.00	4.93	100（1543）
	卡方值	84.91			p值	0.000	
身份群体	郊区农民	3.11	38.83	37.09	18.64	2.33	100（515）
	郊区市民	4.03	28.72	37.83	25.22	4.20	100（576）
	中心市民	0.00	10.56	39.22	41.59	8.62	100（464）
	合计	2.52	26.65	38.00	27.94	4.90	100（1550）
	卡方值	161.60			p值	0.000	

(八) 社会治安

从表3-14可以看出,不同的收入群体、不同的身份群体都对社会治安的评价存在显著差异($p=0.000$)。在不同的收入群体中,收入越高,对社会治安的满意度越低,中低收入群体比中产及以上群体满意度高将近13个百分点。在不同的身份群体中,居民越往市中心靠近,对社会治安的满意度越低,郊区农民、郊区市民、中心市民三者选择"满意"或者"非常满意"的比例分别为57.20%、52.79%、38.92%。

表3-14 不同群体对社会治安的评价

单位:%

群体	评价	非常满意	满意	一般	不满意	非常不满意	合计(N)
收入群体	中低收入	3.62	53.93	34.43	6.45	1.57	100 (636)
	中产及以上	4.07	40.86	46.92	7.16	0.99	100 (908)
	合计	3.89	46.24	41.77	6.87	1.23	100 (1544)
	卡方值	\multicolumn{2}{c}{29.28}		p值	\multicolumn{2}{c}{0.000}	
身份群体	郊区农民	3.89	53.31	36.77	4.86	1.17	100 (514)
	郊区市民	5.94	46.85	40.56	5.59	1.05	100 (572)
	中心市民	1.29	37.63	49.03	10.54	1.51	100 (465)
	合计	3.87	46.23	41.84	6.83	1.23	100 (1551)
	卡方值	\multicolumn{2}{c}{50.53}		p值	\multicolumn{2}{c}{0.000}	

(九) 人身安全

从表3-15可以看出,不同的收入群体、不同的身份群体都对人身安全的评价存在显著差异($p=0.000$)。在不同的收入群体中,收入越高,对人身安全的满意度越低,中低收入群体比中产及以上群体满意度高16个百分点。在不同的身份群体中,居民越往市中心靠近,对社会治安的满意度越低,郊区农民、郊区市民、中心市民三者选择"满意"或者"非常满意"的比例分别为64.59%、58.39%、42.54%。

第三章 2010年上海居民的幸福感

表3-15 不同群体对人身安全的评价

单位：%

群体	评价	非常满意	满意	一般	不满意	非常不满意	合计（N）
收入群体	中低收入	4.56	60.38	31.76	2.52	0.79	100 (636)
	中产及以上	3.75	45.14	47.35	3.53	0.22	100 (906)
	合计	4.09	51.43	40.92	3.11	0.45	100 (1542)
	卡方值		43.52		p值		0.000
身份群体	郊区农民	4.67	59.92	32.10	3.31	0.00	100 (514)
	郊区市民	6.12	52.27	39.16	1.75	0.70	100 (572)
	中心市民	0.86	41.68	52.27	4.54	0.65	100 (463)
	合计	4.07	51.65	40.74	3.10	0.45	100 (1549)
	卡方值		68.70		p值		0.000

从表3-16可以看出，只有郊区农民内部对人身安全的评价存在显著差异（$p=0.004$），郊区市民和中心市民内部虽有差异，但差别不大。结果表明，在郊区农民内部也是收入越高对人身安全的满意度越低，中产及以上群体对人身安全的满意度比中低收入群体低13个百分点左右。

表3-16 不同身份群体内部对人身安全的评价

单位：%

群体	评价	非常满意	满意	一般	不满意	非常不满意	合计（N）
郊区农民	中低收入	4.20	63.87	29.97	1.96	—	100 (357)
	中产及以上	5.92	49.34	38.16	6.58	—	100 (152)
	合计	4.72	59.53	32.42	3.34	—	100 (509)
	卡方值		13.46		p值		0.004
郊区市民	中低收入	6.10	58.22	31.92	2.35	1.41	100 (213)
	中产及以上	6.16	48.46	43.70	1.40	0.28	100 (357)
	合计	6.14	52.11	39.30	1.75	0.70	100 (570)
	卡方值		10.24		p值		0.037
中心市民	中低收入	1.52	48.48	40.91	6.06	3.03	100 (66)
	中产及以上	0.76	40.55	54.16	4.28	0.25	100 (397)
	合计	0.86	41.68	52.27	4.54	0.65	100 (463)
	卡方值		10.27		p值		0.036

三 公共服务与休闲生活满意度

公共服务主要指政府在发展教育、科技、文化、卫生、体育等公共事业方面的投入,目的是为社会公众参与社会经济、政治、文化活动等提供保障。居民对公共服务的满意度反映了居民对政府有关公共事业的投入是否满意。休闲生活是居民对自己业余生活的安排,是缓解各种压力的一种有效方法。下文将从交通设施、社区服务、残疾人服务、文化设施、教育服务和业余生活六个方面来讨论居民的生活满意度。

(一) 交通设施与服务

从表3-17可以看出,不同的收入群体、不同的身份群体都对交通设施与服务的评价存在显著差异($p=0.000$)。在不同的收入群体中,收入越高,对交通设施与服务的满意度越低,中低收入群体比中产及以上群体满意度高将近9个百分点。在不同的身份群体中,郊区农民、郊区市民与中心市民的差异较大,中心市民的满意度最低,三者选择"满意"或者"非常满意"的比例分别为63.81%、64.74%、54.52%。

表3-17 不同群体对交通设施与服务的评价

单位:%

群体		评价 非常满意	满意	一般	不满意	非常不满意	合计(N)
收入群体	中低收入	4.69	61.88	29.69	3.13	0.63	100 (640)
	中产及以上	7.21	50.55	38.03	3.99	0.22	100 (902)
	合 计	6.16	55.25	34.57	3.63	0.39	100 (1542)
	卡方值		22.41		p值		0.000
身份群体	郊区农民	4.47	59.34	31.71	4.47	0.00	100 (514)
	郊区市民	10.00	54.74	31.75	2.81	0.70	100 (570)
	中心市民	3.23	51.29	41.38	3.66	0.43	100 (464)
	合 计	6.14	55.23	34.63	3.62	0.39	100 (1548)
	卡方值		39.73		p值		0.000

(二) 社区服务与管理水平

从表 3-18 可以看出，不同的收入群体、不同的身份群体都对社区服务与管理水平的评价存在显著差异（$p=0.000$）。在不同的收入群体中，收入越高，对社区服务与管理水平的满意度越低，中低收入群体比中产及以上群体满意度高将近 12 个百分点。在不同的身份群体中，郊区农民、郊区市民与中心市民的差异较大，中心市民的满意度最低，三者选择"满意"或者"非常满意"的比例分别为 46.87%、42.70%、25.50%。

表 3-18 不同群体对社区服务与管理水平的评价

单位：%

群体	评价	非常满意	满意	一般	不满意	非常不满意	合计（N）
收入群体	中低收入	1.47	44.21	50.90	2.77	0.65	100 (613)
	中产及以上	2.29	31.77	56.11	9.03	0.80	100 (875)
	合 计	1.95	36.9	53.97	6.45	0.74	100 (1488)
	卡 方 值	\multicolumn{3}{c}{40.14}		p 值	\multicolumn{2}{c}{0.000}
身份群体	郊区农民	2.22	44.65	50.71	2.42	0.00	100 (495)
	郊区市民	2.01	40.69	51.46	5.11	0.73	100 (548)
	中心市民	1.55	23.95	60.53	12.42	1.55	100 (451)
	合 计	1.94	36.95	53.95	6.43	0.74	100 (1494)
	卡 方 值		83.16		p 值		0.000

(三) 残疾人的服务和设施

从表 3-19 可以看出，不同的收入群体、不同的身份群体都对残疾人的服务和设施的评价存在显著差异（$p=0.000$）。在不同的收入群体中，收入越高，对残疾人的服务和设施的满意度越低，中低收入群体比中产及以上群体满意度高将近 10 个百分点。在不同的身份群体中，郊区农民、郊区市民与中心市民的差异较大，中心市民的满意度最低，三者选择"满意"或者"非常满意"的比例分别为 67.32%、63.83%、50.13%。

表 3-19　不同群体对残疾人的服务和设施的评价

单位：%

群体		评价 非常满意	满意	一般	不满意	非常不满意	合计（N）
收入群体	中低收入	5.82	60.49	32.28	1.41	0.00	100 (567)
	中产及以上	9.27	47.88	38.87	3.35	0.64	100 (777)
	合计	7.81	53.20	36.09	2.53	0.37	100 (1344)
	卡方值		27.24		p 值		0.000
身份群体	郊区农民	7.19	60.13	30.94	1.09	0.65	100 (459)
	郊区市民	10.47	53.36	33.79	2.37	0	100 (506)
	中心市民	4.94	45.19	44.94	4.42	0.52	100 (385)
	合计	7.78	53.33	36.00	2.52	0.37	100 (1350)
	卡方值		42.55		p 值		0.000

（四）上海文化设施和服务

从表 3-20 可以看出，不同的收入群体、不同的身份群体都对上海文化设施和服务的评价存在显著差异（$p=0.000$）。在不同的收入群体中，收入越高，对上海文化设施和服务的满意度越低，中低收入群体比中产及以上群体满意度高将近 12 个百分点。在不同的身份群体中，居民越往市中心靠近，对上海文化设施和服务的满意度越低，郊区农民、郊区市民、中心市民三者选择"满意"或者"非常满意"的比例分别为 61.64%、56.20%、41.50%。

表 3-20　不同群体对上海文化设施和服务的评价

单位：%

群体		评价 非常满意	满意	一般	不满意	非常不满意	合计（N）
收入群体	中低收入	4.43	55.71	38.33	0.85	0.68	100 (587)
	中产及以上	5.65	43.03	49.88	1.44	0.00	100 (832)
	合计	5.14	48.27	45.10	1.20	0.28	100 (1419)
	卡方值		29.31		p 值		0.000

续表

群体	评价	非常满意	满意	一般	不满意	非常不满意	合计（N）
身份群体	郊区农民	5.39	56.25	37.93	0.43	0.00	100 (464)
	郊区市民	8.08	48.12	42.11	1.13	0.56	100 (532)
	中心市民	1.17	40.33	56.18	2.10	0.23	100 (429)
	合计	5.12	48.42	44.98	1.19	0.28	100 (1425)
	卡方值	60.10			p值	0.000	

（五）上海教育条件和服务

从表3-21可以看出，不同的收入群体、不同的身份群体都对上海教育条件和服务的评价存在显著差异（$p = 0.000$）。在不同的收入群体中，收入越高，对上海教育条件和服务的满意度越低，中低收入群体比中产及以上群体满意度高将近16个百分点。在不同的身份群体中，居民越往市中心靠近，对上海教育条件和服务的满意度越低，郊区农民、郊区市民、中心市民三者选择"满意"或者"非常满意"的比例分别为69.04%、62.14%、40.18%。

表3-21 不同群体对上海教育条件和服务的评价

单位：%

群体	评价	非常满意	满意	一般	不满意	非常不满意	合计（N）
收入群体	中低收入	3.92	62.81	30.67	2.28	0.33	100 (613)
	中产及以上	6.84	44.66	42.81	5.10	0.58	100 (862)
	合计	5.63	52.20	37.76	3.93	0.47	100 (1475)
	卡方值	49.76			p值	0.000	
身份群体	郊区农民	5.70	63.34	29.53	1.43	0.00	100 (491)
	郊区市民	8.70	53.44	33.51	3.44	0.91	100 (552)
	中心市民	1.60	38.58	52.05	7.31	0.46	100 (438)
	合计	5.60	52.33	37.68	3.92	0.47	100 (1481)
	卡方值	109.96			p值	0.000	

(六) 业余生活

从表 3-22 可以看出，只有不同的身份群体对自己业余生活的评价存在显著差异（$p=0.001$）。在不同的身份群体中，郊区农民、郊区市民和中心市民之间存在差异，三者选择"满意"或者"非常满意"的比例分别为 35.27%、37.56%、32.33%，可以看出三者对自己业余生活的满意度都很低。

表 3-22 不同群体对业余生活的评价

单位：%

群体	评价	非常满意	满意	一般	不满意	非常不满意	合计（N）
收入群体	中低收入	2.50	34.63	59.13	3.28	0.47	100（641）
	中产及以上	2.21	31.64	60.64	5.40	0.11	100（907）
	合　计	2.33	32.88	60.01	4.52	0.26	100（1548）
	卡方值	\multicolumn{3}{c}{6.92}	p 值	\multicolumn{2}{c}{0.14}
身份群体	郊区农民	2.13	33.14	62.40	2.13	0.19	100（516）
	郊区市民	3.65	33.91	57.74	4.35	0.35	100（575）
	中心市民	0.86	31.47	60.13	7.33	0.22	100（464）
	合　计	2.32	32.93	60.00	4.50	0.26	100（1555）
	卡方值	\multicolumn{3}{c}{25.21}	p 值	\multicolumn{2}{c}{0.001}

四 居住与环境满意度

(一) 总体的生态环境保护与治理情况

从表 3-23 可以看出，不同的收入群体、不同的身份群体都对总体的生态环境保护与治理情况的评价存在显著差异（$p=0.000$）。在不同的收入群体中，收入越高，对总体的生态环境保护与治理情况的满意度越低，中低收入群体比中产及以上群体满意度高将近 11 个百分点。在不同的身份群体中，居民越往市中心靠近，对总体的生态环境保护与治理情况的满意度越低，郊区农民、郊区市民、中心市民三者选择"满意"或者"非常满意"的比例分别为 61.60%、47.83%、36.50%，三者对总体的生态环境保护与治理情况的评价差异都较大。

表3-23 不同群体对总体生态环境保护与治理情况的评价

单位：%

群体	评价	非常满意	满意	一般	不满意	非常不满意	合计（N）
收入群体	中低收入	2.44	52.92	38.15	5.68	0.81	100（616）
	中产及以上	3.73	40.72	50.68	4.30	0.57	100（884）
	合计	3.20	45.73	45.53	4.87	0.67	100（1500）
	卡方值		28.00		p值		0.000
身份群体	郊区农民	4.00	57.60	34	4.20	0.20	100（500）
	郊区市民	4.69	43.14	45.31	5.60	1.26	100（554）
	中心市民	0.44	36.06	58.41	4.65	0.44	100（452）
	合计	3.19	45.82	45.48	4.85	0.66	100（1506）
	卡方值		78.23		p值		0.000

从表3-24可以看出，只有郊区市民内部对总体的生态环境保护与治理情况的评价存在差异（$p=0.025$）。结果表明，虽然郊区市民内部不同收入群体之间存在一定的差异，但差别不是很大，中低收入群体、中产及以上群体选择"满意"或者"非常满意"的比例分别为50.00%、46.84%。

表3-24 不同身份群体内部对总体生态环境保护与治理情况的评价

单位：%

群体	评价	非常满意	满意	一般	不满意	非常不满意	合计（N）
郊区农民	中低收入	3.46	59.08	32.56	4.61	0.29	100（347）
	中产及以上	5.37	53.02	38.26	3.36	0.00	100（149）
	合计	4.03	57.26	34.27	4.23	0.20	100（496）
	卡方值		3.41		p值		0.491
郊区市民	中低收入	1.47	48.53	41.67	6.86	1.47	100（204）
	中产及以上	6.61	40.23	47.13	4.89	1.15	100（348）
	合计	4.71	43.30	45.11	5.62	1.27	100（552）
	卡方值		11.11		p值		0.025

续表

群体	评价	非常满意	满意	一般	不满意	非常不满意	合计（N）
中心市民	中低收入	0.00	33.85	56.92	7.69	1.54	100（65）
	中产及以上	0.52	36.43	58.66	4.13	0.26	100（387）
	合计	0.44	36.06	58.41	4.65	0.44	100（452）
	卡方值	4.05			p值	0.400	

（二）公共绿化

从表3-25可以看出，不同的收入群体、不同的身份群体都对公共绿化的评价存在显著差异（$P=0.000$）。在不同的收入群体中，收入越高，对公共绿化的满意度越低，中低收入群体比中产及以上群体满意度高将近13个百分点。在不同的身份群体中，居民越往市中心靠近，对公共绿化的满意度越低，郊区农民、郊区市民、中心市民三者选择"满意"或者"非常满意"的比例分别为74.75%、63.99%、48.70%，三者对公共绿化的评价差异都较大。

表3-25 不同群体对公共绿化的评价

单位：%

群体	评价	非常满意	满意	一般	不满意	非常不满意	合计（N）
收入群体	中低收入	7.29	62.92	27.58	2.06	0.16	100（631）
	中产及以上	5.74	51.88	38.63	3.53	0.22	100（906）
	合计	6.38	56.41	34.09	2.93	0.20	100（1537）
	卡方值	25.60			p值	0.000	
身份群体	郊区农民	10.06	64.69	24.26	0.99	0.00	100（507）
	郊区市民	7.52	56.47	33.22	2.62	0.17	100（572）
	中心市民	1.29	47.41	45.47	5.39	0.43	100（464）
	合计	6.48	56.45	33.96	2.92	0.19	100（1543）
	卡方值	94.00			p值	0.000	

(三) 垃圾处理

从表 3-26 可以看出，不同的收入群体、不同的身份群体都对垃圾处理的评价存在显著差异（$p = 0.000$）。在不同的收入群体中，收入越高，对垃圾处理的满意度越低，中低收入群体比中产及以上群体满意度高将近 22 个百分点。在不同的身份群体中，居民越往市中心靠近，对垃圾处理的满意度越低，郊区农民、郊区市民、中心市民三者选择"满意"或者"非常满意"的比例分别为 57.95%、47.51%、21.22%，三者对垃圾处理的评价差异都较大。

表 3-26 不同群体对垃圾处理的评价

单位：%

群体	评价	非常满意	满意	一般	不满意	非常不满意	合计（N）
收入群体	中低收入	2.86	53.10	32.75	10.33	0.95	100（629）
	中产及以上	3.76	30.52	48.97	16.17	0.57	100（878）
	合计	3.38	39.95	42.20	13.74	0.73	100（1507）
	卡方值	\multicolumn{3}{c}{80.33}	p 值	\multicolumn{2}{c}{0.000}
身份群体	郊区农民	2.55	55.40	35.17	6.48	0.39	100（509）
	郊区市民	6.41	41.10	38.26	13.17	1.07	100（562）
	中心市民	0.45	20.77	55.53	22.57	0.68	100（443）
	合计	3.37	39.96	42.27	13.67	0.73	100（1514）
	卡方值	\multicolumn{3}{c}{172.33}	p 值	\multicolumn{2}{c}{0.000}

(四) 噪声控制

从表 3-27 可以看出，不同的收入群体、不同的身份群体都对噪声控制的评价存在显著差异（$p = 0.000$）。在不同的收入群体中，收入越高，对噪声控制的满意度越低，中低收入群体比中产及以上群体满意度高 13 个百分点左右。在不同的身份群体中，居民越往市中心靠近，对噪声控制的满意度越低，郊区农民、郊区市民、中心市民三者选择"满意"或者"非常满意"的比例分别为 43.00%、36.22%、13.57%，三者对噪声控制的评价差异都较大。

表3-27 不同群体对噪声控制的评价

单位：%

群体	评价	非常满意	满意	一般	不满意	非常不满意	合计（N）
收入群体	中低收入	1.49	37.85	44.13	14.55	1.98	100（605）
	中产及以上	3.38	22.89	46.45	24.01	3.27	100（887）
	合计	2.61	28.95	45.51	20.17	2.75	100（1492）
	卡方值		51.33		p值		0.000
身份群体	郊区农民	1.85	41.15	45.88	9.67	1.44	100（486）
	郊区市民	5.41	30.81	42.70	17.48	3.60	100（555）
	中心市民	0.22	13.35	48.58	34.79	3.06	100（457）
	合计	2.67	28.84	45.53	20.23	2.74	100（1498）
	卡方值		174.77		p值		0.000

（五）饮用水的水质

从表3-28可以看出，不同的收入群体、不同的身份群体都对饮用水水质的评价存在显著差异（$p=0.000$）。在不同的收入群体中，收入越高，对饮用水水质的满意度越低，中低收入群体比中产及以上群体满意度高近25个百分点。在不同的身份群体中，居民越往市中心靠近，对饮用水水质的满意度越低，郊区农民、郊区市民、中心市民三者选择"满意"或者"非常满意"的比例分别为51.38%、43.25%、14.35%，三者对饮用水水质的评价差异都较大。

表3-28 不同群体对饮用水的水质的评价

单位：%

群体	评价	非常满意	满意	一般	不满意	非常不满意	合计（N）
收入群体	中低收入	3.52	48.16	36.32	10.24	1.76	100（625）
	中产及以上	3.25	23.68	48.93	22.00	2.13	100（891）
	合计	3.36	33.77	43.73	17.15	1.98	100（1516）
	卡方值		108.48		p值		0.000

续表

群体	评价	非常满意	满意	一般	不满意	非常不满意	合计（N）
身份群体	郊区农民	2.56	48.82	38.78	8.86	0.98	100（508）
	郊区市民	6.31	36.94	41.8	12.07	2.88	100（555）
	中心市民	0.65	13.70	51.3	32.39	1.96	100（460）
	合　计	3.35	33.88	43.66	17.14	1.97	100（1523）
	卡方值	\multicolumn{3}{c}{221.04}	p 值	\multicolumn{2}{c}{0.000}

（六）空气质量

从表 3-29 可以看出，不同的收入群体、不同的身份群体都对空气质量的评价存在显著差异（$p=0.000$）。在不同的收入群体中，收入越高，对空气质量的满意度越低，中低收入群体比中产及以上群体满意度高近 20 个百分点。在不同的身份群体中，居民越往市中心靠近，对空气质量的满意度越低，郊区农民、郊区市民、中心市民三者选择"满意"或者"非常满意"的比例分别为 47.48%、31.43%、10.29%，三者对空气质量的评价差异都较大。

表 3-29　不同群体对空气质量的评价

单位：%

群体	评价	非常满意	满意	一般	不满意	非常不满意	合计（N）
收入群体	中低收入	1.49	40.33	42.15	12.89	3.14	100（605）
	中产及以上	1.81	20.56	51.19	23.39	3.05	100（885）
	合　计	1.68	28.59	47.52	19.13	3.09	100（1490）
	卡方值	\multicolumn{3}{c}{76.21}	p 值	\multicolumn{2}{c}{0.000}
身份群体	郊区农民	1.82	45.66	41.62	9.09	1.82	100（495）
	郊区市民	2.57	28.86	47.43	16.54	4.60	100（544）
	中心市民	0.44	9.85	54.05	33.04	2.63	100（457）
	合　计	1.67	28.61	47.53	19.12	3.07	100（1496）
	卡方值	\multicolumn{3}{c}{202.32}	p 值	\multicolumn{2}{c}{0.000}

（七）居住质量

从表3-30可以看出，不同的收入群体、不同的身份群体都对自己居住质量的评价存在显著差异（p=0.000），但从总体来说，对自己居住质量的满意度都很低。在不同的收入群体中，收入越高，对居住质量的满意度越低，中产及以上群体选择"不满意"或者"非常不满意"的比例比中低收入群体高7.09个百分点。在不同的身份群体中，居民越往市中心靠近，对居住质量的满意度越低，郊区农民、郊区市民、中心市民三者选择"满意"或者"非常满意"的比例分别为44.43%、42.54%、20.61%，可见，中心市民与郊区农民、郊区市民的差别较大。

表3-30 不同群体对居住质量的评价

单位：%

群体	评价	非常满意	满意	一般	不满意	非常不满意	合计（N）
收入群体	中低收入	1.42	36.23	52.37	7.75	2.22	100（632）
	中产及以上	3.43	32.34	47.18	14.73	2.33	100（903）
	合计	2.61	33.94	49.32	11.86	2.28	100（1535）
	卡方值	24.74			p值	0.000	
身份群体	郊区农民	1.96	42.47	49.71	5.09	0.78	100（511）
	郊区市民	4.75	37.79	47.10	8.79	1.58	100（569）
	中心市民	0.65	19.96	51.63	22.99	4.77	100（461）
	合计	2.60	34.00	49.32	11.81	2.27	100（1541）
	卡方值	150.28			p值	0.000	

（八）日常生活便利程度

从表3-31可以看出，不同的收入群体、不同的身份群体都对日常生活便利程度的评价存在显著差异（p=0.028、p=0.000）。在不同的收入群体中，收入越低，对日常生活便利程度的满意度越低，中产及以上群体选择"满意"或者"非常满意"的比例比中低收入群体高将近8个百分点。在不同的身份群体中,郊区农民、郊区市民、中心市民三者选择"满意"或者"非常满意"的比例分别为39.77%、50.27%、48.80%,可见,郊区农民和郊区市民、中心市民的差别较大。

表3-31 不同群体对日常生活便利程度的评价

单位:%

群体	评价	非常满意	满意	一般	不满意	非常不满意	合计(N)
收入群体	中低收入	2.25	39.45	53.62	4.51	0.16	100(621)
	中产及以上	3.11	46.50	46.83	3.56	0.00	100(899)
	合计	2.76	43.62	49.61	3.95	0.07	100(1520)
	卡方值		10.86		p值		0.028
身份群体	郊区农民	1.38	38.39	54.13	5.91	0.20	100(508)
	郊区市民	4.83	45.44	45.8	3.94	0.00	100(559)
	中心市民	1.74	47.06	49.24	1.96	0.00	100(459)
	合计	2.75	43.58	49.61	4.00	0.07	100(1526)
	卡方值		33.96		p值		0.000

五 总体满意度

(一) 过去一年的生活状况

从表3-32可以看出,只有不同的身份群体对自己过去一年的生活状况的评价存在显著差异($p=0.000$)。在不同的身份群体中,郊区农民、郊区市民、中心市民三者选择"满意"或者"非常满意"的比例分别为36.90%、45.47%、31.75%。但是三者内部对自己过去一年的生活状况的满意度不存在差异(见表3-33)。

表 3-32　不同群体对过去一年生活状况的评价

单位：%

群体	评价	非常满意	满意	一般	不满意	非常不满意	合计（N）
收入群体	中低收入	1.09	38.22	55.85	4.52	0.31	100（641）
	中产及以上	2.21	35.80	54.59	6.85	0.55	100（905）
	合计	1.75	36.80	55.11	5.89	0.45	100（1546）
	卡方值		7.32		p 值		0.12
身份群体	郊区农民	1.17	35.73	58.25	4.66	0.19	100（515）
	郊区市民	2.96	42.51	50.70	3.83	0.00	100（574）
	中心市民	0.86	30.89	57.24	9.72	1.30	100（463）
	合计	1.74	36.79	55.15	5.86	0.45	100（1552）
	卡方值		48.64		p 值		0.000

表 3-33　不同身份群体内部对过去一年生活状况的评价

单位：%

群体	评价	非常满意	满意	一般	不满意	非常不满意	合计（N）
郊区农民	中低收入	0.56	36.49	58.77	3.90	0.28	100（359）
	中产及以上	2.63	34.21	56.58	6.58	0.00	100（152）
	合计	1.17	35.81	58.12	4.70	0.20	100（511）
	卡方值		6.21		p 值		0.184
郊区市民	中低收入	2.33	47.44	46.05	4.19	—	100（215）
	中产及以上	3.36	39.50	53.50	3.64	—	100（357）
	合计	2.97	42.48	50.70	3.85	—	100（572）
	卡方值		4.05		p 值		0.256
中心市民	中低收入	0.00	17.91	71.64	8.96	1.49	100（67）
	中产及以上	1.01	33.08	54.8	9.85	1.26	100（396）
	合计	0.86	30.89	57.24	9.72	1.30	100（463）
	卡方值		7.86		p 值		0.097

(二) 当下幸福状况

从表3-34可以看出，不同的收入群体、不同的身份群体都对当下幸福状况的评价存在显著差异（$p=0.004$、$p=0.000$）。在不同的收入群体中，收入越低，对当下幸福状况的满意度越低，中产及以上群体选择"满意"或者"非常满意"的比例比中低收入群体高将近9个百分点。在不同的身份群体中，郊区农民、郊区市民、中心市民三者选择"满意"或者"非常满意"的比例分别为45.80%、52.10%、37.74%，可见，郊区农民、郊区市民、中心市民三者之间的差别都较大。

表3-34 不同群体对当下幸福状况的评价

单位：%

群体	评价	非常满意	满意	一般	不满意	非常不满意	合计（N）
收入群体	中低收入	2.35	38.34	55.24	4.07	0.00	100（639）
	中产及以上	2.78	46.33	45.89	4.56	0.44	100（900）
	合计	2.60	43.01	49.77	4.35	0.26	100（1539）
	卡方值		15.43		p值	0.004	
身份群体	郊区农民	2.14	43.66	49.51	4.68	0.00	100（513）
	郊区市民	4.20	47.90	44.58	3.32	0.00	100（572）
	中心市民	1.08	36.66	56.18	5.21	0.87	100（461）
	合计	2.59	43.14	49.68	4.33	0.26	100（1546）
	卡方值		36.30		p值	0.000	

从表3-35可以看出，只有郊区农民、中心市民内部对当下幸福状况的评价存在显著差异（$p=0.012$、$p=0.001$）。结果表明，在郊区农民内部，中产及以上群体选择"满意"或者"非常满意"的比例比中低收入群体高将近16个百分点。在中心市民内部，收入越低对当下幸福状况的满意度越低，中产及以上群体选择"满意"或者"非常满意"的比例比中低收入群体高将近24个百分点。

表3-35 不同身份群体内部对当下幸福状况的评价

单位：%

群体	评价	非常满意	满意	一般	不满意	非常不满意	合计（N）
郊区农民	中低收入	1.96	39.22	54.34	4.48	—	100（357）
	中产及以上	2.65	53.64	38.41	5.30	—	100（151）
	合计	2.17	43.50	49.61	4.72	—	100（508）
	卡方值	\multicolumn{3}{c}{10.89}	p值	\multicolumn{2}{c}{0.012}
郊区市民	中低收入	3.26	43.72	49.3	3.72	—	100（215）
	中产及以上	4.79	50.14	41.97	3.10	—	100（355）
	合计	4.21	47.72	44.74	3.33	—	100（570）
	卡方值	\multicolumn{3}{c}{3.67}	p值	\multicolumn{2}{c}{0.300}
中心市民	中低收入	1.49	16.42	79.10	2.99	0.00	100（67）
	中产及以上	1.02	40.10	52.28	5.58	1.02	100（394）
	合计	1.08	36.66	56.18	5.21	0.87	100（461）
	卡方值	\multicolumn{3}{c}{17.64}	p值	\multicolumn{2}{c}{0.001}

参考文献

第一编

爱克曼辑录《歌德谈话录》，朱光潜译，人民文学出版社，1997。

柏拉图：《理想国》，郭斌和、张竹明译，商务印书馆，1997。

鲍吾刚：《中国人的幸福观》，严蓓雯、韩雪临、吴德祖译，江苏人民出版社，2004。

陈独秀：《独秀文存》，安徽人民出版社，1987。

陈鼓应：《老子注译及评价》，中华书局，2009。

陈立胜：《王阳明"万物一体"论——从"身—体"的立场看》，华东师范大学出版社，2008。

第欧根尼·拉尔修：《名哲言行录》（上），马永翔、赵玉兰、祝和军、张志华译，吉林人民出版社，2003。

杜威：《艺术即经验》，高建平译，商务印书馆，2005。

杜威：《哲学的改造》，许崇清译，商务印书馆，1997。

费孝通：《乡土中国 生育制度》，北京大学出版社，1998。

歌德：《浮士德》，钱春绮译，上海译文出版社，1990。

葛兆光：《中国思想史》，复旦大学出版社，2000。

海德格尔：《存在与时间》，陈嘉映、王庆节译，三联书店，1987。

海涅：《论德国宗教和哲学的历史》，海安译，商务印书馆，2000。

荷马：《奥德赛》，王焕生译，人民文学出版社，2003。

赫伯特·芬格莱特：《孔子·即凡而圣》，彭国翔、张华译，江苏人民出版社，2002。

黑格尔：《历史哲学》，王造时译，上海书店出版社，1999。

黑格尔：《哲学史讲演录》（第二卷），贺麟、王太庆译，商务印书馆，1997。
胡适：《胡适文集》，北京大学出版社，1998。
霍尔巴赫：《自然的体系》（上），管士滨译，商务印书馆，1964。
加缪：《加缪文集》，郭宏安等译，译林出版社，2001。
康德：《道德形而上学原理》，苗力田译，上海人民出版社，2002。
康德：《实践理性批判》，邓晓芒译，人民出版社，2003。
康有为：《康有为全集》，中国人民大学出版社，2007。
梁启超：《饮冰室合集》，中华书局，1989。
罗大经：《鹤林玉露·丙编·卷二》，中华书局，1961。
马克思、恩格斯：《马克思恩格斯全集》（第三卷），人民出版社，2002。
马克思、恩格斯：《马克思恩格斯选集》，人民出版社，1995。
马克斯·韦伯：《儒教与道教》，王容芬译，商务印书馆，1995。
梅洛-庞蒂：《知觉现象学》，姜志辉译，商务印书馆，2001。
孟德拉斯：《农民的终结》，李培林译，社会科学文献出版社，2005。
尼采：《查拉图斯特拉如是说》，钱春绮译，三联书店，2007。
叔本华：《作为意志和表象的世界》，石冲白译，商务印书馆，1982。
太平天国历史博物馆编《太平天国印书》，江苏人民出版社，1979。
托马斯·赫胥黎：《进化论与伦理学》，本书翻译组，科学出版社，1971。
陀思妥耶夫斯基：《卡拉马佐夫兄弟》，耿济之译，人民文学出版社，1981。
王海明：《平等问题的哲学思考》，《南通大学学报》（社会科学版）2011年第1期。
王建光：《如是我乐：佛教幸福观》，宗教文化出版社，2006。
王明编《太平经合校》，中华书局，1960。
席勒：《审美教育书简》，冯至、范大灿译，上海人民出版社，2003。
薛福成：《许巴西、墨西哥立约招工说》，《庸庵文外编》卷一，《续修四库全书·集部·别集类》，上海古籍出版社，2002。
亚里士多德：《尼各马可伦理学》，廖申白译，商务印书馆，2003。
亚里士多德：《诗学》，陈中梅译注，商务印书馆，1999。
亚里士多德：《政治学》，吴寿彭译，商务印书馆，1997。

严复：《严复集》，中华书局，1986。

杨国荣：《伦理与存在——道德哲学研究》，北京大学出版社，2011。

伊壁鸠鲁、卢克来修：《自然与快乐：伊壁鸠鲁的哲学》，包利民、刘玉鹏、王纬纬译，中国社会科学出版社，2004。

Annas, Julia. 1993. *The Morality of Happiness.* New York: Oxford Preess.

第二编

安本·实、刘静：《路遥文学中的关键词：交叉地带》，《小说评论》1991年第1期。

鲍吾刚：《中国人的幸福观》，严蓓雯、韩雪临、吴德祖译，江苏人民出版社，2004。

北村：《愤怒》，团结出版社，2004。

布伦诺·S.弗雷、阿洛伊斯·斯塔特勒：《幸福与经济学——经济和制度对人类福祉的影响》，静也译，北京大学出版社，2006。

蔡翔：《高加林和刘巧珍——〈人生〉人物谈》，《上海文学》1983年第1期。

曹保印：《草根儿》，中国文联出版社，2006。

陈应松：《陈应松作品精选》，长江文艺出版社，2010。

达林·麦马翁：《幸福的历史》，施忠连、徐志跃译，上海三联书店，2011。

邓大才：《农民打工：动机与行为逻辑——劳动力社会化的动机-行为分析框架》，《社会科学战线》2008年第9期。

邓秀华：《金融风暴中的农民工——湘、粤两省农民工生存与发展调查》，《政工研究动态》2009年第4期。

甘卫星、朱光婷：《返乡农民工再就业对策浅析》，《华中农业大学学报》2010年第2期。

高兆明：《幸福论》，中国青年出版社，2001。

鬼子：《艰难的行走》，昆仑出版社，2002。

胡苏云：《逆城市化、过度城市化和城市化》，《人口学刊》1990年第1期。

贾平凹：《高兴》，作家出版社，2007。

荆永鸣：《老家》，吴义勤主编《2007年中国中篇小说经典》，山东文艺出版社，2008。

雷达：《简论高加林的悲剧》，《青年文学》1983年第2期。

李敬泽：《罗伟章之信念》，《当代文坛》2006年第6期。

李良玉：《城市化与过度城市化》，《中国名城》2009年第4期。

李星：《无法回避的选择——从〈人生〉到〈平凡的世界〉》，《花城》1987年第3期。

李一清：《农民》，四川文艺出版社，2004。

李云才：《社会主义新农村建设的关键是什么》，湖南人民出版社，2006。

刘程：《第二代农民工的市民化：从适应到融入》，《当代青年研究》2010年第12期。

刘传江、程建林、董延芳：《中国第二代农民工研究》，山东人民出版社，2009。

刘传江、徐建玲：《第二代农民工及其市民化研究》，《中国人口资源与环境》2007年第1期。

刘庆邦：《黄花秀》，作家出版社，2009。

刘庆邦：《家园何处》，上海文艺出版社，2003。

刘武俊：《在和谐社会视野下拷问暂住证制度》，《改革与开放》2006年第11期。

陆学艺：《未来的农业不能靠老年人来维持》，载于朱启臻、赵晨鸣主编《农民为什么离开土地》，人民日报出版社，2011。

路遥：《路遥文集·第2卷·早晨从中午开始》，陕西人民出版社，1993。

路遥：《平凡的世界》，人民文学出版社，2004。

路遥：《人生》，中国青年出版社，1982。

罗伟章：《我们的成长》，作家出版社，2007。

米兰·昆德拉：《生命中不能承受之轻》，韩少功、韩刚译，作家出版社，1991。

戚浩：《关于第二代农民工的社会适应》，《中国市场》2011年第31期。

钱雪飞：《代差视角下第二代农民工城乡迁移个人风险成本的实证研究——基于1012位城乡迁移农民工的问卷调查》，《中国青年研究》2009年第6期。

任远、陈春林：《农民工收入的人力资本回报与加强对农民工的教育培训研究》,《复旦学报(社会科学版)》2010年第6期。

宋洪远等编著《"十一五"时期农业和农村政策回顾与评价》,中国农业出版社,2010。

谭文兵、黄凌翔:《农村人口城市迁移的动力机制》,《城市问题》2002年第2期。

田炳信:《中国第一证件——中国户籍制度调查手稿》,广东人民出版社,2003。

铁凝:《谁能让我害羞》,新世界出版社,2002。

王海鸰:《新结婚时代》,作家出版社,2006。

王美艳、蔡昉:《户籍制度改革的历程与展望》,《广东社会科学》2008年第6期。

王十月:《国家订单》,中国社会出版社,2009。

王伟光主编《建设社会主义新农村的理论与实践》,中共中央党校出版社,2006。

王西平:《路遥小说中的时代意识与政治意识》,《小说评论》1996年第3期。

王愚:《在交叉地带耕耘——论路遥》,《当代作家评论》1984年第2期。

卫忠海:《中国现代化的理论与实践》,四川大学出版社,2008。

吴红宇、谢国强:《新时代农工的特征、利益诉求及角色变迁——基于东莞塘厦镇的调查分析》,《南方人口》2006年第2期。

吴进:《城市·农村·中国革命:路遥小说解读》,《陕西师范大学学报》2011年第3期。

项小米:《种豆得瓜》,中国社会出版社,2007。

晓雨:《"我的情感,谁能知道?"——都市农民工性生活状态调查》,《农村经济与科技》2006年第2期。

熊岸枫:《生存困惑与乡土中国的必由之途——路遥的启示》,《益阳高等师范专科学校学报》1997年第1期。

徐德明:《"乡下人进城"的文学叙述》,《文学评论》2005年第1期。

许传新:《新生代农民工城市生活中的社会心态》,《社会心理科学》2007年第Z1期。

阎连科：《受活》，北京十月文艺出版社，2009。

杨婷：《有个人群叫农民工》，《中国经济时报》2004年10月27日，第3版。

一评：《一部具有内在魅力的现实主义力作》，《小说评论》1987年第2期。

尤凤伟：《泥鳅》，春风文艺出版社，2002。

张瑞琴：《关于缩小城乡文化差异的思考》，《理论导报》2005年第12期。

张喜田：《论路遥农本文化意识的表现》，《河南师范大学学报》1999年第5期。

赵学勇：《路遥的乡土情结》，《兰州大学学报》1996年第2期。

朱光婷、杨绍安：《我国第二代农民工的三大转变》，《长春工业大学学报》2009年第3期。

第三编

鲍吾刚：《中国人的幸福观》，严蓓雯、韩雪临、吴德祖译，江苏人民出版社，2004。

北岛、李陀主编《七十年代》，三联书店，2009。

程颢、程颐：《二程集》，中华书局，2004。

《法音》，中国佛教协会主办，1981、1982。

樊浩等：《中国大众意识形态报告》，中国社会科学出版社，2012。

葛兰言：《中国人的宗教信仰》，程门译，贵州人民出版社，2010。

霍姆斯·维慈：《中国佛教的复兴》，王雷泉、包胜勇、林倩等译，上海古籍出版社，2006。

巨赞：《从个人主义到集体主义：论佛教革新运动中的困难与问题》，《现代佛学》1950年第1卷第3期。

劳绍仪：《学佛者谈气功》，《上海佛教》1992年第1期。

李敏、高风、叶利亚主编《真实的毛泽东：毛泽东身边工作人员的回忆》，中央文献出版社，2009。

刘长东：《宋代佛教政策论稿》，巴蜀书社，2005。

陆学艺主编《当代中国社会阶层研究报告》，社会科学文献出版社，2002。

罗宗强：《玄学与魏晋士人心态》，天津教育出版社，2005。

明旸：《圆瑛大师年谱》，中华书局，2004。

茗山：《茗山日记》，上海古籍出版社，2002。

潘雨廷：《道教史丛论》，复旦大学出版社，2012。

秦家懿：《王阳明》，三联书店，2011。

《人世间》，苏州西园寺戒幢佛学研究所编辑出版，2010年第17期。

上海市气功疗养所教研组编《气功疗法讲义》，科技卫生出版社，1958。

尚钟：《邪教组织"被立王"被依法取缔》，《中国宗教》1995年第2期。

沈去疾：《赵朴初年谱》，上海辞书出版社，2008。

孙立平：《博弈：断裂社会的利益冲突与和谐》，社会科学文献出版社，2006。

《现代佛学》，天津古籍出版社，1950年第3期、1950年第6期。

谢力文：《富华先生讲的故事》，《新民晚报》2010年12月12日。

杨庆堃：《中国社会中的宗教：宗教的现代社会功能与其历史因素之研究》，范丽、王朱等译，上海人民出版社，2007。

余英时：《中国近世宗教伦理与商人精神》，安徽教育出版社，2001。

余英时：《东汉生死观》，侯旭东等译，上海古籍出版社，2005。

余英时：《中国思想传统的现代诠释》，江苏人民出版社，2006。

余英时：《朱熹的历史世界：宋代士大夫政治文化的研究》（上），三联书店，2011。

张天戈：《巨赞大师谈气功》，《气功杂志》1990年第4期。

郑颂英：《净意室文存》，中国县镇年鉴社，2001。

Holmes Welch. 1972. *Buddhism under Mao*. Harvard University Press.

Lizhu Fan and James D. Whtiehead. 2011. "Spirituality in a Modern Metropolis." In *Chinese Religious Life*, edited by David Palmer, Glem Shive, and Philips L. Wickeri. Oxford University Press.

第四编

阿兰·德波顿：《幸福的建筑》，冯涛译，上海译文出版社，2009。

爱德华·W. 索雅：《社会生活的空间性：迈向转型性的理论重构》，载于德雷克·格利高里、约翰·厄里编《社会关系与空间结构》，谢礼圣、吕增奎等译，北京师范大学出版社，2011。

艾福成:《社会主义社会家庭的性质和职能》,《吉林大学社会科学学报》1983年第2期。

艾瑞克·霍布斯邦:《资本的年代(1848—1875)》,张晓华等译,国际文化出版公司,2006,第294页。

柏拉图:《理想国》,郭斌和、张竹明译,商务印书馆,1986。

蔡翔:《革命/叙述——中国社会主义文学—文化想象(1949—1966)》,北京大学出版社,2010。

陈映芳:《城市中国的逻辑》,三联书店,2012。

多琳·梅西:《空间的诸种新方向》,载于德雷克·格利高里、约翰·厄里编《社会关系与空间结构》,谢礼圣、吕增奎等译,北京师范大学出版社,2011。

丹尼尔·贝尔:《资本主义的文化矛盾》,赵一凡、蒲隆、任晓晋译,三联书店,1989。

德雷克·格利高里、约翰·厄里编《社会关系与空间结构》,谢礼圣、吕增奎等译,北京师范大学出版社,2011。

丁放:《洗衣机之歌》,《现代家庭》1989年第8期。

丁桂节:《工人新村:"永远的幸福生活"——解读上海20世纪50、60年代的工人新村》,同济大学博士学位论文,2008。

方方:《声音低回》,海豚出版社,2012。

龚益鸣:《幸福何来指数》,《学习月刊》2011年第6期上半月。

贺照田:《从"潘晓讨论"看当代中国大陆虚无主义的历史与观念成因》,《开放时代》2010年第7期。

侯淅珉、应红、张亚平等:《为有广厦千万间——中国城镇住房制度的重大突破》,广西师范大学出版社,1999。

华揽洪:《重建中国:城市规划三十年(1949—1979)》,李颖译,三联书店,2006。

贾春峰:《怎样看待青年对物质利益的追求》,《中国青年》1980年第3期。

拉塞尔·雅各比:《乌托邦之死——冷漠时代的政治与文化》,姚建彬译,新星出版社,2007。

郎咸平:《郎咸平说:热点的背后》,东方出版社,2008。

郎咸平：《郎咸平说：我们的日子为什么这么难》，东方出版社，2010。

雷蒙·威廉斯：《关键词——文化与社会的词汇》，刘建基译，三联书店，2005。

冷嘉：《家庭、革命与伦理重建——以解放区文学为考察中心》，华东师范大学博士学位论文，2009。

李强：《当代中国社会分层：测量与分析》，北京师范大学出版社，2010。

廉思主编《蚁族——大学毕业生聚居村实录》，广西师范大学出版社，2009。

刘易斯·芒福德：《城市文化》，宋俊岭、李翔宇、周鸣浩译，郑时龄校，中国建筑工业出版社，2009。

六六：《蜗居》，长江文艺出版社，2007。

罗岗：《空间的生产与空间的转移——上海工人新村与社会主义城市经验》，《华东师范大学学报（哲学社会科学版）》2007年第6期。

罗应光、向春玲等：《住有所居——中国保障性住房建设的理论与实践》，中共中央党校出版社，2011。

马克思、恩格斯：《马克思恩格斯选集》第三卷，人民出版社，1995。

马克思、恩格斯：《马克思恩格斯选集》第四卷，人民出版社，1995。

马克斯·韦伯：《社会学的基本概念》，胡景北译，上海人民出版社，2000。

毛泽东：《毛泽东选集》第四卷，人民出版社，1991。

莫利纽克斯（Maxine Molyneux）：《社会主义国家的家庭政策》，《国外社会科学文摘》1983年第11期。

《南方日报》编辑部编《幸福观讨论集》，广东人民出版社，1964。

尼格尔·泰勒：《1945年后西方城市规划理论的流变》，李白玉、陈贞译，中国建筑工业出版社，2006。

倪伟：《"文化革命"："乱"中取栗？》，载于王晓明、蔡翔主编《热风学术》第五辑，上海人民出版社，2011。

潘其源主编《住房改革与建设文件资料选编》，中国建筑工业出版社，1992。

潘晓：《人生的路啊，怎么越走越窄……》，《中国青年》1980年第5期。

让·鲍德里亚：《符号政治经济学批判》，夏莹译，南京大学出版社，2009。

色诺芬：《回忆苏格拉底》，吴永泉译，商务印书馆，1984。

斯宾诺莎：《神、人及其幸福简论》，洪汉鼎、孙祖培译，商务印书馆，1987。

苏星：《我国城市住宅问题》，中国社会科学出版社，1987。

孙立平：《失衡——断裂社会的运作逻辑》，社会科学文献出版社，2004。

孙英：《幸福论》，人民出版社，2004。

田学斌：《家庭消费结构演变的制度分析》，中国社会科学出版社，2007。

王安忆：《王安忆短篇小说编年》卷1（1978—1981），人民文学出版社，2009。

王晓明：《在新的意识形态的笼罩下——90年代的文化和文学分析》，江苏人民出版社，2000。

王晓明：《从建筑到广告——最近十五年上海城市空间的变化》，载于王晓明、蔡翔主编《热风学术》第一辑，广西师范大学出版社，2008。

杨辰：《日常生活空间的制度化——20世纪50年代上海工人新村的空间分析框架》，《同济大学学报（社会科学版）》2009年第6期。

杨辰：《社会主义城市的空间实践——上海工人新村（1949~1978）》，《人文地理》2011年第3期。

赵丰主编《租房·买房谁划算——中国老百姓居住话题》，天津人民出版社，1994。

赵紫阳：《在中国共产党十三届三中全会上的报告》，《求实》1988年第S2期。

朱剑红、王国诤：《住房》，辽宁人民出版社，1988。

朱镕基：《朱镕基讲话实录》卷二，人民出版社，2011。

朱亚鹏：《住房制度改革——政策创新与住房公平》，中山大学出版社，2007。

《住房制度改革法规文件选编》编委会编《住房制度改革法规文件选编》，中国建筑工业出版社，1998。

H.列别杰夫编《党论电影》，徐谷明等译，时代出版社，1951。

第五编

李儒林、张进辅、梁新刚：《影响主观幸福感的相关因素理论》，《中国心理卫生杂志》2003年第1期。

Alesina, A., R. Di Tella, and R. MacCulloch. 2004. "Inequality and Happiness. Are Europeans and Americans different?" *Journal of Public Economics* 88: 2009 – 2042.

参考文献

Andrews, F. M. and S. B. Withey. 1976. *Social Indicators of Well-Being. Americans' Perceptions of Life Quality.* New York, NY: Plenum Press.

Angner, E. 2005. *Subjective Measures of Well-Being: A Philosophical Examination.* University of Pittsburgh Doctoral Dissertation.

Arntz, A. and A. J. M. Schmidt. 1989. "Perceived Control and the Experience of Pain." In *Stress, Personal Control and Health*, edited by A. S. A. Appels. Brussels: Wiley.

Bandura, A. 1996. "Reflections on Human Agency." In *Contemporary Psychology in Europe: Theory, Research and Applications*, edited by J. Georgas and M. Manthouli. Seattle, WA: Hogrefe & Huber.

Barber, B. 1983. *The Logic and Limits of Trust, New Brunswick.* New York, NY: Rutgers University Press.

Bentham, J. 1789. *An Introduction to the Principles of Morals and Legislation.* London: T. Payne.

Blanchflower, D. G. and A. J. Oswald. 2000. *Well-Being Over Time in Britain and the USA.* Working paper 7487. Cambridge, Massachusetts: NBER.

Bradburn, N. M. 1969. *The Structure of Psychological Well-Being.* Chicago: Aldine Publishing Company.

Brickmann, P. and D. T. Campbell. 1971. "Hedonic Relativism an Planning the Good Society." In *Adaptation-Level Theory: A Symposium* (pp. 287 – 302), edited by M. H. Appley. New York: Academic Press.

Brockmann, H., Delhey, J., Welzel, C., & Yuan, H. 2009. "The China Puzzle: Falling Happiness in a Rising Economy." *The Journal of Happiness Studies* 10: 387 – 405.

Campbell, A., P. E. Converse, and W. L. Rodgers. 1976. *The Quality of American Life: Perceptions, Evaluations, and Satisfactions.* New York, NY: Russell Sage Foundation.

Cantor, N. 1994. "Life Task Problem Solving: Situational Affordances and Personal Needs." *Personality and Social Psychology Bulletin* 20: 235 – 243.

Coleman, J. S. 1990. *Foundations of Social Theory.* Cambridge, Massachusetts: Harvard University Press.

Costa, P. T. and R. R. McCrae. 1980. "Influence of Extraversion and Neuroticism on Subjective Well-Being: Happy and Unhappy People." *Journal of Personality and Social Psychology* 4: 668 – 678.

Costa, P. T. and R. R. McCrae. 1994. "The Stability of Personality: Observations and Evaluations." *Current Directions in Psychological Science* 3: 173 – 175.

Di Tella, R., Robert J. MacCulloch, and A. J. Oswald. 2003. "The Macroeconomics of Happiness." *The Review of Economics and Statistics* 85: 809 – 827.

Diener, E. 1984. "Subjective Well-Being." *Psychological Bulletin* 95: 542 – 575.

Diener, E.. 2000. "Subjective Well-Being: The Science of Happiness and a Proposal for a National Index." *American Psychologist* 55: 34 – 43.

Diener, E. and E. M. Suh. 1998. "Subjective Well-Being and Age: An International Analysis." *Annual Review of Gerontology and Geriatrics* 17: 304 – 324.

Diener, E., E. Sandvik, W. Pavot, and F. Fujita. 1992. "Extroversion and Subjective Well-Being in a U. S. National Probability Sample." *Journal of Research in Personality* 26: 205 – 215.

Diener, E. and Lucas, R. 1999. "Personality and Subjective Well-Being." In *Well-Being: The Foundations of Hedonic Psychology* (pp. 213 – 229), edited by E. D. N. S. Daniel Kahneman. New York: Russell Sage Foundation.

Diener, E. and S. Oishi. 2000. *Money and Happiness: Income and Subjective Well-Being Across Nations*, *Culture and Subjective Well-Being*, edited by E. Diener and E. M. Suh. Cambridge, MA: The MIT Press.

Diener, E., C. Scollon, and R. E. Lucas. 2003. "The Evolving Concept of Subjective Well-Being: the Multifaceted Nature of Happiness." *Advances in Cell Aging and Gerontology* 15: 187 – 219.

Durkheim, Emile. 1997/1897. *Suicide*. New York: The Free Press.

Easterlin, R. A. 1974. "Does Economic Growth Improve the Human Lot? Some Empirical Evidence." In *Nations and Households in Economic Growth* (pp. 89 – 125), edited by P. A. David and M. W. Reder. New York: Academic Press.

Easterlin, R. A. 2001. "Income and Happiness: Towards a Unified Theory."

The Economic Journal 111: 465 – 484.

Easterlin, R. A. 2003. "Explaining Happiness." *Proceedings of the National Academy of Sciences of the United States of America* 100: 11176 – 11183.

Emmons, R. A. 1986. "Personal Strivings: An Approach to Personality and Subjective Well-Being." *Journal of Personality and Social Psychologys*: 1058 – 1068.

Felton, B. J. 1987. "Cohort Variation in Happiness—Some Hypotheses and Exploratory Analyses." *International Journal of Aging & Human Development* 25: 27 – 42.

Frey, B. S. and Stutzer, A. 1999. "Measuring Preferences by Subjective Well-Being." *Journal of Institutional and Theoretical Economics* 155: 755 – 778.

Frey, B. S. and Stutzer, A. 2000. "Happiness, Economy, and Institutions". *The Economic Journal* 110: 918 – 938.

Frey, B. S. and Stutzer, A. 2003. *Testing Theories of Happiness*. Zurich: Institute for Empirical Research in Economics.

Fujita, F. 1993. "An Investigation of the Relation Between Extraversion, Neuroticism, Positive Affect, and Negative Affect." Unpublished master thesis, University of Illinois.

Gecas, V. and M. A. Seff. 1990. "Social Class and Self-Esteem: Psychological Centrality, Compensation, and the Relative Effects of Work and Home." *Social Psychology Quarterly* 53: 165 – 173.

Genov, N. 1998. "Transformation and Anomie: Problems of Quality of Life in Bulgaria." *Social Indicators Research* 43: 197 – 209.

Glatzer, W. and Mathias Bös. 1998. "Subjective Attendants of Unification and Transformation in Germany." *Social Indicators Research* 43: 171 – 196.

Glenn, N. D. and C. N. Weaver. 1979. "A Note on Family Situation and Global Happiness." *Social Forces* 57: 960 – 967.

Glenn, N. D. and C. N. Weaver. 1981. "The Contribution of Marital Happiness to Global Happiness." *Journal of Marriage and the Family* 43: 161 – 168.

Goldthorpe, J. H. 1987. *Social Mobility and Class Structure in Modern Britain* (2nd ed.). Oxford: Clarendon.

Gove, W. R., Carolyn Briggs Style, and Michael Hughes. 1990. "The Effect of Marriage on the Well-Being of Adults: A Theoretical Analysis." *Journal of Family Issues* 11: 4-35.

Graham, C. 2008. "The Economics of Happiness." In *The New Palgrave Dictionary of Economics*, edited by S. Durlauf and L. Blume. New York, NY: Palgrave Macmillan.

Graham, C., A. Eggers, and Sandip Sukhtankar. 2004. "Does Happiness Pay? An Exploration Based on Panel Data from Russia." *Journal of Economic Behavior & Organization* 55: 319-342.

Haggard, E. A. 1949. "The Psychological Causes and Results of Stress." In *Human Factors in Undersea Warfare*. National Research Council.

Hausman, J. A. 1993. *Contingent Valuation: a Critical Assessment*. New York, NY: North-Holland.

Heady, B. and A. Wearing. 1989. "Personality, Life Events, and Subjective Well-Being: Toward a Dynamic Equilibrium Model." *Journal of Personality and Social Psychology* 57: 731-739.

Headey, B., R. Veenhoven, and A. Wearing. 1991. "Top-down Versus Bottom-up Theories of Subjective Well-Being." *Social Indicators Research* 24: 81-100.

Helliwell, J. F. 2002. *How's life? Combining Individual and National Variables to Explain Subjective Well-Being*. Cambridge, Massachusetts: National Bureau of Economic Research.

Herzog, A. R. and W. L. Rodgers. 1981. "The Structure of Subjective Well-Being in Different Age Groups." *Journal of Gerontology* 36: 472-479.

Hibbing, J. R and E. Theiss-Morse. 2002. *Stealth Democracy: Americans' Beliefs about How Government Should Work*. Cambridge: Cambridge University Press.

Hudson, J. 2006. "Institutional Trust and Subjective Well-Being Across the EU." *Kyklos* 59: 43-62.

Huschka, D. and S. Mau. 2006. "Social Anomie and Racial Segregation inSouth Africa." *Social Indicators Research* 76: 467-498.

Inglehart, R. 1990. *Culture Shift in Advanced Industrial Society*. Princeton, New Jersey: Princeton University Press.

Inglehart, R. 1997. *Modernization and Post-Modernization: Cultural, Economic, and Political Change in 43 Societies.* Princeton, NJ: Princeton University Press.

Inglehart, R. and H. Klingemann. 2000. "Genes, Culture, Democracy, and Happiness." In *Subjective Well-Being Across Cultures* (pp. 165 – 183). Cambridge MA: MIT Press.

Kriesi, H. 1989. "New Social Movement and the New Class in the Netherlands." *American Journal of Sociology* 94: 1078 – 1116.

Lance, C. E., A. G. Mallard, and A. C. Michalos. 1995. "Tests of the Causal Directions of Global — Life Facet Satisfaction Relationships." *Social Indicators Research* 34: 69 – 92.

Lane, R. E. 2000. *The Loss of Happiness in Market Democracies.* Haven and London: Yale University Press.

Li, Y., A. Pickles, and M. Savage. 2003. "Social Capital Dimensions, Social Trust and Quality of Life in Britain in the Late 1990s." Paper presented at Monday Afternoon Seminars-Autumn 2003. Institute for Social & Economic Research, University of Essex, UK.

Lipset, S. M. 1981/1960. *Political Man: The Social Bases of Politics.* Baltimore: Johns Hopkins University Press.

Lucas, R. E. and F. Fujita. 2000. "Factors Influencing the Relation Between Extraversion and Pleasant Affect." *Journal of Personality and Social Psychology* 79: 1039 – 1056.

Lucas, R. E., A. E. Clark, Y. Georgellis, and E. Diener. 2002. "Reexamining Adaptation and the Set Point Model of Happiness: Reactions to Changes in Marital Status." *Journal of Personality and Social Psychology* 84: 527 – 539.

Lykken, D. and A. Tellegen. 1996. "Happiness is a Stochastic Phenomenon." *Psychological Science* 7: 186 – 189.

Magnus, K. and E. Diener. 1991. "A Longitudinal Analysis of Personality, Life Events, and Subjective Well-Being." Paper presented at the 63rd Annual Meeting of the Midwestern Psychological Association, Chicago.

McAdams, D. P. 2001. "Personality Psychology." In *International Encyclopedia of* the Social and Behavioral Sciences (vol. 16, pp. 11308 – 11313), edited by N. Smelser and P. Baltes. Oxford: Elsevier Science Ltd.

Merton, R. K. 1938. "Social Structure and Anomie". *American Sociological Review* 3: 672 – 682.

Miller, A. H. 1974. "Political Issues and Trust in Government, 1964 – 1970." *American Political Science Review* 68: 951 – 972.

Miller, S. M. 1979. "Controllability and Human Stress: Method, Evidence, and Theory." *Behavior Research and Therapy* 17: 287 – 304.

Mishler, W. and R. Rose. 2001. "What are the Origins of Political Trust? Testing Institutional and Cultural Theories in Post Communist Societies." *Comparative Political Studies* 34: 30 – 62.

Myers, D. G. 1993. *The Pursuit of Happiness*. New York: Avon.

Myers, D. G. 1999. "Close Relationships and Quality of Life." In *Well-Being: The Foundations of Hedonic Psychology* (pp. 213 – 229), edited by D. Kahneman and E. Diener, and N. Schwarz. New York: Russell Sage Foundation.

Myers, D. G. and E. Diener. 1995. "Who Is Happy." *Psychological Science* 6: 10 – 19.

Møller, V. and W. E. Saris. 2001. "The Relationship Between Subjective Well-Being and Domain Satisfactions in South Africa." *Social Indicators Research* 55: 97 – 114.

Nolen-Hoeksema, S. and C. L. Rusting. 1999. "Gender Differences in Well-Being." In *Well-Being: the Foundations of Hedonic Psychology* (pp. 330 – 350), edited by D. Kahneman, E. Diener, and N. Schwarz. New York: Russell Sage Foundation.

Noll, Heinz-Herbert and Roland Habich. 1990. "Individuelle Wohlfahrt: Vertikale Ungleichheit oder Horizontale Disparitäten?" In *Lebenslagen, Lebensläufe, Lebensstile, Soziale Welt, Sonderband* 7 (pp. 153 – 218), edited by P. A. Berger and S. Hradil. Göttingen: Schwartz.

Nowotny, T. 2002. "Markets, Democracy and Social Capital." *Osterreichische Zeitschrift für Politikwissenschaft* 31: 217 – 227.

Oegerli, T. and C. Suter: 2001. "Merton for the West-Durkheim for the East? A

Comparatative Perspective on Anomie and Relative Deprivation in Europe."Unpublished paper presented at the 2001 Euromodule Conference, Science Center Berlin, Berlin.

Oswald, A. J. 1997. "Happiness and Economic Performance." *The Economic Journal* 107: 1815 – 1831.

Palisi, B. J. and C. Canning. 1983. "Urbanism and Social Psychological Well-Being: A Cross-Cultural Test of Three Theories." *The Sociological Quarterly* 24: 527 – 534.

Pareto, V. 1909. *Manuel d'economiepolitique.* Paris: V. Giard & E. Brière.

Pearlin, L. I., M. A. Leiberman, E. G. Menaghan, and J. T. Mullan. 1981. "The Stress Process." *Journal of Health Social Behavior* 22: 337 – 356.

Peterson, C. 1999. "Personal Control and Well-Being." In *Well-Being: The Foundation of Hedonic Psychology*, edited by E. D. D. Kahnemann and N. Schwarz. New York, NY: Russell Sage Foundation.

Putnam, R. 2000. *Bowling Alone, The Collapse and Revival of American Community.* Simon & Schuster: New York.

Ramm, D. R. and S. N. Czetli. 2004. *The Formula for Happiness.* Philadelphia, PA: Xlibris Corporation.

Rose, R. 2000. "How Much Does Social Capital Add to Individual Health? A Survey Study of Russians." *Social Science & Medicine* 51: 1421 – 1435.

Rose, R., William Mishler, and Chistian Haerpfer. 1997. "Social Capital in Civic and Stressful Societies." *Studies in Comparative International Development* 32: 85 – 111.

Ross, C. E. and M. van Willigen. 1997. "Education and the Subjective Quality of Life." *Journal of Health and Social Behavior* 38: 275 – 297.

Ryff, C. D. and C. L. M. Keyes. 1995. "The Structure of Psychological Well-Being Revisited." *Journal of Personality and Social Psychology* 69: 719 – 727.

Seeman, Melvin. 1959. "On The Meaning of Alienation." *American Sociological Review* 24: 783 – 791.

Shinn, D. C. 1986. "Education and the Quality of Life in Korea and the United States: A Cross-Cultural Perspective." *The Public Opinion Quarterly* 50: 360 – 370.

Skinner, E. A. 1995. *Perceived Control, Motivation, and Coping.* Thousand Oaks, CA: Sage.

Stock, W. A., M. A. Okun, M. J. Haring, and R. A. Witter. 1983. "Age and Subjective Well-Being: A Meta-analysis." *Psychology and Aging* 1: 91 – 102.

Stutzer, A. 2004. "The Role of Income Aspirations in Individual Happiness." *Journal of Economic Behavior and Organization* 54: 89 – 109.

Stutzer, A. and B. S. Frey. 2006. "Does Marriage Make People Happy, Or Do Happy People Get Married?" *Journal of Socio-Economics* 35: 326 – 347.

Tellegen, A., D. T. Lykken, T. J. Bouchard, K. J. Wilcox, N. L. Segal, and S. Rich. 1988. "Personality Similarity in Twins Reared Apart and Together." *Journal of Personality and Social Psychology* 54: 1031 – 1039.

Veenhoven, R. 1984. *Conditions of Happiness.* Dordrecht: D. Reidel Publishing Company.

Veenhoven, R. 1996. "Developments in Satisfaction Research." *Social Indicators Research* 37: 1 – 46.

Veenhoven, R. 2002. "Why Social Policy Needs Subjective Indicators." *Social Indicators Research* 58: 33 – 46.

Veenhoven, R. 2007. "Subjective Measures of Well-Being." *Human Well-Being* 2007: 214 – 239.

Wilson, W. 1967. "Correlates of Avowed Happiness." *Psychological Bulletin* 67: 294 – 306.

Yuan, H. and M. Golpelwar. 2012. "Testing Subjective Well-Being from the Perspective of Social Quality: Quantile Regression Evidence from Shanghai, China." *Social Indicators Research.* Published online first, DOI: 10.1007/s11205 – 012 – 0091 – z.

后 记

当"你幸福吗"这一提问正成为全国关注的话题时,以上海大学六位来自不同学科、不同专业的青年学者——哲学系朱承,中文系曾军、徐洪军,历史系成庆,文化研究系郭春林,社会学系袁浩——为主共同编著的这部关于幸福感的书稿也完成了最后的整合,静待付梓。

回想最初,从 2011 年 3 月开始,六位主要作者在上海大学文学院执行院长董丽敏教授的带领下,共同参与到关于幸福感的讨论之中。讨论围绕幸福的理论内涵、历史流变以及当前中国城市社会中幸福感与中国社会转型之间的关系展开;而六位作者跨领域的学科背景,也令上述讨论始终能碰撞出思想的火花。至 2011 年 9 月,以"城市社会转型与幸福感变迁(1978～2010)"为名的课题正式立项,并成为"上海大学'都市社会发展与智慧城市建设'内涵建设项目"所属的子课题之一。如今呈现在读者面前的这部书稿,正是这一课题最直接的成果。

本书共分五编,除上述六位主要作者外,尚有部分老师、学生也曾参与书稿的编写工作,特予以说明如下:第一编导论、第三章由朱承撰写,第一章由张艳芬撰写,第二章由郭春牛撰写;第二编由徐洪军、曾军共同撰写;第三编由成庆撰写;第四编由郭春林撰写;第五编由袁浩、刘绪海、廖文凯共同撰写。郑幸博士在课题研究和书稿整理中承担了大量的联络和统筹工作。需要特别说明的是,全书从讨论到最后定稿,一直都是在董丽敏教授的领导下完成的。

此外,社会科学文献出版社社会政法分社总编辑童根兴先生,以及责任编辑刘荣、任晓霞女士也为本书的出版付出了艰辛的劳动,谨此致以最诚挚的谢意。

本书由始至终都得到"上海大学'都市社会发展与智慧城市建设'内涵建设项目"的资助,在此一并诚恳致谢。

图书在版编目(CIP)数据

城市社会转型与幸福感变迁：1978~2010/上海大学"城市社会转型与幸福感变迁"课题组著.—北京：社会科学文献出版社，2013.5
（都市社会发展系列）
ISBN 978-7-5097-4256-3

Ⅰ.①城… Ⅱ.①上… Ⅲ.①社会转型-研究-中国-1978~2010
②社会生活-研究-中国-1978~2010　Ⅳ.①D616 ②D669

中国版本图书馆 CIP 数据核字（2013）第 018402 号

·都市社会发展系列·
城市社会转型与幸福感变迁（1978~2010）

著　　者 / 上海大学"城市社会转型与幸福感变迁"课题组

出 版 人 / 谢寿光
出 版 者 / 社会科学文献出版社
地　　址 / 北京市西城区北三环中路甲29号院3号楼华龙大厦
邮政编码 / 100029

责任部门 / 社会政法分社 （010） 59367156　　责任编辑 / 刘　荣　任晓霞
电子信箱 / shekebu@ ssap. cn　　　　　　　　责任校对 / 李　燕　赵敬敏
项目统筹 / 童根兴　　　　　　　　　　　　　责任印制 / 岳　阳
经　　销 / 社会科学文献出版社市场营销中心 （010） 59367081　59367089
读者服务 / 读者服务中心 （010） 59367028

印　　装 / 北京鹏润伟业印刷有限公司
开　　本 / 787mm×1092mm　1/16　　　　　　印　　张 / 20.25
版　　次 / 2013年5月第1版　　　　　　　　　字　　数 / 325千字
印　　次 / 2013年5月第1次印刷
书　　号 / ISBN 978-7-5097-4256-3
定　　价 / 69.00元

本书如有破损、缺页、装订错误，请与本社读者服务中心联系更换
▲ 版权所有　翻印必究